L'impartialité du ministère public

BIBLIOTHÈQUES DE DROIT

COLLECTION FONDÉE ET DIRIGÉE PAR JEAN-PAUL CÉRÉ

Cette collection a pour vocation d'assurer la diffusion d'ouvrages scientifiques sur des thèmes d'actualité ou sur des sujets peu explorés dans le domaine des sciences juridiques. Elle se destine notamment à la publication de travaux de jeunes chercheurs.

Dernières parutions :

J. GOURDOU, O. LECUCQ et J.Y MADEC (dir.), Le principe du contradictoire dans le procès administratif

V. DA SILVA, Réussir son cas pratique en droit de la famille

D. CONNIL et J. DUVIGNAU (dir.), Droit public et cinéma

H. ALCARAZ et O. LECUCQ (dir.), Collectivités territoriales et intégration des étrangers

C. MENABÉ, La criminalité féminine

M. TESSIER, Les procédures de la criminalité organisée devant la cour de cassation

N. NOTTO-JAFFEUX, Le conflit d'intérêt chez les avocats

A. GERMON, Le rôle d'initiative des administrations dans l'action publique

O. LECUCQ (dir.), Etat, collectivités territoriales et droits sociaux

A. AMALFITANO, La responsabilité pénale des personnes morales en Europe

N. LORY, La saisie pénale des biens incorporels

M. PERRIN, Le statut pénal de l'animal

A. TATARINOFF, Génocide et crimes de masse (1933-1946)

P. ROUSSEAU, Autonomie personnelle et droit pénal

BIBLIOTHÈQUE DE *DROIT PENAL*

Paul GOASDOUE

L'impartialité du ministère public

Préface de Jean Danet

L'Harmattan

5-7, rue de l'Ecole-Polytechnique, 75005 Paris

http://www.editions-harmattan.fr

ISBN : 978-2-343-14247-0
EAN : 9782343142470

Je tiens à adresser mes sincères remerciements à mon directeur de recherche, Monsieur Jean Danet, pour sa disponibilité et ses précieux conseils tout au long de mes recherches.

Principales abréviations

Art	Article
Cass. crim	Chambre criminelle de la Cour de cassation
C. civ	Code civil
Cons. d'Et	Conseil d'Etat
C. pén	Code pénal
C. pr. pén	Code de procédure pénale
Dr. pén	Revue Droit pénal
Ed	Edition
Gaz. Pal	Gazette du Palais
Infra	Ci-dessous
JO	Journal Officiel
JCP	Jurisclasseur, La semaine juridique
Not	Notamment
P, pp	page(s)
Préc	Précité
Rev. sc. crim	Revue de science criminelle et de droit pénal comparé
RFD adm	Revue française de droit administratif
RTD civ	Revue trimestrielle de droit civil
S	suivant
Supra	ci-dessus
V	Voir

Préface

M. Paul Goasdoué a fait choix de ce thème pour son mémoire de master 2 de Droit pénal et sciences criminelles qu'il a brillamment suivi à Nantes et dont il est sorti major. Son directeur de mémoire est heureux de voir cette étude publiée dans la collection dirigée par M. Jean-Paul Céré à la suite de quelques autres, écrites par d'anciens étudiants devenus depuis enseignants-chercheurs, magistrats, avocats et qui poursuivent un beau chemin.

Le sujet méritait un travail de fond, une problématisation et un effort d'élaboration théorique pour deux raisons au moins.

La première tient à ce que l'exigence d'impartialité a fait irruption dans le code de procédure pénale et à propos du parquet, à la faveur d'un contexte bien particulier. Le pouvoir exécutif espérait en même temps introduire cette notion d'impartialité et procéder à une réforme constitutionnelle qui assurerait l'indépendance des magistrats du parquet en alignant leurs conditions de nominations et les procédures disciplinaires les concernant sur celles en vigueur pour le siège. La réforme constitutionnelle n'a pas abouti. L'impartialité du ministère public conservait-elle dans ce contexte un sens ? Quelle est précisément la nature du lien entre l'impartialité et l'indépendance ? La question restait ouverte.

La seconde tient à la manière dont on procéda à cette introduction. La lecture des travaux parlementaires témoigne de grandes hésitations voire d'une grande confusion. Au point qu'on est en droit de se demander si référer ici aux intentions du « législateur » peut encore faire sens.

Dans ce contexte difficile, reprendre la notion, tenter de la problématiser ne relève pas du luxe. C'est une nécessité, un devoir de la doctrine. Et comme nous n'avons pas été accablés depuis la loi du 25 juillet 2013 de travaux en ce sens, on peut remercier M. Paul Goasdoué de nous offrir là une contribution forte utile à la réflexion collective.

L'enjeu est d'importance. Le Ministère public français a connu depuis deux décennies une importante mutation. Elle peut se résumer en quelques mots. Doté d'un pouvoir quasi juridictionnel de proposition de sanctions et de peines dans les procédures de composition pénale et de CRPC, le parquet est en amont de l'orientation, concerné désormais par le principe directeur du contradictoire, comme par la nécessité d'enquêter à charge et à décharge. S'il demeure partie poursuivante, l'exercice des poursuites ne peut s'accommoder d'un parti pris. Magistrat, premier garant des libertés, le ministère public voit l'exigence d'impartialité surplomber d'une certaine façon ces diverses évolutions de ses fonctions et des conditions dans lesquelles il doit les remplir. Elle leur donne à certains égards un sens, une cohérence. Cette exigence d'impartialité réactive aussi le sens de la liberté de parole à l'audience et relance le débat sur la place de l'opportunité des poursuites.

Mais pour autant rien n'est simple. Comment penser l'impartialité du Ministère public devenu le co- constructeur de politiques pénales locales, lorsqu'il est étroitement associé à des politiques de sécurité qui peuvent être faillibles et donc à la source de préjudices supportés par des victimes d'infractions qui lui reprochent son inaction, sa négligence, son imprévision passée et donc sa situation de partialité dans le débat judiciaire qui se tiendra sur les fautes des uns et des autres à l'origine de leur préjudice ?

Le sujet est enfin plus que jamais d'actualité quand la réforme constitutionnelle autour du statut du parquet est relancée. L'articulation entre impartialité et indépendance va pouvoir être –on l'espère- enfin pensée à partir des pratiques. L'unité du corps de la magistrature prendra aussi une autre dimension qui n'empêchera pas la diversité des fonctions. Ajoutons que le devoir explicite d'impartialité fait au ministère public colore autrement et de façon plus vive sans doute ses obligations déontologiques ce qui justifie pleinement l'alignement des procédures disciplinaires applicables au parquet sur celles du siège.

M. Paul Goasdoué a mené une réflexion profonde sur ce sujet difficile et important. Elle mobilise l'histoire, elle témoigne d'un goût pour la réflexion théorique, mais également du souci de demeurer près des enjeux concrets de la pratique. Ses qualités intellectuelles manifestées ici peuvent tout aussi bien servir un projet professionnel futur qui serait tourné vers une pratique, consciente de ses devoirs ou vers la recherche, une recherche exigeante avec elle-même. À moins qu'il ne soit amené au cours de sa vie professionnelle à servir successivement ces deux faces d'une même passion pour la Justice.

Par expérience, c'est le grand bonheur que je peux lui souhaiter.

Jean Danet,
Avocat honoraire,
Maître de conférences à l'Université de Nantes,
Membre du Conseil supérieur de la magistrature.

Introduction

"*L'indépendance est un statut (...), l'impartialité une vertu*"[1], or "l*a vertu se trouve dans le juste milieu entre deux vices*"[2], donc l'impartialité se trouve dans un juste milieu, un équilibre. Les citations faisant l'éloge de l'impartialité et des qualités requises du magistrat ne manquent pas et il aurait été tout aussi percutant d'évoquer une des nombreuses mercuriales d'un Aguesseau ou d'un Joly de Fleury avec la plume qu'on leur connaît. Cependant ce syllogisme sur l'impartialité introduit et résume à la fois notre étude sur l'impartialité du ministère public car cette notion d'équilibre transparaît tout au long de nos recherches et fait office de fil rouge. L'impartialité est un concept philosophique qui relève du sens commun et de l'évidence à tel point que très souvent ses contours ne sont plus justifiés et les réflexions se perdent dans un cadre trop largement défini ou, au contraire (et cela constitue l'écueil majeur, à notre sens, de l'étude traditionnelle de l'impartialité du ministère public) s'enferme dans une conception restrictive de l'impartialité. La notion d'équilibre est ici importante car elle suppose que son point de gravité évolue et se repositionne selon les nouvelles données du débat mis dans la balance et donc selon le temps et l'histoire.

En effet, la question de l'impartialité du ministère public nourrit les paradoxes et les contradictions, dont l'une d'entre

---

[1] GUINCHARD (S.), BUISSON (J.), *Procédure pénale*, LexisNexis, 10ème édition, 2014, p 367.
[2] ARISTOTE, *L'éthique à Nicomaque*. II, 10, 1227, b, 9.

elles, qui doit être la première traitée, est cette étonnante variation du traitement de l'impartialité malgré un concept relevant pourtant d'un absolu autrefois assimilé au divin[3].

La dialectique et les incompatibilités gouvernent notre sujet, au point qu'il est nécessaire de marquer une première pause sur la notion même d'impartialité qui peut paraître comme un concept particulièrement fuyant. Puis, dans un second temps, il s'agira de bien comprendre la position historiquement ambivalente[4] et insécurisante de l'institution du ministère public. C'est en effet grâce à l'appréhension de la place historique qu'occupe le ministère public dans notre système pénal que l'on comprend pourquoi la question de l'impartialité possède une emprise particulièrement forte sur cette institution.

Sur un plan strictement méthodologique, cette introduction aura pour objectif de faire ressortir les traits saillants du problème qui se pose s'agissant de l'impartialité du ministère public. Le corps du texte sera un moyen d'approfondir en revenant, de façon dynamique et point par point, sur ces questions fondamentales.

Il convient donc de définir l'impartialité car, comme Confucius l'énonce dans Les Analectes[5], chaque développement doit être fondé sur des termes clairement définis pour pouvoir être bien mené. Le concept d'impartialité est rappelé dans de

---

[3] "*Juge de la terre, vous êtes des dieux et les enfants du très-haut*" cité par Pierre CHEVALLIER, Préface, *Les magistrats dauphinois 1815-1870*, Marie José Couailhac. Grenoble, 1987.

[4] On pourrait parler de position structurelle tant l'institution est cœur des différentes conceptions de nos systèmes pénaux (accusatoire ou inquisitoire).

[5] Tzeu lou dit: "*Si le prince de Wei vous attendait pour régler avec vous les affaires publiques, à quoi donneriez-vous votre premier soin?- A rendre à chaque chose son vrai nom*", répondit le Maître. "*Vraiment? Réplique Tzeu lou. Maître, vous vous égarez loin du but. A quoi bon cette rectification des noms?*" Le Maître répondit: "*Que tu es rustre! Un homme honorable se garde de se prononcer sur ce qu'il ignore. Si les noms ne sont pas ajustés, le langage n'est pas adéquat. Si le langage n'est pas adéquat, les choses ne peuvent être menées à bien. Si les choses ne peuvent être menées à bien, les bienséances et l'harmonie ne s'épanouissent guère*". Traduction de M. Couvreur, Les analectes, XIII. 3.

nombreux textes internationaux, ainsi la déclaration universelle des droits de l'homme dispose dans son article 10: "*Toute personne a droit en pleine égalité à ce que sa cause soit entendue équitablement et publiquement par un tribunal indépendant et impartial qui décidera soit de ses droits et obligations, soit du bien-fondé de toute accusation en matière pénale dirigée contre elle*". Pareillement, et ce texte fera l'objet d'une analyse poussée dans nos développements, l'article 6-1 de la convention européenne de sauvegarde des droits de l'homme et des libertés fondamentales du 4 novembre 1950 garantit que "*toute personne a droit à ce que sa cause soit entendue équitablement, publiquement et dans un délai raisonnable, par un tribunal indépendant et impartial, établi par la loi, qui décidera, soit des contestations sur ses droits et obligations de caractère civil, soit du bien-fondé de toute accusation en matière pénale dirigée contre elle*". Les exemples textuels pourraient être multipliés, mais il n'en résulterait pas pour autant une définition claire et juridique de la notion d'impartialité.

La doctrine s'accorde unanimement pour considérer une décision comme étant impartiale lorsque celle-ci a été rendue sans pré-jugement, à la suite d'une démarche intellectuelle rigoureuse de remise en cause, et en se fondant sur une connaissance exhaustive du dossier à traiter. Ainsi, "*le magistrat est impartial lorsqu'il parvient à considérer l'affaire d'une manière anonyme et à remettre en cause toute idée préconçue*"[6]. L'image de la Thémis aux yeux bandés symbolise ici le magistrat dans sa difficile fonction de juger. Celui-ci doit se prononcer sur une affaire sans être "*intérieurement plus disposé en faveur d'une partie qu'envers l'autre (...). On est si porté à trouver bonne la cause de celui qu'on affectionne, on a tant de penchant à croire injuste ou coupable celui pour lequel on a de l'aversion (...), Le juge doit être très délicat et sonder parfaitement son cœur avant de donner son opinion dans une affaire*"[7].

---

[6] JOSSERAND (S.), *L'impartialité du magistrat en procédure pénale*, L.G.D.J, 1998, p.10.
[7] MERLIN, *Répertoire universel et raisonné de jurisprudence,* V° Juge, tome VIII, 1827, cité par JOSSERAND (S.) *op. cit.* p. 10.

L'image d'un juge aveugle, à toutes considérations occultes ou étrangères au dossier, après une remise en cause de ses préjugés nous apparaît philosophiquement très accessible car elle touche à ce qui est de l'ordre du juste et de l'injuste. Toutefois, bien que très compréhensible, cet idéal absolu ne représente pas une traduction juridique claire. En ce sens, nous partageons l'analyse de Mme Sylvie Josserand sur la question de savoir si les garanties d'impartialité, c'est-à-dire la traduction juridique du concept d'impartialité, précèdent le principe philosophique d'impartialité ou si au contraire, ce principe précède les garanties d'impartialité. La question est majeure pour le raisonnement car, dans le premier cas, cela impliquerait une pluralité de définition de l'impartialité, pour le second cas, l'impartialité serait considérée comme un absolu universel et donc la "*différence des garanties ne fait alors qu'exprimer la multiplicité des approches législatives dans la recherche des moyens d'atteindre un objectif unique*"[8]. Cette deuxième approche emporte notre conviction tant la notion d'impartialité semble relever d'un principe fondamental qui donne du sens à l'ensemble des autres garanties.

L'impartialité doit donc être comprise comme un principe cardinal et intangible de la procédure pénale dont la "*multiplicité*" des traductions juridiques varie selon le temps et le système choisi. Le poids et la valeur accordés à ces différentes garanties sont donc relatifs et contingents, par opposition à l'idéal d'absolu du principe. Plus encore, c'est ce rapport principe-garantie qui donne du sens concret à ces garanties et aux règles contraignantes. En effet, comme Seral-Desforges l'écrit en 1838: "*en l'absence d'impartialité, toutes les autres recommandations de la sagesse se perdraient dans le vide. Sans elle, la Justice serait une désolante déception et nous, nous ne serions que des êtres souvent malfaisants, déshonorant avec plus ou moins d'impunité le ministère le plus*

[8] JOSSERAND (S.), *op. cit.*, p.9.

respectable"[9]. On le voit, l'ensemble des garanties du procès équitable (principe de publicité, principe du contradictoire, droit de recours...) se "*perdraient dans le vide*", autrement dit n'auraient plus d'effectivité et d'ancrage sans cette finalité de garantir l'impartialité. En cela, le principe d'impartialité précède les garanties.

Ce détour théorique sur la distinction entre le principe et ses garanties est fondamental pour comprendre la discussion sur l'impartialité du ministère public et plus particulièrement les difficultés que ce débat (car il s'agit d'un débat) soulèvent. En effet, cette démonstration de la relativité des garanties d'impartialité implique plusieurs conséquences.

Tout d'abord, l'absolu étant inatteignable, le degré d'impartialité se fixe nécessairement sur une échelle d'exigence dont chaque État place le curseur[10].

De plus, le poids accordé aux garanties d'impartialité variant selon chaque système juridique, il s'agit bien de trouver un équilibre entre les différentes garanties d'impartialité qui peuvent d'ailleurs parfois être en concurrence voire en contradiction[11].

Enfin, et il s'agit ici du danger principal que nous tenterons de mettre en évidence, il faut se garder de confondre le principe d'impartialité avec les garanties d'impartialité (principalement la garantie d'indépendance...) au risque, d'une part de dénaturer le principe et d'autre part d'occulter les autres garanties d'impartialité et, partant, un pan entier de

---

9 SEREL-DESFORGES *Lettres sur la magistrature de l'ordre judiciaire par un magistrat de cet ordre*, Paris, 1838, in ROUSSELET, "*Histoire de la magistrature française des origines à nos jours*", Paris. 1957, tome 1, page 400.

10 Ce qui explique notamment notre divergence avec la jurisprudence de la Cour européenne des droits de l'homme.

11 Il en est ainsi, pour un exemple parmi tant d'autres, de la garantie du secret de l'enquête et de l'instruction et celle du principe du contradictoire.

notre système pénal avec pour conclusion finale mais erronée, la partialité du magistrat concerné.

La confusion entre garantie d'impartialité et principe d'impartialité est fréquente, pour ne pas dire, malheureusement systématique. La confusion entre l'indépendance et l'impartialité occupera dans nos développements une large part car elle permet, et nous le démontrerons, d'expliquer en partie les troubles que subit le ministère public lorsqu'il est qualifié de partie à la procédure (sous-entendu partie partiale). Il faut donc l'affirmer, "*l'impartialité du juge n'est pas la réalisation de son indépendance*"[12]. En sus, il convient de préciser les différences entre l'impartialité et certaines notions comme la loi ou l'équité. En effet, l'impartialité d'une décision est avant toute chose une démarche intellectuelle dans l'application de la loi, et cela même si cette loi est partiale. Des lois qui s'intègrent dans une politique criminelle partisane ou lorsqu'« *elles n'ont été le plus souvent que l'instrument des passions d'un petit nombre*"[13]n'en restent pas moins applicables d'une manière impartiale et il incombe au magistrat une obligation d'appliquer la norme. C'est précisément en cas de refus d'appliquer la loi, autrement dit, de déni de justice, que le magistrat céderait à l'équité. En ce sens, l'équité est source d'arbitraire, or l'arbitraire est le degré dernier de la partialité. Merlin concluait d'ailleurs que "*sous prétexte de considérer l'équité, on peut ouvrir la porte à une infinité d'abus que la rigueur de la loi aurait été seule capable de prévenir*"[14]. Préciser cette distinction entre l'impartialité et l'équité n'est pas inutile car la confusion persiste encore notamment lorsqu'un procureur envisage son rôle comme un moyen de

---

[12] ROETS (D.), "*Impartialité et justice pénale*", édition Cujas, 1997, p.22.

[13] C. BECCARIA (C.), "*Des délits et des peines, Dei delitti e delle pene*", ENS édition, 2009, p. 143 ; Dans le même sens, Helvétius cité par Beccaria : « *dans les pays policés, l'art de la législation n'a souvent consisté qu'à faire concourir une infinité d'hommes au bonheur d'un petit nombre* », *ibid,* p. 305-306.

[14] MERLIN (P-A.), "*Répertoire universel et raisonné de jurisprudence*". V° Equité, tome VI, 1827, cité par JOSSERAND (S.), *op. cit.* p. 13.

résorber les inégalités sociales[15] (une fonction que les procureurs du roi avaient pris d'ailleurs pour charge[16]). La distinction prend évidemment aujourd'hui une importance encore plus grande du fait de l'élargissement de son office.

L'impartialité du ministère public fait donc partie de ces dilemmes séculaires et en même temps d'une formidable actualité, ce qui caractérise justement les sujets dit « classiques ». Cependant, depuis bientôt deux siècles, à savoir lors de l'instauration du "*ministère public moderne*" faisant suite au Code d'instruction criminelle de 1808, une dialectique s'est installée. Une contradiction qui tiraille l'identité du parquet et qui découle de l'inconciliable ambivalence du ministère public en tant que magistrat poursuivant et subordonné du pouvoir exécutif. Cette polémique sur le statut du parquet, réactualisée par la jurisprudence de la Cour européenne des droits de l'homme (arrêt Medvedyev c/ France du 10 juillet 2008 et arrêt Moulin c/ France du 23 novembre 2010) interroge cependant sur la réelle prise en compte de la Cour de l'ensemble des données du débat. L'étude de la jurisprudence européenne laisse entendre que l'interprétation de ce que doit être un "*tribunal impartial*" s'inscrit dans une lecture traditionnelle des garanties d'impartialité. Une lecture traditionnelle qui est aujourd'hui désuète et qui doit être repensée ou, à tout le moins, réévaluée, en accord avec l'évolution de notre système pénal.

Déjà en 1982, la Cour européenne des droits de l'homme interprétait la notion de "*tribunal impartial*" en recherchant "*si (*tel tribunal*) offrait des garanties suffisantes pour exclure tout doute légitime*"[17]. Les termes "*garanties suffisantes*" sont intéressants et

---

15 "*Préférez la veuve et l'orphelin, l'ouvrier au patron, le faible au puissant...*", parole d'un substitut rapportée par le journal *Le Monde*, 30 décembre 1975, "*Le métier de juge*", par Casamayor.

16 "*Le procureur du roi intervient également ratione personae pour assister en sa qualité de partie jointe les veuves et les orphelins et d'une façon générale tous ceux que les textes de cette époque qualifient de miserabiles personae*", CARBASSE (J-M.), "*Histoire du parquet*», Edition PUF, 2000, p. 71.

17 CEDH, 1er octobre 1982, n° 8692/79, *Piersack c/ Belgique.*

confortent notre analyse sur la distinction entre le principe d'impartialité et ses garanties. Le pluriel employé nous montre que celles-ci sont diversifiées. De plus, le terme "*suffisant*", appuie cette idée d'échelle et de degré d'impartialité. De ce fait, plusieurs conséquences logiques peuvent découler de cette formule.

D'une part, puisqu'il existe une interprétation et une échelle de degré, plusieurs appréciations peuvent être données à la suffisance ou non de ces garanties. La discussion est donc permise et ouverte sur ce point. Ceci explique les divergences et les prises de position fluctuantes entre la juridiction internationale et nos juridictions nationales. D'autre part, il y aura évidemment une rigueur différente dans l'exigence d'impartialité entre le procureur et le juge en ce que la fonction diffère. Très classiquement, l'un mettra en mouvement l'action publique, l'autre se prononcera sur la culpabilité de la personne poursuivie. Ainsi, à l'instar de l'œuvre prétorienne du Conseil Constitutionnel relative à la "*théorie de la graduation symétrique du niveau de contraintes et des degrés d'indépendance*" selon laquelle l'indépendance statutaire ne doit pas être comprise comme monolithique mais plutôt comme proportionnelle aux exigences constitutionnelles de la fonction[18]. L'exigence d'impartialité et le curseur à placer dans l'échelle des garanties doivent être proportionnels à la fonction du ministère public. Précisément, et nous reviendrons sur ce point majeur, la jurisprudence de la Cour européenne des droits de l'homme semble se focaliser sur une garantie bien précise que nous qualifierons d'organisationnelle, à savoir la séparation des fonctions judiciaires (enquête, poursuite, instruction, jugement) et la séparation organique (lien entre le ministère public et le pouvoir exécutif). La garantie séparatiste occupe une place et un poids important dans l'appréciation des "*garanties suffisantes*" de la Cour européenne des droits de l'homme. Un

---

[18] En ce sens, RENOUX (T-S.), "l'*apport constitutionnel à la réflexion sur l'évolution du ministère public*" in "*Quel avenir pour le ministère public?*", édition Dalloz, 2008.

poids si conséquent que l'on peut se demander si le pluriel employé dans les mots "*garanties suffisantes*" ne pourrait pas être remplacé par le singulier "*garantie suffisante*", ce qui marquerait définitivement l'amalgame entre indépendance et impartialité.

On en revient ici plus que jamais à l'importance de la définition des termes du débat. En ce sens nous rejoignons entièrement l'approche de Mr. Damien Roets lorsque celui-ci s'interroge : « *Les règles de procédure pénale stricto sensu- celles qui ont trait à la bonne marche du procès, au processus répressif- n'intégreraient-elles pas l'exigence d'impartialité? Ce serait une erreur de le croire. En réalité, la diffusion du principe d'impartialité est, en la matière, plus importante qu'on ne le conçoit ordinairement* »[19]. De nombreuses garanties procédurales sont pénétrées par le principe d'impartialité. Or, cette diffusion semble circonscrite par la Cour européenne des droits de l'homme à une question essentiellement objective et sa conception transparaît assez largement dans sa jurisprudence au grand détriment de notre "*ministère public à la française*".

La Cour européenne des droits de l'homme lors de son appréciation de l'impartialité dite fonctionnelle, définie comme "*celle qui s'apprécie sans tenir compte du comportement du juge, de ses convictions, au regard du seul exercice de ses fonctions*"[20] est toujours restée dans une approche, directement ou indirectement objective (et donc à la faveur de l'intéressé car les règles de preuve sont plus favorables). Dans une première approche, strictement objective, la Cour européenne estimait que la violation du principe de séparation des fonctions judiciaires équivalait à la partialité du juge. Il en est ainsi lorsqu'elle réaffirme l'intérêt d'une apparence d'impartialité : "*Il y va de la confiance que les tribunaux, dans une société démocratique, doivent aux justiciables, à commencer aux prévenus*"[21]. Il s'agit ici d'une application rigoureuse de cet adage anglais "*justice must not only be done*

---

[19] ROETS (D.), *op. cit.* p 32.
[20] GUINCHARD (S.), BUISSON (J.), *op. cit.* p.385.
[21] CEDH 26 octobre. 1984, n°9186/80, *Cubber c/ Belgique*, série A, n°86, §24.

it must also be seen to be done" où l'apparence de bonne administration de la justice justifie des incompatibilités. Après une évolution de la jurisprudence de la Cour européenne sur cette notion en recherchant également une attitude subjective laissant paraître une partialité[22], il appert que cette distinction entre impartialité objective et subjective n'est pas convenable. En effet, comme l'énoncent les professeurs S. Guinchard et J. Buisson, " *il faut rechercher "les appréhensions de l'intéressé pouvant passer pour objectivement justifiées" et cette recherche constitue "l'élément déterminant" de l'appréciation de l'impartialité*"[23]. De cette manière, les éléments subjectifs renfermant une partialité dissimulée dans le for intérieur du juge doivent être matérialisés par des éléments objectifs, ce qui diminue l'intérêt de la distinction.

Cette rigueur dans la séparation des fonctions judiciaires a pour conséquence de refuser au parquetier la qualité de "*magistrat habilité*" prévue à l'article 5§3 de la Convention européenne des droits de l'homme ce qui le rend incompétent pour contrôler la régularité d'une arrestation ou d'une détention. L'éventualité d'une poursuite de la part du procureur supposerait donc une partialité de sa part et (selon la Cour) une dépendance vis-à-vis de cette partie. Les arrêts sur le sujet sont en effet célèbres (Arrêt Schiesser, 4 décembre 1979, Hubert, 23 octobre 1990 et plus récemment Medvedyev et Moulin c/ France) mais nous tacherons de démontrer qu'une analyse rigoureuse de la question implique d'élargir le débat, au-delà de la vision restrictive de la Cour européenne des droits de l'homme et donc de ne pas conclure à ce que certains ont appelé le "*glas du parquet*"[24]...

Toutefois, élargir le débat sur l'impartialité du ministère public à des questions purement subjectives et donc déontologiques ne nous semble pas ici opportun principalement car

---

22 CEDH 24 mai 2989, n°0486/83, *Hauschildt c/ Danemark.*
23 GUINCHARD (S.), BUISSON (J.), *op. cit.* p. 386, citant CEDH, 24 mai 2989, Hauschildt c/ Danemark, série A, n°154, §50.
24 SUDRE (F.), Le glas du parquet: *JCP* 2010, act. 1206.

cette question n'est pas propre aux magistrats parquetiers mais à l'ensemble des individus constituant le corps judiciaire. Il ne s'agit donc pas de confectionner un ersatz de *Recueil des obligations déontologiques des magistrats* mais bien plus de s'intéresser à l'apparence. L'impartialité sera ainsi traitée de manière plus rationnelle et moins morale ou disciplinaire[25].

Cette appartenance des parquetiers au corps des magistrats n'est pas une nouveauté républicaine, elle s'inscrit dans l'histoire du parquet. Mais la place dans l'échiquier institutionnel qu'il occupe, le rapport direct entre ses fonctions et notre système pénal (accusatoire ou inquisitoire), ses liens plus ou moins forts, mais indéfectibles avec le pouvoir exécutif, son rapport avec la partie privée, en fait une institution par nature écartelée entre des conceptions contraires. C'est la recherche permanente d'équilibre entre les différentes fonctions du ministère public qui le rend particulièrement exposé à la délicate question de son impartialité. L'étude historique est donc absolument essentielle pour comprendre les points de friction entre le principe d'impartialité et notre ministère public. Ainsi, comme l'écrivait Faustin Hélie, "*il n'est pas un point du droit que l'histoire ne peut éclairer*"[26]. Nous tenterons de suivre cette démarche.

L'intérêt ici n'est pas de retracer une grande histoire du parquet et d'identifier précisément sa contexture au moment exact de sa création. Avec humilité et réalisme, Faustin Hélie énonçait d'ailleurs qu' « *on chercherait vainement la date où les baillis*

---

[25] En ce sens, Denis Alland et Stéphane Rials relevaient une évolution dans la manière de traiter l'impartialité : "*L'impartialité, enfin, pourrait acquérir aujourd'hui un rôle historique important. Alors que traditionnellement l'idée d'impartialité était traitée d'abord sur le mode moral, ensuite en liaison avec le déport ou la récusation (Domat, Droit public, L. II. T. IV, S. II, XIV), de nos jours l'attention se porte sur la jurisprudence de la Cour européenne des droit de l'homme*" in Alland (D.), RIALS (S.) "*Dictionnaire de la culture juridique*", Quadrige/Lamy PUF, 2003.

[26] HELIE (F.), "*Traité de l'instruction criminelle ou théorie du Code d'instruction criminelle*", Tome 1, 1866, p 454.

royaux furent établis, où le ministère public fut investi de son pouvoir... Chacun de ces faits est né dans l'ombre, s'est développé sans bruit et ne se montre aux yeux de l'histoire que lorsqu'il a pris déjà la hauteur d'une institution"[27]. Au-delà de la généalogie précise de l'institution, l'étendue de ses attributions est également trouble, "*il n'existe aucun texte à caractère normatif dans lequel l'action du ministère public de l'ancien régime ait été définie avec précision. Tout au plus dispose-t-on depuis le début du XIVème siècle de quelques indications d'ordre général: ainsi, une lettre datée de juillet 1315 dans lequel Philippe V le long défend expressément à ses procureurs de se constituer partie dans les causes qui ne touchent en rien le patrimoine ou les droits du roi, sauf si l'intérêt général l'exige*"[28]. Il sera en revanche fait état, de l'évolution globale des fonctions et du statut du procureur pour démontrer d'une part que notre conception du procureur est consubstantielle avec notre choix de système pénal (ce qui sera déterminant pour notre démonstration[29]), d'autre part, les sources de légitimité du ministère public et son appartenance avec la magistrature seront mentionnées, enfin il sera montré que les variations historiques de leur indépendance statutaire sont moins déterminantes que ce que l'historiographie majoritaire sur le sujet laisse entendre.

Le ministère public fut le moteur de l'évolution d'un système accusatoire vers un système inquisitoire. Essentiellement envisagé pour compenser les insuffisances du modèle accusatoire qui mêlait accusation et juge lorsqu'un crime ne trouvait pas d'initiatives privées. Le développement d'un droit pénal privé vers un droit pénal public est bien connu et "*ce serait réécrire l'histoire du pouvoir monarchique que de détailler les étapes de la monopolisation progressive de l'enquête et de la poursuite des crimes par*

27 HELIE (F.), *Traité de l'instruction criminelle ou théorie du Code d'instruction criminelle*, "*Première partie: histoire et théorie de la procédure criminelle*", Paris, Ch. Hingray, 1845, p. 417.

28 CARBASSE (J-M), "*Histoire du parquet*», édition PUF, 2000 p. 54.

29 Voir, *infra* Partie 2.

la royauté"[30]. L'exercice du mécanisme de l'appel, des cas royaux ou de la prévention ont permis à la royauté de réunifier le système pénal et c'est bien le ministère public qui est instrumentalisé (non pas dans un sens péjoratif mais bien utilitaire) pour restaurer un pouvoir centralisé. « *En forçant à peine le trait, on pourrait écrire : pas de pénal sans Etat ; pas d'Etat sans pénal* »[31].

Plus important est la répartition des différentes fonctions judiciaires, considérée avant tout comme une règle de bon sens. "*Nus en sa querele ne doit estre juge et partie*"[32] déclarait ainsi Beaumanoir. Les fonctions de poursuite et de jugement doivent donc être séparées au nom du principe d'impartialité.

Le positionnement du ministère public dans l'histoire, en tant qu'enquêteur et poursuivant, ou uniquement poursuivant démontre bien cette idée de garantir l'impartialité du jugement, et partant de la justice. C'est dans cette perspective que le ministère public se voit rétabli après la révolution. Cependant, nous verrons que l'intérêt de la séparation des fonctions judiciaires sera exacerbé en distinguant clairement la poursuite et l'instruction. Le ministère public a donc pour fonction de garantir l'impartialité de la Justice, mais celui-ci n'est pas soumis à cette exigence. En somme, "*le ministère public est maintenu car il figure l'un des acteurs de cette séparation des fonctions judiciaires dont dépend l'impartialité de la justice: l'institution n'est pas (encore) reconduite au nom de l'impartialité des poursuites, mais parce qu'elle participe de l'impartialité de la justice*"[33].

---

[30] LEYTE (G.), *les origines médiévales du ministère public*, in CARBASSE (J-M.), *op. cit.* p 39.

[31] ROUSSEAUX (X.), LEVY (R.), *Le pénal dans tous ses États*, in ROUSSEAUX (X.), LEVY (R.) (dir.), *Le pénal dans tous ses états. Justice*, Etats et sociétés en Europe (XIIe - XXe Siècle), Bruxelles, Publications des Facultés universitaires Saint-Louis, 1997, p. 15.

[32] BEAUMANOIR, *Coutumes de Beauvaisis, éd. Salmon,* 21 vol., Paris, 1899-1900, I, 24, in MATHIAS (E.), *Les procureurs du droit, de l'impartialité du ministère public en France et en Allemagne*, CNRS édition, Paris, 1999, p. 26.

[33] MATHIAS (E.), *op. cit.* p. 29.

La conception du ministère public est donc fonction de notre modèle pénal, cependant, il ne faut pas croire que leur qualité d'« *instrument* » pour servir l'impartialité de la justice fait du parquet une institution très différente de celle des juges. Leur qualité de magistrat a toujours existé et c'est là qu'apparaît l'ambiguïté de la fonction car malgré ses liens avec le pouvoir exécutif, le parquet s'est toujours extrait de la simple représentation (monarque ou gouvernement) pour se hisser au rang de défenseur de principes plus élevés et moins soumis aux contingences politiques.

Pour expliciter ce premier visage de magistrat-parquetier, revenons ici à la distinction élémentaire entre l'office délégué et l'office substitué[34]. Le mandat spécial impliquant une représentation directe du roi et de ses intérêts particuliers (idée de délégation), s'est transformé ainsi en mandat *ad litem*, général. Le procureur du roi prend la place de représentant général avec une délégation présumée (idée de substitution). Cette substitution s'intègre assurément, d'une part dans cette exigence de séparation des fonctions d'accusation et de jugement (car le Roi est, dans la tradition médiévale, source de toute justice) d'autre part, dans l'évolution de la souveraineté des Parlements. "*Le parlement est pars corporis domini regis et peut, de ce fait, revendiquer le titre de cour capitale et souveraine du Royaume*"[35]. Les procureurs initialement défenseurs des intérêts patrimoniaux du Roi et du domaine royal se sont incorporés à ce mouvement d'émancipation des Parlements dans la participation de la souveraineté royale. Il en découle une représentation non plus uniquement du Roi mais de la Couronne et de l'idée du Bien commun à tel point que les deux intérêts peuvent apparaître contradictoires et le procureur de choisir la défense

---

[34] GARAPON (A.), PERDRIOLLE (S.), BERNABE (B.) *L'office du procureur au XXIème siècle*, La Prudence et l'Autorité, IHEJ, chapitre additionnel, p. 6.
[35] Krynen (J.), *Idéal du prince et pouvoir royal en France à la fin du Moyen-Age*(1380-1440), étude de la littérature politique du temps, Paris, 1981, cité par S. DAUCHY *De la défense des droits du Roi et du bien commun* in J-M CARBASSE, *op. cit.* p.65.

du Royaume. En témoigne, parmi d'autres exemples[36], la plaidoirie d'un procureur en 1445 blâmant le roi d'avoir "*de façon inconsidérée accordé aux principales villes flamandes des lettres de surséance portant atteinte au ressort de la cour royale (...). Le plaidoyer de l'avocat du roi met en avant l'idée que les prérogatives du monarque, au même titre que le domaine royal, sont inaliénables*"[37]. Nous le voyons, S. Dauchy met en évidence cette émancipation du procureur du roi, de la stricte représentation du roi pour endosser une fonction plus large, en concordance avec celle des juges au Parlement. L'application de la loi et la défense du bien commun devient une source de légitimité en plus de la représentation du roi. De ce fait, "*agissant alors en conformité avec les principes de légalité et d'équité, en dehors de tout engagement partisan, le procureur du roi intervient systématiquement lorsque l'intérêt public est en jeu*"[38]. Cette conception du procureur le rapproche inévitablement de ses collègues du siège, tous deux défenseurs des droits supérieurs de la Couronne.

Aujourd'hui, cette distinction entre l'office délégué et l'office substitué perdure et est au cœur de l'ambivalence du parquet. Dans l'ancien régime, le roi était le "*vicaire de Dieu sur terre, empereur en son royaume*". Malgré cela, la substitution des Parlements pour une part de cette souveraineté s'est produite au motif que l'idéologie des juges de l'ancien régime consistait à voir la Justice comme une science pouvant être rendue uniquement par des experts du droit. Or, comment légitimer cette souveraineté sans Roi? Autrement dit, "*comment les magistrats pourraient se substituer à un absent ?*"[39]. C'est bien l'État de Droit, que les magistrats (juge et parquetier) vont représenter. Ce point est ici capital pour comprendre la légitimité des magistrats qui consiste à faire respecter les principes généraux,

---

36 DAUCHY (S.) *De la défense des droits du Roi et du bien commun* in CARBASSE (J-M.), *op. cit.* p.69.
37 *Ibid*, p.66.
38 *Ibid*, p.68.
39 GARAPON (A.), PERDRIOLLE (S.), BERNABE (B.) *L'office du procureur au XXIème siècle*, La Prudence et l'Autorité, IHEJ, chapitre additionnel, p.8.

de protéger les libertés individuelles contre les empiétements de l'exécutif (au sens de la théorie de Montesquieu). Ainsi, historiquement, le ministère public et les juges trouvent une fonction commune qui les rapproche au sein non pas d'un pouvoir, mais d'une autorité judiciaire. Cette référence à l'État de droit sera développée (voir *infra* Partie 2), pour montrer que la légitimité du procureur dans cette défense des principes constituant notre contrat social peut être repensée. Il y a en effet un rapport direct entre la légitimité du magistrat (dans l'application de la loi), et son indépendance.

Le second visage du ministère public comme simple fonctionnaire exécutant au service d'une politique partisane se retrouve dans cette dépendance avec le pouvoir exécutif. Sur ce point, la force du lien de subordination n'est pas équivalent entre l'Ancien régime et le XIXème siècle ce qui contredit l'idée d'une continuité antérieurement et postérieurement à la Révolution. En effet, l'ouvrage de Jean-Marie Carbasse "*Histoire du parquet*", tend à relativiser fortement cette continuité dans l'indépendance du ministère public, mais il atténue également la portée de cette indépendance en démontrant que la docilité des parquetiers n'était en rien évidente. Cette œuvre de recherche conforte notre idée selon laquelle malgré une dépendance plus forte au cours du XIXème siècle[40], et une nouvelle fonction politique, le parquet ne s'est pas pour autant transformé en fonctionnaire discipliné ce qui est à contre-courant de l'idée classique que l'on se fait du ministère public à cette époque. L'hypothèse est simple, si la faiblesse du statut des parquetiers au XIXème n'a pas impliqué une soumission outrancière, l'intérêt du statut doit être nuancé. De la sorte, "*pour une historiographie majoritaire, l'histoire du parquet depuis trois siècles est celle d'un développement à peu près linéaire sur lequel les bouleversements politiques, y compris la parenthèse révolutionnaire, n'auraient eu presque aucun effet*". Mais, il s'agit d'une "*approche*

---

40 ROYER (J-P.), *Le ministère public, enjeu politique au XIXème siècle*, *in* CARBASSE (J-M.), *op cit.*

sommaire, dont un examen un peu plus poussé montre rapidement les limites"[41]. L'année de publication de l'ouvrage (2000) est intéressante car postérieure (parfois contemporaine, notamment pour l'ouvrage de M. Eric Mathias) aux nombreuses thèses sur le sujet, ce qui apporte un éclairage nouveau dont il faut se saisir. L'indépendance statutaire est donc certes primordiale, mais il semble que celle-ci ne doit pas être considérée comme le seul et unique moyen de parvenir à l'impartialité du ministère public. Ceci vient relativiser, après les progrès en la matière, l'importance d'une réforme strictement statutaire que de nombreux auteurs et professionnels appellent de leurs vœux.

L'indépendance du parquet sous l'ancien régime était en effet mieux garantie par un système d'office et de charge vénale. Cependant, après une dizaine d'années de troubles et de démembrements de l'action publique, la loi du 7 pluviôse an IX clôt le débat sur le statut du ministère public en le transformant en véritable instrument du gouvernement. Thiessé (Tribun bonapartiste) concluait lors des débats : "*le peuple français (a) voulu que le ministère public fut désormais une agence du gouvernement*", "*il ne nous est plus permis, je ne dis pas de décider, mais d'examiner s'il doit en être indépendant*"[42]. Cependant, malgré cette subordination résolument souhaitée et appliquée par la majorité parlementaire de l'époque, le ministère public ne fut pas exclusivement cet homme du gouvernement. Certes, "*Le parquet agit, mais son ombre, si elle est droite, n'est pas forcément courbée devant les volontés du pouvoir*"[43]. Les exemples de résistances sont légion, on citera évidemment les démissions solidaires et contestataires de 1880 en réponse à la Grande purge lors de l'arrivée aux responsabilités des Républicains. Ces démissions

---

41 DE MARI (E.), *Le parquet sous la Révolution, 1798-1799*, in CARBASSE (J-M.), *op. cit.* p 221.

42 ROYER (J-P), *L'évolution historique du parquet*, in "*Quel avenir pour le ministère public?* acte de conférence 12 octobre 2007 au Sénat, p. 26-27.

43 ROYER (J-P), *Le ministère public, enjeu politique au XIXème siècle*, in CARBASSE (J-M), *op. cit.* p 260.

n'étaient pas uniquement le fait d'anciens bonapartistes ou catholiques, mais bel et bien de "*bons républicains*" "*choqués par les voies de fait auxquelles avaient donné lieu les arrêtés d'expulsion des congrégations religieuse*"[44]. De plus, en tant que véritable organe public, et censeur des mœurs, les procureurs généraux n'étaient pas simplement confinés dans une fonction judiciaire mais ils appréciaient les phénomènes politiques et intellectuels en mouvement. Plus que de simples exécutants, les procureurs généraux les plus intègres commentaient de manière critique certaines directives du Garde des Sceaux relatives à des affaires précises. Ainsi, en réponse à une demande répressive du Garde des Sceaux suite à l'assassinat du duc de Berry en février 1820, le chef du parquet de Douai réagit posément: "*il m'a paru que dans les départements tranquilles et entièrement dévoués au roi et à la dynastie légitime comme sont ceux de notre ressort, il fallait prendre garde d'aigrir les esprits par des peines sévères et trop multipliées*[45].

En un mot, l'étude de l'histoire du ministère public, parent pauvre de l'historiographie selon Jean-Pierre Royer, se révèle particulièrement intéressante pour nos recherches sur l'impartialité du parquet. Cette institution a dû supporter (plus que d'autres nous semble-t-il) le symbole de l'idéologie révolutionnaire d'une séparation stricte des pouvoirs, et cela dans l'excès que l'on connaît. L'idée majeure d'une limitation de l'arbitraire par la séparation des pouvoirs se retrouve dans chaque prérogative du ministère public: dépendance envers le gouvernement au détriment de son caractère de magistrat, séparation des poursuites et de l'instruction au nom de l'impartialité de la Justice, l'idéologie séparatiste semble bien être au cœur des garanties. Le professeur Jean Pradel voit aussi l'analogie entre principe judiciaire et science politique

---

44 ROYER (J-P), *op. cit.* In "*Quel avenir pour le ministère public?*" acte de conférence 12 octobre 2007 au Sénat, p. 28.

45 Id.BB 30 171 *Rapports des parquets sur la situation politique* (1809-1821). Cité par ROYER (J-P.), *ibid*, p. 29.

lorsqu'il synthétise: "*la séparation des fonctions est à la procédure pénale ce que la séparation des pouvoirs législatif, exécutif et judiciaire est au droit public*"[46] Toutefois, malgré ce culte de la séparation, cette garantie est surestimée[47].

* * *

Les études se sont succédé sur la question de l'impartialité du ministère public, la commission Donnedieu De Varbres en 1949, M-L Rassat, Delmas-Marty en 1991, Pierre Truche en 1997, Jean-Louis Nadal en 2013, Jacques Beaume en 2014, toutes ont apporté leurs pierres à l'édifice d'un ministère public embrassant leur qualité de magistrat. Malgré les efforts de conceptualisation, de réformes statutaires et de procédures pénales pour répondre à cette "*crise identitaire*" du ministère public, la suspicion persiste. C'est dans ce cadre que la loi du 25 juillet 2013 intervient, "*en renforçant l'autonomie des magistrats du parquet et donc l'indépendance de la justice, ce projet de loi est de nature à renforcer la confiance des citoyens dans l'institution judiciaire*"[48]. L'indépendance est encore perçue comme le salut du parquet pour éviter une fonctionnarisation qui serait extrêmement préjudiciable à la Justice, au justiciable en général[49] et serait

---

[46] PRADEL (J.), *Droit pénal comparé*, Dalloz, 1995, n° 7 ; également cité par KEUBOU (P.), « *Réflexion sur l'instance judiciaire compétente dans la procédure d'extradition au Cameroun* », afrilex, n°4.

[47] Cette question peut facilement être élargie à des considérations de sciences politiques où la théorie de la séparation stricte des pouvoirs doit inévitablement être atténuée pour une certaine stabilité politique. Notre Vème République représente bien entendu le fruit et les correctifs des différents écueils présents dans les constitutions précédentes.

[48] Étude d'impact du projet de loi relatif aux attributions du garde des sceaux et des magistrats du ministère public en matière de politique pénale et d'action publique, 22 mars 2013, p. 23.

[49] Comme le rappelle le magistrat Marc Robert: " *A l'origine, si l'on a entendu confier les fonctions de ministère public à un magistrat plutôt qu'à un corps de fonctionnaires dépendant de l'exécutif, c'était bien l'idée, faut-il le rappeler, que serait ainsi mieux préservée l'indépendance*

évidemment un mouvement incompréhensible et à rebours des intentions du législateur. La lecture des travaux parlementaires est éclairante car elle montre à quel point le dilemme de la question de l'indépendance vient troubler la notion d'impartialité du ministère public. Le député du Calvados Alain Touret explique : "*la mention de l'impartialité ne soulève aucune difficulté. En revanche, celle de l'indépendance pose le problème de la relation entre le ministère public et le pouvoir politique.*"[50]. Bien que la distinction entre l'indépendance et l'impartialité soit faite, la difficulté tenant à l'indépendance est éludée par le législateur et l'évolution de la rédaction de l'article 31 du code de procédure pénale n'est donc pas un hasard. Ainsi, si la commission des lois de l'assemblée nationale a adopté la rédaction suivante : "*Au début de l'article 31 du même code, sont ajoutés les mots : « Dans le respect des principes d'indépendance et d'impartialité auxquels il est tenu*".[51] L'Assemblée nationale a adopté en dernière lecture une rédaction excluant le terme "*d'indépendance*".

Cette introduction législative de l'exigence d'impartialité a été interprétée par de nombreux auteurs comme purement incantatoire. Malgré l'absence d'explication de fond dans les débats parlementaires sur cette disposition de l'article 31 du CPP, nous ne partageons pas cette vue. Bien au contraire, parler d'incantation laisse à penser qu'avant l'intervention du législateur, l'impartialité du ministère public n'était pas admise. Au lieu d'une disposition incantatoire, il s'agit au contraire d'une disposition déclarative, qui vient, *a posteriori*, entériner et consacrer légalement une pratique déjà existante dans le but de renouer un lien de confiance entre la Justice et le justiciable mais aussi de faire converger l'approche conventionnelle et constitutionnelle de notre parquet à la française. Le problème

---

des juges et mieux assurée la garantie des libertés" in ROBERT (M.), L'avenir du ministère public français, *AJ pénal* 2011 p. 115.

[50] LE BOUILLONNEC (J-Y.) Rapport AN n°1047du 21 mai 2013 sur le projet de loi (n° 845), relatif aux attributions du garde des Sceaux et des magistrats du ministère public en matière de politique pénale et d'action publique, p 60.

[51] *Ibid.* p. 74.

de l'impartialité du ministère public, dont s'est saisi le législateur, ne repose plus uniquement sur la question de l'indépendance mais sur d'autres garanties d'impartialité (on peut d'ailleurs citer la loi du 3 juin 2016 augmentant le poids du contradictoire lors de la phase d'enquête).

L'impartialité du ministère public reste un des points majeurs du débat public[52]. De plus, l'histoire nous enseigne que le concept du ministère public dépend très largement du système pénal dans lequel il s'intègre. Or, notre point de réflexion commence ici: il s'agit d'une controverse séculière, dont les données du débat restent en grande partie, circonscrites à la question de la séparation des fonctions judiciaires (indépendance du procureur vis-à-vis du suspect), et au lien avec l'exécutif. Dans le même temps, on constate que le rôle du ministère public s'est considérablement développé et que notre système pénal s'approprie le mouvement d'une Justice restaurative, négociée, coopérative. Hors malgré ces deux constats, qui induisent une évolution réelle (profonde évolution de notre manière de rendre la justice ; lien entre le concept du ministère public et le système pénal), le débat reste cristallisé dans des termes quasiment identiques.

L'office du ministère public s'est modifié de façon manifeste. *«Il y a 30 ans, le procureur intervenait essentiellement dans la gestion des affaires individuelles, mais peu sur le terrain de la politique pénale*"[53]. Des missions de prévention de la délinquance, de protection des victimes, d'implication dans les partenariats locaux, mais aussi le développement de l'enquête préliminaire et de la 3ème voie (favorisant la mise en place d'un système d'automaticité des poursuites plutôt qu'une opportunité des

---

[52] Il suffit, pour s'en convaincre, de constater que chaque candidat à l'élection présidentielle de 2017 se prononçait sur le sujet. Voir FLEURIOT (C.), BABONNEAU (M.), Les programmes justice et sécurité des onze candidats à la présidentielle, *Dalloz Actualité*, 3 avril 2017.

[53] Propos de François Molins, in *Quel avenir pour le ministère public*, acte de conférence 12 octobre 2007 au Sénat. Ed. Paris Dalloz, 2008, p. 133.

poursuites), autant d'évolutions qui ont profondément modifié le pouvoir du procureur. Les interlocuteurs du ministère public se sont énormément diversifiés. Les rapports entre le procureur et ses substituts avec la police par le "*traitement en temps réel*" ont conduit à "*supprimer tout temps mort dans la gestion des procédures*"[54] pour répondre à l'exigence (intenable?) d'une justice dans l'urgence (pour reprendre l'expression de B. Bastard et C. Mouhanna).

Notre démarche aura donc pour objectif de réévaluer l'ensemble des garanties d'impartialité dans notre système contemporain. L'étude historique de la question de l'impartialité et de ses traductions juridiques révèle une certaine particularité que l'on qualifiera d' « *effet réversible* » des garanties d'impartialité. Cet effet caractérise une certaine relativité des garanties d'impartialité (ce qui conforte notre idée de réactualisation du débat) dans le temps. Relativité qui se traduit par le fait qu'un argument favorisant la construction d'une décision impartiale à un moment t, peut se transformer en contre-argument laissant présumer un pré-jugement à un moment t+1[55]. Ce balancier faisant passer une disposition statutaire ou procédurale du stade de la garantie d'impartialité au stade de motif de partialité met en lumière cette idée d'équilibre. L'effet réversible des garanties d'impartialité et leur équilibre manifeste aussi la contradiction qui existe parmi ces garanties ce qui implique une certaine concurrence entre elles.

Il s'agit pour nous de prendre en compte les modifications de l'office du ministère public qui ne correspond plus à l'image d'un magistrat solitaire isolé dans une tour d'ivoire, refusant de se compromettre, mais au contraire ouvert à la société civile. Il s'agit également de prendre en compte l'évolution de

---

[54] *Ibid.* p. 133.

[55] On peut citer pour exemple, la proximité entre le ministère public et d'autres acteurs qui peut être perçue comme un risque de partialité, mais aussi une manière d'avoir une connaissance exhaustive des enjeux...

fond de notre justice pénale qui traduit une économie de pouvoir différente (nouvel intérêt pour les droits subjectifs des justiciables). Tout ceci permettra de redessiner un tableau des différentes garanties d'impartialité qui correspond à notre système et dont le curseur des garanties organisationnelles se retrouvera abaissé au profit d'autres principes.

L'exigence de renouveler les termes du débat sur l'impartialité du ministère public, trouve une utilité qui échappe à la simple question du statut constitutionnel du ministère public. Elle tend à répondre, ou à tout le moins, à suggérer une hypothèse, sur la crise identitaire du ministère public. Le constat de l'essoufflement des parquetiers est unanime et le risque d'une moindre attractivité de la profession est déjà avéré. Or, l'étude de l'impartialité du ministère public tend à démontrer que le redéploiement des garanties d'impartialité permettrait une redécouverte de l'opportunité des poursuites et, partant, un retour sur ce que classiquement il est appelé, leur "*cœur de métier*".

C'est dans cette optique générale que nous reprendrons le débat sur l'impartialité du ministère public tel qu'il s'est arrêté aujourd'hui en démontrant que le dilemme risque bien d'être insoluble et qu'il représente une véritable quadrature des cercles (Partie 1). Ainsi, prenant acte que les données de la controverse ne permettent pas de répondre véritablement à la question, nous tenterons, comme pour toute contradiction, de transcender le débat par une mise en perspective différente en réévaluant le poids respectif de l'ensemble des garanties d'impartialité du ministère public (Partie 2).

PREMIÈRE PARTIE

La quadrature des cercles de l'impartialité du ministère public

L'impartialité du ministère public est un problème récurrent qui ressurgit au gré de l'actualité judiciaire. Les débats parlementaires, les commissions, conférences et des rapports se sont succédé sur ce thème. Toutefois, il semble que depuis bientôt 50 ans, suite à la thèse de Mme M-L Rassat "*Le ministère public entre son passé et son avenir*"[56], le débat semble tourner autour des mêmes notions. Parler de recherche d'une quadrature des cercles est ici approprié, car à l'image du grand problème mathématique, ce débat est lui aussi classique mais

---

[56] RASSAT (M-L.), *Le ministère public, entre son passé et son avenir*, Paris Libr. Générale de droit et de jurisprudence, 1967.

également impossible. « L'impossibilité » est un terme délibérément excessif, cependant il est frappant d'observer les difficultés que nous éprouvons à justifier l'impartialité du magistrat parquetier dans les termes d'un débat aussi restreint.

Aussi, cette première partie n'aura pas pour objet de reprendre de manière exhaustive tout ce qui a été dit sur la question de l'indépendance du ministère public ou les différentes modalités régissant la question de la séparation des fonctions judiciaires. Les études antérieures sur le thème de l'impartialité et la littérature foisonnante en dressent déjà un portrait qu'il serait inutile de restituer, d'autant que cette restitution serait d'une qualité moindre.

Toutefois, nous nous efforcerons, dans un premier chapitre, de reprendre le débat tel qu'il est arrêté aujourd'hui afin de démontrer en quoi le fait de rester enfermé dans un débat sur des garanties organisationnelles (c'est-à-dire focalisé sur le principe de séparation des fonctions judiciaires et sur l'indépendance du parquet) rend l'hypothèse d'une conclusion favorable à un parquet impartial difficile.

L'analyse ne s'arrêtera pourtant pas à une conclusion pessimiste et fataliste. Dans un second chapitre, nous tâcherons d'identifier au vu de l'histoire du parquet, les origines de cette conception d'un ministère public-partie adversaire. Une fois cette remontée dans le temps effectuée, il nous sera plus aisé de saisir et de confronter avec notre législation contemporaine les points jetant le trouble et la suspicion sur le parquet français. Cette démarche permettra ainsi d'apporter un éclairage nouveau dans un débat aux termes trop traditionnels.

Chapitre 1. Un débat polarisé sur des garanties organisationnelles

L'organisation de notre procédure pénale manifeste notre préoccupation quant au risque de partialité apparente de la décision. Il ne s'agit pas seulement d'éviter une partialité subjective du magistrat dans son for intérieur, mais plutôt de garantir une justice impartiale dans sa globalité. Ce qui est ici en cause, c'est le souci de préserver une décision finale impartiale, la décision du juge. Or, pour que celle-ci soit préservée, il convient que le juge n'ait pas pris parti à la procédure lors d'une phase antérieure du procès pénal et qu'il soit indépendant[57].

S'agissant du ministère public la question est infiniment plus délicate car (voir *supra* introduction), l'institution n'a pas été envisagée, originellement, comme un acteur impartial mais plutôt comme un organe instrument d'une justice impartiale. Le procureur est ici au service de la Justice, pour ne pas dire serviteur de la Justice. "*Pouvoir tout pour la justice et ne pouvoir rien pour soi-même, c'est l'honorable mais pénible condition du magistrat*" formulait Aguesseau[58]. C'est également en ce sens que l'ancien principe directeur de la procédure de l'Ancien régime selon laquelle "*tout juge est procureur général*" disparaît par l'instauration du ministère public avec une dose d'accusatoire. La séparation

---

[57] «*L'indépendance, peut-on dire, est la qualité d'une personne ou d'une institution qui ne reçoit d'ordres, ou même de suggestions, d'aucune sorte, qui est donc seule à prendre les décisions qu'elle prend et qui en outre n'a pas à rendre compte puisque rendre compte évoque la critique*». PRADEL (J.), La notion européenne de tribunal impartial et indépendant selon le droit français, *Rev. sc. crim*, 1990, p. 692.

[58] Cité par ROUSSELET, *Histoire de la magistrature française des origines à nos jours*, Tome II, 1957, p. 49.

des fonctions de poursuite et de jugement avait donc un caractère intrinsèquement libéral.

L'incompatibilité entre les fonctions de jugement et de poursuite est intemporelle et la Cour de cassation dans un arrêt du 13 septembre 1827 énonçait déjà qu' "*attendu que c'est une maxime constante de notre droit public que les fonctions du ministère public sont incompatibles avec celle de juge; que c'est un principe de justice éternelle de ne pas permettre qu'un magistrat puisse être dans la même affaire partie poursuivante et juge*"[59].

Tout aussi intemporelle est la qualité de magistrat accordée aux parquetiers, membre de l'autorité judiciaire, impliquant aux termes de l'article 66 de la Constitution du 4 octobre 1958 une fonction de gardien de la liberté individuelle.

La contradiction classique apparaît nettement, comment le magistrat parquetier peut-il exercer sa fonction de garant de la liberté individuelle tout en lui déniant cette vertu d'impartialité puisqu'il serait considéré comme partie à la procédure ? Une impartialité remise en cause justement du fait d'une vision trop stricte de la séparation des fonctions judiciaires. En un mot, nous verrons dans un premier temps que la soi-disant partialité du ministère public découle en partie de la thèse séparatiste qui est elle-même viciée par une conception trop objective de l'impartialité.

Dans un second temps, nous tenterons de démontrer que la même contradiction existe s'agissant du statut de magistrat et de son lien de dépendance avec l'exécutif et qu'elle pose le même obstacle.

---

[59] Cass. Crim, 1" septembre 1827. Bull. crim n°237.

Section 1. La difficile conciliation entre l'exigence d'impartialité du ministère public et la thèse séparatiste

"*Le principe séparatiste exprime in abstracto trois idées: il est tout à la fois une règle de composition, une règle de spécialisation et une règle de fonctionnement*"[60]. La règle de composition signifie que le magistrat ne peut successivement apparaître à plusieurs phases d'une même procédure. La règle de spécialisation exprime l'idée qu'un magistrat ne peut cumuler simultanément plusieurs fonctions. Pour finir, la règle de fonctionnement suppose que chaque organe doit être indépendant dans l'exercice de sa fonction.[61]

Ce principe séparatiste a donc une prise toute particulière sur le ministère public car la jurisprudence de la Cour européenne des droits de l'homme a eu tendance à appliquer une vision stricte et spécifique au parquet où "*toute violation objective du principe de la séparation des fonctions judiciaires vaut partialité*"[62]. Pareillement, cette particularité s'observe par la complexité de l'application du principe de séparation des fonctions judiciaires (ce principe, selon les cas et les juridictions concernées, s'applique de manière stricte ou parfois est clairement écarté).

Cette conception objective de l'impartialité a eu pour conséquence une négation très contestable de son obligation d'impartialité fonctionnelle.[63] Pire encore, cette vision objectiviste de l'impartialité a eu pour conséquence d'impliquer une

---

[60] ROETS (D.), *op. cit.* p 43.

[61] *Ibid.*

[62] GUINCHARD (S.), BUISSON (J.), *op. cit.* p 386.

[63] Le terme d'impartialité fonctionnelle résume, en doctrine, cette idée d'impartialité objective par une séparation des fonctions judiciaires. Voir par exemple. TULKENS (F.), BOSLY (H.D.), la notion européenne de tribunal indépendant et impartial. La situation en Belgique, *Rev. sc. crim.* 1990, p. 682.

confusion, certes subtile mais bien trompeuse, entre la dimension de "règle de fonctionnement" et l'indépendance proprement statutaire.

§ 1. La séparation des fonctions judiciaires, une garantie fondamentale rigoureuse d'une justice pénale impartiale

Deux points seront précisés, d'une part la voie sans issue que constitue une séparation des fonctions trop stricte pour qualifier le procureur de magistrat. D'autre part, les conséquences pratiques quant à l'application de ce principe en droit français lorsque cette rigidité implique nécessairement une qualité de partie-adversaire[64].

A. L'impasse d'une impartialité objective pour le parquetier dans l'application du principe séparatiste

1. L'interdiction du cumul des fonctions : dimension de spécialisation

Les fondements de ce principe sont nombreux et unanimes (à la fois en doctrine[65], pour la jurisprudence de la Cour de cassation[66], du Conseil Constitutionnel[67] ou internationale[68]...) c'est pourquoi l'objet ici n'est absolument pas de démontrer que la thèse du cumul est meilleure, mais simplement de montrer les conséquences qu'entraînent ce principe

---

64 Le terme partie-adversaire est un moyen pour nous distinguer les termes de "partie publique" qui aura, dans notre étude, le sens d'une partie impartiale.

65Pour un exemple : "*Le fait d'avoir participé en tant que représentant du ministère public à la poursuite de l'accusé est une cause d'incompatibilité naturelle avec les fonctions de juge car on ne peut être à la fois juge et partie*". MERLE (R.) "*Répertoire de droit criminel et de procédure pénale*", Tome I. V° Cour d'assises n°144. 1953 cité par JOSSERAND (S.), *op. cit.* p.229.

66 Cass. Crim. 5 février 1959, bull. n°86.

67 Conseil Constitutionnel, 2 février 1995, n°95-360 DC, *Loi relative à l'organisation des juridictions et à la procédure civile, pénale et administrative.*

68 Arrêt Piersack précité.

sur l'institution du ministère public (des conséquences que nous occultons ou minorons trop souvent). Ce principe s'impose donc à nous et il joue tout d'abord comme règle de spécialisation, c'est-à-dire qu'une même personne ne peut exercer les fonctions de poursuite et de jugement.

Malgré l'évidence de ce postulat, il faut cependant s'arrêter sur sa justification car on le sait, le juge d'instruction est également visé par cette interdiction de cumul. Or, pourquoi avoir une telle rigueur s'agissant du ministère public et pas pour le juge d'instruction. C'est un problème majeur (v. Chapitre 2 sur la généalogie du terme de partie-adversaire caractérisant le procureur) qui est celui de la qualité de partie du procureur. Sylvie Josserand, dans sa thèse sur "*L'impartialité du magistrat en procédure pénale*" explique le fondement de l'incompatibilité des deux fonctions précisément sur cette question de la qualité du ministère public. Mme Josserand déclare que "*dans le combat que constitue le procès pénal, le parquetier a donc pour mission de représenter le camp adverse à celui de l'accusé*"[69], puis, ajoute que "*la fonction de poursuite, par la qualité d'adversaire qu'elle attache au parquetier, s'impose donc dans toute son antinomie avec les fonctions d'instruction et de jugement*"[70]. Pour appuyer sa démonstration, elle adopte un raisonnement a contrario, en se fondant sur la possibilité (avant la réforme du 4 janvier 1993) pour les juges du siège de se saisir de faits, de les instruire puis de les juger en matière d'outrage à magistrat en audience. C'est parce que les juges du siège agiraient dans l'exercice de leur fonction en cours d'audience qu'ils seraient ainsi considérés comme non partie à l'instance.

Le postulat du raisonnement est très intéressant et conforte notre intérêt pour cette question importante de la qualité du procureur à l'instance. En effet, la qualité de partie semble être à l'origine des maux du parquet. Toutefois, nous

---

[69] JOSSERAND (S.), *op. cit.* p.230.
[70] *Ibid.*

ne partageons pas la suite du raisonnement que tient S. Josserand pour deux raisons. La première car nous considérons que le parquet n'est pas partie à la procédure, ou, tout au moins, il est une partie très particulière, une partie impartiale. Cela sera démontré dans le second chapitre. La seconde est que le raisonnement a contrario ne nous paraît pas pertinent. En effet, ce qui justifie la possibilité pour le juge de se saisir des faits d'outrage relève selon nous plus du caractère flagrant de l'infraction, que de la qualité du juge. Cet exemple peut être transposé au parquet. En effet, l'histoire du parquet nous enseigne que la flagrance a permis un certain cumul des fonctions. Ce fut d'ailleurs le seul compromis acceptable lors des débats parlementaires de la loi du 7 pluviôse an IX : "*Dans le cas du flagrant délit, peu importe par qui le fait est constaté. Il n'y a nul inconvénient, par exemple, à ce que le procureur impérial constate qu'on a trouvé un cadavre; mais il serait très dangereux de lui accorder le même pouvoir hors du flagrant délit*. (...)"[71]. La part de subjectivité en matière de flagrance est si réduite que le cumul est admis.

Ce reproche quant à l'impartialité des juges du siège et du parquetier n'est pas sans rappeler la célèbre affaire « *Choucq* » en 1980 où il était justement question d'un outrage à magistrat, de l'ancien délit d'audience et de l'étendue de la liberté d'expression de l'avocat en audience. Dans cette affaire, l'avocat éponyme avait fait remarquer au magistrat parquetier l'absence d'une des personnes arrêtées aux côtés des autres prévenus présents à l'audience. Il déclara : « *Je ne veux pas croire que le lien de parenté du jeune M. Le Bras avec un représentant du Parquet ait eu une influence quelconque sur le fait qu'il ait été relâché* »[72]. Une réaction inadéquate du président sanctionnant immédiatement le comportement par le délit d'audience (supprimé par la loi du 15 juin 1982) a été perçue par l'opinion publique

---

[71] LOCRE (J-G.), "*La législation civile, commerciale et criminelle de la France ou commentaire et complément des codes français*", Paris Treuttel et Würtz, 1831, in IV: Procès-Verbaux du Conseil d'État séance du 11 juin 1808, p.147.

[72] En ce sens, http://www.village-justice.com/articles/Etendue-liberte-expression-avocat,14246.html

comme contraire au devoir d'impartialité auquel le magistrat était tenu. « *Les juges offensés deviennent les juges de l'offense. Voilà déjà qui contrevient grandement aux articles 10 et 11 de la Déclaration des droits de l'homme, selon lesquels tout accusé, sauf l'avocat, semble-t-il, a droit à un procès juste devant un tribunal indépendant et impartial* »[73].

2. La prohibition de l'exercice successif des fonctions judiciaires : la dimension de composition

L'impartialité étant inhérente à la fonction de magistrat, considérer le procureur comme étant une partie implique logiquement qu'on lui dénie la qualité de magistrat. La qualité de partie résultant justement (mais pas complètement) du principe séparatiste, il faut donc s'interroger sur la rigueur avec laquelle nous appliquons ce principe, c'est-à-dire sa portée.

"*En tant que règle de composition, la séparation des fonctions de poursuite et de jugement signifie qu'un même magistrat ne peut exercer successivement les fonctions de poursuite et de jugement*"[74]. En examinant la jurisprudence de la Cour de Cassation et de la Cour européenne des droits de l'homme, nous pouvons constater deux choses, certes la Cour européenne des droits de l'homme a une conception stricte du principe séparatiste, mais elle reste cependant réaliste en évitant une approche trop rigide.

C'est ainsi, que malgré ce principe séparatiste, la Cour de cassation et la Cour européenne des droits de l'homme n'appliquent pas le principe d'indivisibilité du ministère public. Il faut donc que le magistrat parquetier ait "*personnellement participé à la poursuite*"[75] pour considérer un éventuel cumul en cas

---

[73] Citation de Gisèle Halimi, *Ibid.*
[74] ROETS (D.), *op. cit.* p. 51.
[75] *ibid*, p. 52.

de nomination au siège. La Cour de cassation déclare que "*s'il existe entre les membres du ministère public d'une même juridiction une certaine indivisibilité résultant de la communauté des fonctions qu'ils exercent, cette indivisibilité ne saurait aller jusqu'à les faire considérer comme ayant participé aux poursuites exercées par l'un d'eux*"[76]. Entérinant cette approche louable, la Cour européenne des droits de l'homme estime que "f*ondée sur une conception rigide et formaliste de l'unité et de l'indivisibilité du ministère public, une solution aussi radicale dresserait une cloison quasi étanche entre le siège et le parquet*"[77]. Cette position[78] est évidemment à saluer, au-delà de la théorie, d'un point de vue pratique dans l'organisation des juridictions et des nombreux mouvements parquet-siège.

Cependant, la Cour européenne des droits de l'homme maintient un régime strict et particulier s'agissant du ministère public. En ce sens, le Professeur Jean Pradel énonce qu'« a*bsolu est le principe de l'exclusion des parquetiers de la juridiction de jugement*»[79]. Nous l'avons entre-aperçu en introduction, la jurisprudence de la Cour européenne des droits de l'homme a infléchi sa jurisprudence objectiviste (Arrêt Piersack et De Cubber[80]) vers une jurisprudence plus subjective (Arrêt Hauschildt). Même si la distinction est évidemment très contestable.

Ainsi, à l'instar de la jurisprudence sur l'indivisibilité du ministère public, où l'on prend en compte l'implication personnelle du magistrat, il ressort des arrêts Sainte Marie c/ France du 7 décembre 1992, Fey c/ Autriche du 24 février 1993 ou encore Padovani c/ Italie du 26 février 1993 l'idée principale que la faible implication du juge instructeur dans son rôle d'investigateur permet de rejeter le grief de partialité.

---

76 Cass. Crim. 17 décembre 1964, bull. n°342.

77 Arrêt Piersack c/Belgique, 1er octobre 1982, série A, n°53, §30-b.

78 Pour une prise de position inverse, M-L RASSAT, *Procédure pénale*, PUF, 2ème édition, 1995, n°32, cité par D. ROETS, *op. cit.* 52.

79 PRADEL (J.), La notion européenne de tribunal impartial et indépendant selon le droit français, *Rev sc. crim*, 1990, p 692.

80 CEDH, 26 octobre 1984, Cubber c/ Belgique.

Cependant, et curieusement, ces jurisprudences ne concernent pas le ministère public mais bien uniquement les juges d'instruction. Ainsi, l'assouplissement de la Cour européenne des droits de l'homme ne profite pas aux parquetiers. Certes, la « *Cour européenne des droits de l'homme semble s'être rangée à l'argument du pragmatisme avancé par certains détracteurs de la théorie séparatiste* »[81], mais on peut regretter que cette position ne concerne pas le ministère public.

La conséquence logique et inévitable de cette application objective de l'impartialité serait donc de considérer le procureur de la république comme partial vis-à-vis du prévenu, c'est-à-dire une partie-adversaire et donc de lui retirer sa qualité de « magistrat habilité ». Ce raisonnement est malheureusement entériné par l'évolution de l'appréciation de l'impartialité spécifiquement au parquet. De fait, si dans un premier arrêt (Schiesser c/ Suisse[82]), la Cour européenne des droits de l'homme avait considéré le procureur suisse comme « magistrat habilité » au sens de l'art 5§3, car il n'avait pas en pratique, rempli son rôle d'organe de poursuite (appréciation *in concreto*), l'appréciation évolue aujourd'hui vers une approche in abstracto. La simple éventualité que le procureur exerce des poursuites à l'encontre de la personne faisant l'objet d'une arrestation ou d'une garde à vue, implique nécessairement que « *son impartialité peut paraître sujette à caution* »[83]. Comme l'énonce S. Guinchard et J. Buisson, « *la simple possibilité crée la partialité, jette un doute sur l'impartialité du magistrat* »[84]. Une telle exigence dans l'apparence d'impartialité ne pouvait qu'aboutir à une condamnation de la France avec les arrêts bien connus (Medvedyev/ France[85] et Moulin c/ France[86]) relançant la crise du ministère public à la française.

---

[81] ROETS (D.), *op. cit.* p. 132.

[82] CEDH 4 décembre 1979, n° 7710/76, *Schiesser c/ Suisse,* série A, n°34, §28.

[83] CEDH 23 octobre 1990, n°12794/87, *Huber c/ Suisse,*, série A, n° 188, §42 et s.

[84] GUINCHARD (S.), BUISSON (J.), *op. cit.* p. 315.

[85] CEDH 10 juillet. 2008, n°3394/03, *Medvedyev et ali c/ France.*

[86] CEDH 23 novembre 2010, n°37104/06, *France Moulin c/ France.*

Le parquet français, au-delà de son lien de subordination avec le pouvoir exécutif, ne présenterait pas les garanties d'impartialité requises envers les parties puisqu'il est susceptible de mettre en mouvement l'action publique à leur encontre.

Nous voici donc face à un dilemme insoluble, avec plusieurs postulats contradictoires. Le procureur met en œuvre l'action publique (article 31 du Code de procédure pénale). Il est par ailleurs magistrat garant de la liberté individuelle, et à ce titre contrôle la régularité des actes d'enquête. Cependant, le long cheminement de la conception européenne de l'impartialité fonctionnelle suppose qu'un organe susceptible de poursuivre une personne suspecte est nécessairement partial car elle ne présente pas des garanties d'indépendance vis-à-vis des parties privées. Ainsi, par cette conception de l'impartialité, la Cour européenne des droits de l'homme oriente et circonscrit le débat, le menant à une impasse pour le ministère public français. Soit celui-ci maintient sa position, mais il ne pourra plus contrôler la régularité des arrestations et des gardes à vue (ce qui fait perdre sa qualité de magistrat pourtant consubstantielle à sa fonction), soit celui-ci change de nature, en abandonnant sa fonction de poursuite. Ceci n'est ni souhaitable, ni réalisable. Cette conception de l'impartialité a pour effet d'induire une confusion entre l'indépendance (garantie d'impartialité) et le concept d'impartialité ce qui vient fausser le débat et la réponse de la législation nationale (voir *infra*, §2)[87].

Le dialogue des juges a opéré. Aujourd'hui la chambre criminelle, dans un arrêt du 15 décembre 2010, (après une longue opposition), estime que « *le parquet n'est pas une autorité judiciaire au sens de l'article 5§3 de la Convention européenne des droits de l'homme* ». Il semble que la Cour du quai de l'horloge considère que le ministère public n'est pas contraint par la séparation

[87] La confusion résulte ici de la difficile distinction entre la dimension de fonctionnement de la séparation des fonctions judiciaires et l'indépendance statutaire.

des fonctions judiciaires dans l'exercice de ses fonctions car celui-ci est partial.

B. Le cumul des fonctions judiciaires : la négation de l'obligation d'impartialité incombant au ministère public

Considérer le ministère public comme une partie partiale entraîne, dans la jurisprudence française une négation du respect du principe de séparation des fonctions judiciaires, et donc un cumul possible dans la dimension de composition ce qui diffère avec la jurisprudence européenne qui elle applique le principe pour en tirer la conséquence de partialité. La jurisprudence européenne a donc le mérite d'appliquer les garanties d'impartialité au procureur[88]. La jurisprudence interne, quant à elle, admet le cumul car la séparation a pour but de garantir l'impartialité, or si l'on considère le parquet comme étant partial, il n'est pas nécessaire d'imposer cette séparation lorsque l'on se place du point de vue du parquet[89].

Pour comprendre l'admission de ce cumul, des exemples jurisprudentiels peuvent être éclairants. La jurisprudence de la Cour de cassation sur ce point est constante. Le cumul de fonctions de l'instruction au parquet fut très vite admis[90]. Plus récemment, il a été admis que le magistrat instructeur dans une affaire puisse occuper la fonction de ministère public devant la chambre de l'instruction en matière de nullité de procédure[91].

---

[88] C'est pour cette raison que l'on a considéré durant la première décennie de notre siècle que la jurisprudence européenne allait permettre au procureur de devenir plus indépendant. (Mais est-ce la solution ? Notre étude tend à répondre par la négative).

[89] C'est le mouvement siège vers parquet ou instruction vers parquet qu'il faut considérer ici et non pas l'inverse.

[90] Cass. Crim. 28 aout 1819, bull. n°209.

[91] Cass. Crim. 3 novembre 1992, n°92-84.052.

Heureusement plus rare, mais tout aussi critiquable, le cumul dans le temps des fonctions de jugement vers la poursuite a été permis. A l'instar du cumul de l'instruction vers la poursuite, la Cour suprême a également admis cette pratique[92].

Ce cumul est fondé très classiquement sur la qualité de partie-adversaire et sur l'irrécusabilité du parquet[93]. Toutefois, ce cumul nous semble extrêmement contestable. Tout d'abord car l'exigence d'impartialité incombe au procureur autant qu'à son homologue juge instructeur. De plus, est-il besoin de rappeler l'étendue des pouvoirs du procureur pour justifier une application rigoureuse du principe d'impartialité. Enfin, la séparation des fonctions judiciaires sert l'objectif d'une apparence d'impartialité. Le principe de bonne administration de la justice doit s'imposer pour qu'un justiciable ne se retrouve pas face à un parquetier requérant contre lui alors que ce même magistrat l'a jugé durant l'instruction. Pareillement, concernant son impartialité subjective, « *Il est à craindre, en effet, que le magistrat exerçant la fonction de poursuite, impliqué dans le dossier plus que de coutume, ne fasse preuve soit d'une virulence particulière, soit d'une indulgence suspecte* »[94].

Plus encore, l'argument d'une présupposée partialité du procureur en faveur du cumul ne nous semble pas véritablement pertinent. En effet, la logique étant que s'agissant de sa fonction de ministère public, il peut se permettre une partialité voire une « *idée de la culpabilité de celui qu'il poursuit* »[95], ceci correspond à un raisonnement très parcellaire. On considérerait que l'attitude partiale du procureur ne rejaillirait uniquement que sur sa fonction. Cependant l'attitude partiale d'un individu jetterait nécessairement le trouble sur ses interventions antérieures dans la procédure de telle manière qu'un malaise

92 Cass. Crim. 18 juillet 1889.

93 Ce qui n'est pas vraiment un argument puisque l'irrécusabilité est elle aussi fondée sur cette idée de partie-adversaire.

94 ROETS (D.), *op. cit.* p. 104.

95 GUINCHARD (S.), BUISSON (J.), *op. cit.* p. 396.

chez le justiciable s'installerait face aux ordonnances lors de la phase d'instruction. L'impartialité objective lors de la phase d'instruction pourrait se retrouver viciée par une partialité subjective postérieure. On tombe ici dans une curieuse confusion entre la distinction classique de l'apparence d'impartialité et l'effectivité d'impartialité. « *La partialité apparente du magistrat n'hypothèque pas l'impartialité effective de sa décision. A l'inverse, l'apparence d'impartialité s'interprète comme l'impartialité effective* »[96]. Cependant, dans notre cas, l'apparence de partialité dans la seconde phase en tant que partie poursuivante, viendrait jeter un trouble certain sur l'apparence d'impartialité lors de la première phase d'instruction.

Pour toutes ces raisons il nous semble qu'une évolution jurisprudentielle doit intervenir en la matière, d'autant plus que la loi n°2013-669 du 25 juillet 2013 (déjà citée) précise à l'article 31 du Code de procédure pénale que le procureur de la république met en mouvement l'action publique dans le respect du principe d'impartialité auquel il est tenu. On verrait difficilement une jurisprudence soutenant le cumul des fonctions judiciaires ou formulant des attendus de principe tel que : « l*e ministère public ne décidant pas du bien-fondé de l'accusation en matière pénale, le moyen pris de la partialité éventuelle de ce magistrat est inopérant* »[97], puisse perdurer sans vider de sa substance l'intention du législateur. Là aussi, les commentateurs de cette loi devraient voir dans cette précision de l'article 31, non pas une affirmation péremptoire ou incantatoire, mais bien une disposition avec une portée réelle sur notre droit positif.

Le principe de séparation des fonctions judiciaires est une garantie d'impartialité fondamentale pour notre Justice pénale

---

[96] JOSSERAND (S.), *op. cit.* p. 593.

[97] Cass. Crim. 19 mars 1998; bull. n°106 ; Pour un attendu identique et plus récent, voir Cass.crim 9 mars 2016. n°14-86.795

dans son ensemble, et non pas pour l'action du procureur spécifiquement. On le pressentait et nous y reviendrons dans une approche historique, ce principe a une conséquence directe sur le concept de ministère public comme partie à l'instance. De plus, ce principe est d'une grande complexité de par sa diversité de dimension (effet de spécialisation, de composition et de fonctionnement), et de par son application particulière au ministère public. La difficulté du principe de séparation des fonctions judiciaires, dans sa dimension de fonctionnement (c'est-à-dire, rappelons-le, le fait de séparer les fonctions pour qu'un organe ne soit pas dépendant envers un autre ou envers une partie privée[98]) est amplifiée par le fait que cette notion est très proche de la garantie d'indépendance statutaire. Le procureur, selon la Cour européenne des droits de l'homme, est dépendant de la partie privée en ce qu'il est susceptible de la poursuivre ce qui suppose sa partialité. Cette frontière ténue entre impartialité et indépendance semble s'effacer lorsque l'on s'intéresse aux motivations de la Cour européenne des droits de l'homme dans sa jurisprudence. Le risque est central car la confusion amènerait à une dénaturation du concept d'impartialité faisant là encore aspirer la notion dans une dimension uniquement organisationnelle au détriment du ministère public.

§ 2. La confusion entre garantie d'impartialité et le concept d'impartialité : le piège d'une vision purement objectiviste d'impartialité

S'arrêter longuement sur la jurisprudence de la Cour européenne des droits de l'homme est indispensable pour

---

[98] Ainsi, un procureur exerçant l'action publique « *n'est pas indépendant des parties parce que justement il est l'une d'elles* » (CEDH 22 mai 1984, n°9626/81*; 9736/82, Duinhof et Duijf c/ Pays-Bas,*), cité par PRADEL (J.) in Quel(s) magistrat(s) pour contrôler et prolonger la garde à vue ? Vers une convergence entre la Cour de Strasbourg et la chambre criminelle de la Cour de cassation. *Dalloz*. 2011. 338.

comprendre l'orientation du débat sur l'impartialité du ministère public. En plus de nos développements sur la conception objectiviste de la Cour européenne dont l'aboutissement est le refus de considérer le ministère public français comme « *magistrat habilité* », cette conception nous induit en erreur sur les réponses à apporter à la question. En confondant indépendance et impartialité (A), la réponse nationale fut malaisée et l'on peine à trouver une solution sans dénaturer définitivement le rôle du ministère public (B).

A. La difficile dissociation de l'indépendance et de l'impartialité par la Cour européenne des droits de l'homme

L'article 6-1 de la convention européenne des droits de l'homme disposant que « *toute personne a droit à ce que sa cause soit entendue (...) par un tribunal indépendant et impartial*», il semblerait donc que la Cour distingue ces deux dernières notions. Une distinction qui s'impose d'autant plus qu'un rapport existe entre l'indépendance et l'impartialité. C'est bien l'indépendance qui doit être une garantie (ou une condition) de l'impartialité. L'impartialité est bien la fin et l'indépendance le moyen. Or, il est malheureux qu'avec une conception purement objectiviste ce rapport se soit inversé. W.J Ganshof van der Meersch a pu écrire dans cette logique : «*La condition essentielle de l'exercice impartial de la fonction judiciaire réside dans l'indépendance de ceux qui l'exercent*»[99].

Dans le même sens, J. Pradel constatait lui aussi la difficulté de la distinction entre indépendance et impartialité dans la conception européenne qui s'attache davantage à l'apparence qu'à l'impartialité effective. L'étude des arrêts en la matière démontre en effet que c'est bien l'indépendance (statutaire) ou l'impartialité fonctionnelle (dans le sens de la

---

[99] Propos rapporté par Françoise Tulkens *in* TULKENS (F.), la notion européenne de tribunal indépendant et impartial. La situation en Belgique, *Rev. sc. crim* 1990, p. 679.

dimension fonctionnelle de la séparation des fonctions judiciaires) qui constitue le motif principal. Ainsi, le professeur J. Pradel n'hésite pas à déclarer, à raison, qu' «*il apparaît alors que le mot d'indépendance est le plus important des deux, l'impartialité n'en constituant que la conséquence*»[100] ce qui opère une véritable inversion des principes et des garanties.

Les exemples jurisprudentiels qui convoquent l'analyse simultanée entre indépendance et impartialité sont très nombreux[101], mais il est remarquable que la Cour admet elle-même la difficulté qu'implique l'impartialité objective poussée à l'extrême. Ainsi, «*Pour déterminer si le tribunal de première instance pouvait passer pour "indépendant et impartial", la Cour prend en compte les principes établis par sa propre jurisprudence (...). Avec la Commission, elle juge malaisé en l'espèce de dissocier l'impartialité de l'indépendance* »[102].

Le poids donné à la garantie d'impartialité que constitue l'indépendance est tel qu'il renverse la balance entre la garantie et le principe. Ce renversement est, à notre sens, préjudiciable car il ne coïncide plus avec les garanties contemporaines de l'impartialité. En effet, le poids des garanties est changeant et dépend de notre système pénal global. Inversion regrettable également car il apparaissait que le Cour européenne des droits de l'homme avait pris en compte, pendant une décennie d'autres garanties fondamentales d'impartialité possiblement sous l'impulsion de la juge Françoise Tulkens qui, nous semble-t-il, avait clairement perçu la grande pluralité des garanties d'impartialité au-delà de celle que l'on qualifie d'organisationnelle. La Cour, dans une approche plus concrète, a parfois appliqué des garanties incombant normalement au juge dans le cadre de l'article 6 de la Convention au ministère public. Ainsi, le respect du

---

100PRADEL (J.), la notion européenne de tribunal indépendant et impartial selon le droit français, *Rev. sc. crim* 1990, p. 693.

101 Pour un développement sur ces arrêts, Voir JOSSERAND (S.), *op. cit.* p. 458.

102 CEDH 22 juin 1989, n°11179/84, *Langborger contre Suède*, §30.

contradictoire[103] ou plus fondamentalement l'obligation de motivation en cas de classement sans suite[104] et le respect de la présomption d'innocence[105] ont été formulés comme des garanties d'impartialité. Par cette vision de l'impartialité que nous partageons, «*le ministère public tend à avoir un statut, un rôle, des devoirs et même un rapport au procès qui se rapprochent des magistrats du siège*»[106]. Occultant les mutations profondes du ministère public, cette approche ne fut pas reconduite par les arrêts Medvedyev et Moulin c/ France.

B. Des réponses législatives, doctrinales et jurisprudentielles limitées dans un débat restreint

Rappelons encore une fois Confucius: "*si le langage n'est pas adéquat, les choses ne peuvent être menées à bien*"[107]. L'idée d'impartialité dégagée par la Cour de Strasbourg et par la notion de partie au procès, malmène la discussion sur l'impartialité du ministère public. Un débat polarisé sur des garanties organisationnelles, et plus particulièrement ici sur la garantie de séparation des fonctions judiciaires suppose naturellement une réponse restreinte. Or comment imaginer un procureur titulaire de l'action publique en vertu de l'article 31 du Code de procédure pénale et lui retirer pourtant le pouvoir de poursuivre au motif que cela entraînerait inexorablement un doute sur son impartialité ? Cette vision partielle explique le malaise doctrinal en réaction à la loi du 25 juillet 2013 relative aux attributions du garde des sceaux et des magistrats du ministère public en matière de politique pénale et de mise en œuvre de l'action publique ou des projets de réformes du Conseil supérieur de la magistrature (Projet de loi AN n°815). Les

---

[103] CEDH 5 avril 2001, n°48799/99, *Priebke contre Italie.*
[104] CEDH 17 octobre 2006, n°52067/99, *Okkali contre Turquie.*
[105] CEDH 10 octobre 2000, n°42095/98, *Daktaras contre Lituanie.*
[106] TULKENS (F.), *L'apport de la convention européenne des droits de l'homme* in *Quel avenir pour le ministère public, op. cit.* p.97-98.
[107] CONFUCIUS, *op. cit.*

auteurs[108] sont nombreux à ne pas saisir l'utilité de ces réformes qu'ils jugent vaines et inutiles. En ce sens, Évelyne Bonis-Garçon et Olivier Décima écrivent que « *dès lors et quand bien même les projets de réforme évoqués permettraient de gagner dans une certaine mesure en indépendance à l'égard du pouvoir exécutif, la question de l'impartialité objective reste entière* »[109]. Peu après le vote définitif de cette loi, les deux auteurs réaffirment le caractère symbolique de la loi. De manière plus sévère, les auteurs s'interrogent sur le sens de l'ajout à l'article 31 du code de procédure pénale des termes « *dans le respect du principe d'impartialité auquel il est tenu* » en estimant que si « *l'impartialité s'entend ici dans un sens juridique, comme une obligation processuelle interdisant de confier à un magistrat du parquet un pouvoir (de contrôle ou de décision) dans une affaire dont il a déjà eu à connaître (…) alors, force est d'admettre que cette impartialité est inexistante !* [110]». L'influence de la Cour européenne est ici évidente.

Les effets de cette influence sont bien sûr à nuancer car il est certain qu'elle a permis une évolution du statut du ministère public et de notre procédure dans un sens plus respectueux des droits fondamentaux. Cependant, la Cour strasbourgeoise, en axant toute sa réflexion sur l'indépendance du parquet uniquement en termes organisationnels a pu provoquer une réponse nationale inadéquate. La jurisprudence de la Cour a initialement été perçue comme un moyen

---

[108] Dans ce sens, VERGES (E.), Politique pénale et action publique: la difficile conciliation du modèle français de ministère public et des standards européens, *Rev. sc. crim* 2013, p. 605.

[109] BONIS-GARCON (E.), DECIMA (O.), Le parquet et les sirènes de l'indépendance- A propos du projet de loi du 27 mars 2013 et du projet de loi constitutionnelle du 14 mars 2013. *La Semaine Juridique Édition Générale* n°17, 22 avril 2013, 460.

[110] BONIS-GARCON (E.), DECIMA (O.), Grâce et disgrâce des instructions hiérarchiques.- A propos de la loi du 25 juillet 2013 relative aux attributions du garde des Sceaux et des magistrats du ministère public en matière de politique pénale et de mise en œuvre de l'action publique, *Le Semaine Juridique Édition Générale* n°38, 16 Septembre 2013, 955.

de faire évoluer le statut ou les prérogatives du ministère public[111] mais nous savons aujourd'hui que la question statutaire n'est pas entièrement la solution au problème. Le procureur restera en effet dépendant de la partie privée puisqu'il la poursuit. La course à l'indépendance, induite par la jurisprudence européenne, n'est certainement pas le bon vecteur pour parvenir à l'impartialité du parquet.

Preuve du malaise que ce cadre installe, les solutions législatives, doctrinales ou jurisprudentielles envisagées ne répondent que de manière parcellaire et fragile à la question :

Tout d'abord, la lecture des travaux parlementaire de la loi du 25 juillet 2013 laisse perplexe quant à l'intention du législateur sur l'ajout de l'article 31 du CPP. Il s'agit en effet d'une loi dont la vocation tend clairement et directement à être « *le signe d'une première convergence, même relative, entre les approches constitutionnelle et conventionnelle concernant le rôle et le statut du « parquet à la française »*[112]. La démarche est donc de répondre à un problème maladroitement posé, ce qui se ressent dans les débats parlementaires. Les discussions se focalisent sur la notion d'indépendance, sur des questions techniques de composition du CSM (majorité de magistrat ou parité entre clerc et laïque, mode de désignation etc…). A aucun moment une définition n'est donnée de l'impartialité. Les notions sont évoquées, les problèmes touchés du doigt sans être saisis (le principe d'égalité est brièvement soulevé, l'impartialité est associée à l'intérêt général[113]…). Ainsi, et malgré le fait que la loi du 25 juillet 2013 vient clarifier la distinction entre le détenteur de

---

[111] En ce sens JEAN (J-P.), le ministère public entre modèle jacobin et modèle européen, *Rev. sc. crim* 2005 p.670.

[112] LE BOUILLONNEC (J-Y), Rapport AN n°1047 du 21 mai 2013 sur le projet de loi (n° 845), relatif aux attributions du garde des Sceaux et des magistrats du ministère public en matière de politique pénale et d'action publique, p.60.

[113] En ce sens, voir la proposition de Jean-Pierre Michel à l'article 1er bis, *in* Rapport relatif aux attributions du garde des sceaux et des magistrats du ministère public en matière de politique pénale et de mise en œuvre de l'action publique, Sénat, n°675, 19 juin 2013, J-P. MICHEL.

l'action publique et le détenteur de la politique pénale (voir *infra*) ce n'est que dans la mesure où une contradiction a été sauvée par l'échec de la réforme du CSM. En effet, il y avait une contradiction dans le fait de vouloir préciser que la politique pénale se trouve entre les mains du ministre de la Justice, que ce dernier en est responsable devant le Parlement mais qu'en même temps, une indépendance plus grande des parquetiers doit être garantie. En pareil cas, c'est la question de la responsabilité des parquetiers dans la mise en œuvre de la politique pénale qui aurait dû attirer davantage l'attention. Cette même politique pénale qui fait l'objet d'une méprise par certains députés, notamment Georges Fenech, lorsque celui-ci déclare : « *En quoi les juges du siège sont-ils concernés par celle-ci (la politique pénale)? Je crains que l'on commette une confusion entre les fonctions du siège et celles du parquet. L'acte de poursuivre est différent de l'acte de juger. Pour garantir son indépendance, un juge du siège ne doit pas se mêler de politique pénale !* ». Nous le verrons, le juge du siège est directement concerné par la construction de la politique pénale pour que celle-ci puisse être mise en œuvre de façon impartiale (voir *infra* Partie 2).

L'impartialité, non définie dans les débats, est reléguée à un principe subsidiaire de l'indépendance et dont les difficultés ne sont pas cernées. La Garde des sceaux elle-même n'appréhendait les difficultés de la question que sous le prisme de l'indépendance : *« L'indépendance et l'impartialité sont deux notions distinctes, j'en suis bien d'accord : il est plus facile d'organiser la seconde que la première (…)»*[114]. Estimer ainsi que l'impartialité est plus facile à organiser que l'indépendance manifeste la difficile perception que le législateur peut avoir de la traduction de ce principe d'impartialité dans notre système juridique.

---

114 LE BOUILLONNEC (J-Y), Rapport AN n°1047 du 21 mai 2013 sur le projet de loi (n° 845), relatif aux attributions du garde des Sceaux et des magistrats du ministère public en matière de politique pénale et d'action publique, p.46.

La déclaration d'impartialité prévue à l'article 31 du CPP, bien que tout à fait justifiable dans son principe est opportunément introduite par le législateur mais n'est pas explicitée par lui, ce qui bien évidemment a été critiqué par la doctrine.

La réponse doctrinale demeure elle aussi malaisée face à un tel dilemme. « *Le parquet est et restera, sauf à dénaturer l'institution, la partie poursuivante, le demandeur à l'action publique*[115]». Derrière cette formule de «*dénaturation de l'institution*», se cache l'idée d'une fonctionnarisation du ministère public (ce qui constituerait un terrible mouvement à rebours historique) ou encore d'une «*juridictionnalisation de l'enquête*» par l'institution d'un éventuel «juge de l'enquête et des libertés» (envisagé par l'avant-projet de réforme du Code de procédure pénale du 1er mars 2010 suite au rapport du comité « Léger »)[116] ou , plus récemment, le transfert du pouvoir de contrôle de la régularité des arrestations et des gardes à vue par le juge des libertés et de la détention (JLD). Là aussi, cette seconde solution n'est pas satisfaisante, car outre le fait que cela enlèverait au parquet la fonction de garant des libertés individuelles et partant sa qualité de magistrat, cela nuirait également au rôle du JLD qui doit rester en dehors du cadre de l'enquête auquel cas son indépendance vis-à-vis de la partie serait aussi remise en cause. De plus, cette «*indépendance réciproque du siège et du parquet, valable dans les deux sens, interdirait au juge de donner instruction au parquet de faire ou ne pas faire tel ou tel acte : Il devrait donc le faire lui-même (quitte à le confier à un officier de police judiciaire) … et se faire là-aussi enquêteur*»[117]. Pour finir, et pour reprendre l'argumentation du rapport Jacques Beaume, juridictionnaliser la phase d'enquête

---

115 BONIS-GARCON (E.), DECIMA (O.), *op. cit. Le Semaine Juridique Édition Générale* n°38, 16 Septembre 2013, 955.

116 Pour un avis favorable, voir MAYAUD (Y.), Le parquet entre le juge et l'avocat, (à propos de l'avant-projet de réforme du code de procédure pénale), *Rec. Dalloz*, 2010, p. 773.

117 Jacques Beaume, Rapport sur la procédure pénale, juillet 2014, p. 33.

conduirait à la possibilité d'exercer des voies de recours devant la chambre de l'instruction avec un risque «*de paralysie du processus d'investigation*[118]» et de la célérité de la justice.

La célérité de l'intervention d'une autorité judiciaire fut d'ailleurs une échappatoire face au dilemme posé par l'arrêt Medvedyev pour la Cour de cassation qui dans un arrêt du 15 décembre 2010[119] fait sienne l'interprétation de la Cour européenne des droits de l'homme, mais en ajoutant «*qu'une garde à vue de plus de vingt-quatre heures sans contrôle d'un juge n'encourait pas la censure, car ce délai était compatible avec l'exigence de brièveté imposée par la Cour européenne*»[120]. On voit ainsi cette idée de graduation dans l'impartialité et dans les garanties à donner au justiciable par le truchement de la durée d'atteinte à sa liberté d'aller et venir. Une graduation presque quantifiable temporellement lorsque le Conseil Constitutionnel, saisi d'une question prioritaire de constitutionnalité, estime que l'intervention d'un magistrat du siège est nécessaire au-delà de 48 heures[121]. Notre procédure de contrôle de la garde à vue par le procureur est donc sauvée par une interprétation souple du terme «*aussitôt*» inscrit à l'article 5§3 de la Convention EDH évinçant la question de la qualification de « *magistrat habilité* ». Le législateur a fait le choix de maintenir ce contrôle par le procureur par la loi n°2011-392 du 14 avril 2011 en fermant les yeux sur les signaux de la Cour de Strasbourg, il n'est guère besoin de souligner la fragilité de notre réponse jurisprudentielle en la matière. En revanche le législateur prend en compte les injonctions européennes lorsqu'il modifie l'article 127 du Code de procédure pénale disposant aujourd'hui que : « *Si la personne recherchée en vertu d'un mandat d'amener est*

---

118 *Ibid.*

119 Cass. Crim. 15 décembre 2010, n°10-83.674.

120 VERGÈS (E.), Politique pénale et action publique: la difficile conciliation du modèle français de ministère public et des standards européens, *Rev. sc. Crim.* 2013, p. 605.

121 Conseil Constitutionnel, 30 juillet 2010 n°2010-14/22 DC, *M. Daniel W. et autres (Garde à vue).*

trouvée à plus de 200 km du siège du juge d'instruction qui a délivré le mandat et qu'il n'est pas possible de la conduire dans le délai de vingt-quatre heures devant ce magistrat, elle est conduite devant le juge des libertés et de la détention du lieu d'arrestation ».

Comme nous l'avons dit, la Cour européenne des droits de l'homme a fait office de catalyseur pour garantir au parquet une plus grande indépendance statutaire. Il s'agissait d'une nécessité face au développement du pouvoir du procureur. Le statut du ministère public est bien sur le centre de gravité des débats le concernant et il faut se réjouir des progrès fais en la matière. Toutefois et mise à part l'impasse dans laquelle nous nous tenons s'agissant de sa position dans le paysage procédural il semble que la garantie statutaire d'indépendance pose un problème inextricable et dont les solutions côtoient l'idée de rupture historique et de dénaturation de l'institution. Ainsi résumé, « *les réformes envisagées doivent-elles être encouragées, malgré leurs limites intrinsèques* »[122].

Section 2. La réforme statutaire, une réponse nécessaire mais incomplète à l'impartialité du ministère public

La démarche sera identique, l'intérêt n'est pas ici d'étudier l'évolution du statut de ministère public de façon exhaustive. En revanche, nous nous efforcerons de reprendre les débats tels qu'ils se sont arrêtés afin de montrer les progrès qu'il faut saluer (§1), mais aussi les limites qu'il faut constater (§2). Dans cette perspective, nous envisagerons les solutions récentes fournies par le législateur et la doctrine en nous efforçant de les réintégrer dans le problème plus global que représente le concept de parquetier partie au procès. L'étude

---

122 BONIS-GARCON (E.); DECIMA (O.), Le parquet et les sirènes de l'indépendance. A propos du projet de loi du 27 mars 2013 et du projet de loi constitutionnelle du 14 mars 2013 : *JCP G* 2013, libre propos p.806

du statut du parquet permettra de montrer précisément les difficultés qu'il rencontre dans sa quête d'une plus grande indépendance, afin d'y apporter une réponse dans un second temps (Partie 2).

§ 1. Une progression des réformes statutaires pour une amélioration de l'indépendance du parquet

Entre l'office délégué et l'office substitué, le lien hiérarchique et l'indépendance, la loyauté et l'existence par soi-même ce sont bien deux visages contradictoires du parquet qui coexistent et en font une spécificité française. Cette contradiction se traduit aujourd'hui par la distinction entre la possibilité pour l'exécutif d'imposer au parquet une politique pénale cohérente et la mise en œuvre de l'action publique. Maurice Rolland l'exprime clairement lorsqu'il énonce que le parquet dépend du ministre de la justice « *en ce qui concerne sa nomination, son avancement, ses mutations possibles (…), mais dans son activité judiciaire il connaît la liberté la plus grande* »[123]. C'est cette liberté, ou plutôt ce « pouvoir propre » dans la mise en mouvement de l'action publique qui fut pleinement consacré pour une meilleure indépendance (A). A l'inverse, la subordination du parquet dans cet office délégué est empreinte d'une grande ambiguïté (B).

A. Une indépendance garantie dans son office substitué : un procureur titulaire de l'action publique

Il s'agit ici de montrer l'évolution opérée ces vingt dernières années relative aux instructions générales et individuelles. L'essentiel est en effet la question de savoir à qui

123 ROLLAND (M.), Le ministère public en droit français, *JCP* 1956, I, 1271, in JEAN (J-P.), le ministère public entre modèle jacobin et modèle européen, *Rev. sc. crim* 2005, p. 670.

revient le pouvoir de poursuivre. Est-ce une fonction politique ou judiciaire ? Revient-elle au gouvernement et par délégation, au procureur, ou relève-t-elle de l'office personnel du parquet ? Il est aujourd'hui admis que ce pouvoir de poursuite incombe au procureur et cela pour des exigences de séparation des pouvoirs[124]. Il a fallu, en effet, cerner cette atteinte au principe de séparation des pouvoirs pour observer une évolution en la matière et reconnaître un pouvoir d'instruction aux fins de poursuites encadré. Par souci de transparence, la loi n°93-2 du 4 janvier 1993 portant réforme de la procédure pénale ajouta une obligation de l'écrit de ces injonctions. La loi n°93-1013 du 24 août 1993 imposa que celles-ci devaient être versées au dossier.

Cette exigence n'allait pas nécessairement de soi et c'est bien M-L Rassat qui a théorisé l'illégalité des ordres de ne pas poursuivre. Elle démontre clairement qu'« *il y a (…) une profonde différence entre l'ordre de ne pas poursuivre et celui de déposer des conclusions abandonnant l'accusation (…) : le premier est entièrement arbitraire, il n'est soumis à aucun contrôle ; à l'inverse, le bien-fondé du dépôt de réquisitions tendant au non-lieu ou à la relaxe, sera contrôlé par la juridiction devant laquelle sera fait ce dépôt, car une juridiction, quelle qu'elle soit, n'est jamais tenue de se conformer au réquisitoire qui lui est soumis.* »[125] . Ainsi, c'est parce que le gouvernement viendrait influencer le fonctionnement des juridictions en filtrant par des injonctions de ne pas poursuivre les affaires en cause que se joue ici l'indépendance des juges et donc la séparation des pouvoirs. Conclure à l'illégalité de cette pratique est donc tout à fait logique et est en accord avec la recommandation Rec (2000) du Conseil de l'Europe relative au rôle du ministère public dans le système pénal du 6 octobre 2000[126]. En un mot, l'indépendance des parquetiers sert l'indépendance de l'autorité judiciaire tout entière.

---

124 En ce sens, MATHIAS (E.), *op. cit.* p. 202.
125 RASSAT (M-L.), *op. cit.* p.132.
126 Le paragraphe 13, f prohibe en effet les "*instructions individuelles de non poursuite*".

Réaffirmer que le procureur est le titulaire de l'action publique c'est affirmer son indépendance, et finalement son rapprochement avec les juges. Les décisions du Conseil Constitutionnel déclarant l'unité de corps entre le siège et le parquet[127] et l'appartenance du parquet à l'autorité judiciaire au sens de l'article 64 de la Constitution[128] vont clairement dans ce sens.

Préciser et garantir l'attribution de l'action publique, c'est donc assurément aller dans le sens d'une meilleure indépendance du ministère public. La loi du 25 juillet 2013[129] vient modifier l'article 30 al 3 du Code de procédure pénale pour enfin poser le principe longtemps contesté selon lequel le Garde des Sceaux « *ne peut (…) adresser aucune instruction dans des affaires individuelles* ». L'action publique est ainsi considérée comme l'apanage du procureur ce qui d'une part, donne du poids à son indépendance dans son office substitué[130], d'autre part améliore le traitement du justiciable « *au regard du principe de l'égalité des citoyens devant la loi* »[131], mais aussi participe à le considérer enfin comme un acteur impartial et non pas une partie. Cette clarification sur la personne titulaire de l'action publique vient en définitive contredire l'idée que ces injonctions « *constituent le prolongement normal des prérogatives du ministre de la justice, garant de la cohérence de l'application de la loi pénale et sous l'autorité duquel sont placés, en application de l'article 5 de l'ordonnance*

---

127 *Conseil Constitutionnel, 21 février 1992, n°92-305 DC, Loi organique modifiant l'ordonnance n° 58-1270 du 22 décembre 1958 portant loi organique relative au statut de la magistrature.*

128 Conseil Constitutionnel, 11 août 1993, n°93-326 DC, *Loi modifiant la loi n° 93-2 du 4 janvier 1993 portant réforme du code de procédure pénale.*

129 Qui donne suite à un projet de loi qui a échoué en 1998 relatif à l'action publique en matière pénale déposé par la garde des sceaux Elisabeth Guigou. Ce projet prévoyait lui aussi une interdiction des instructions spéciales.

130 Ce que préconisait déjà en 1997 la Commission Truche lorsqu'elle recommandait d'interdire « *toute possibilité pour le garde des Sceaux de donner aux magistrats des instructions, de toute nature, dans des dossiers particuliers* ».

131 DESPORTES (F.), LAZERGES-COUSQUER (L.), "*Traité de procédure pénale*", Economica, 2012, n°837, (pour un avis critique des instructions personnelles).

n° 58-1270 du 22 décembre 1958 portant loi organique relative au statut de la magistrature, les magistrats du parquet [132]»

Certains auteurs restent cependant sceptiques et expriment « *leur crainte d'un retour à la pratique occulte des instructions individuelles, d'autant plus dommageable que ces instructions ne seraient plus versées au dossier* »[133]. Il n'en reste pas moins que la garantie d'impartialité que constitue l'indépendance a été rehaussée par une consécration législative ce qui vient utilement mettre fin à des pratiques qui dépendaient largement des alternances politiques[134]. Cependant, et nous rejoignons ces auteurs sceptiques sur ce point, le fait de clarifier le rôle du ministère public en tant que détenteur de l'action publique est insuffisant si son statut reste inchangé. Il convient donc de s'intéresser à son fonctionnement, ce qui relève ici de la question de la centralisation (ou verticalisation) du ministère public et la mise en œuvre de la politique pénale (office délégué).

B. L'écartèlement du parquet entre verticalisation et décentralisation d'une politique pénale

Sans revenir sur le lien de subordination historique entre le parquet et le ministre de la justice, il faut avoir à l'esprit qu'il existe un lien direct entre la centralisation des prérogatives du Garde des sceaux et la dépendance du ministère public. Le magistrat Jean-Paul Jean explique que « *l'emprise du ministère de la Justice sur les parquets s'est aussi développée par la centralisation de*

---

132 Rapport fait au nom de la commission des Lois de l'Assemblée nationale (n° 856, tome I) sur le projet de loi portant adaptation de la justice aux évolutions de la criminalité, par M. Jean-Luc Warsmann, et enregistré à la Présidence de l'Assemblée nationale le 14 mai 2003, p. 81.

133 VERGES (E.), *op. cit.* Pour un avis similaire, voir BONIS-GARCON (E.) et DECIMA (O.) *op. cit.*

134 Voir l'Étude d'impact du 22 mars 2013 du projet de loi relatif aux attributions du garde des sceaux et des magistrats du ministère public en matière de politique pénale et d'action publique p.13.

son organisation et de son mode de fonctionnement »[135]. Cette remarque mérite d'être approfondie, car il s'avère que malgré la lettre et l'esprit de certaines lois, ce mouvement de verticalisation qui est avéré (1), n'en reste pas moins d'une portée limitée (2). Cet étirement entre verticalisation et décentralisation a pour conséquence d'accroître la responsabilité du parquet dans la mise en œuvre de la politique pénale au risque ici (et à la différence de l'action pénale), de confondre le titulaire de cette prérogative (3).

1. Des mouvements de verticalisation

« Si les magistrats sont de moins en moins indépendants du pouvoir exécutif c'est en partie parce que paradoxalement les hommes politiques sont de plus en plus dépendants de la justice »[136]. Les enjeux politiques du thème sécuritaire sont sans aucun doute à l'origine de cette saisie officielle de la politique pénale entre les mains du gouvernement. Ce renforcement s'est traduit par des clarifications législatives, des nouvelles charges administratives incombant au procureur mais aussi un mode d'organisation du travail plus hiérarchisé[137]. Outre la création d'un parquet national financier par la loi organique du 6 décembre 2013[138] (centralisé par définition), il convient de dresser un tableau de ce mouvement de verticalisation.

Tout d'abord, la loi Perben II du 9 mars 2004 est clairement venue réaffirmer cette subordination statutaire. Pour la

---

135 JEAN (J-P.), Le ministère public entre modèle jacobin et modèle européen, *Rev. sc. crim* 2005, p.670.

136 GARAPON (A.), PERDRIOLLE (S.), BERNABE (B.) *L'office du procureur au XXIème siècle*, La Prudence et l'Autorité, IHEJ, chapitre additionnel, p.11.

137 Cependant, sur ce point du mode de travail hiérarchisé, les pratiques évoluent vite et nous verrons dans la seconde partie que cette hiérarchisation est à nuancer, ce qui témoigne là aussi d'un nouveau paradigme dans lequel s'inscrit le ministère public impliquant un débat renouvelé.

138 Le parquet national financier ne fera pas l'objet ici d'une étude car ne relevant pas du droit commun. De plus, la question du PNF relève plus d'un problème d'indépendance et non pas véritablement d'impartialité.

première fois, la pratique de la direction de la « politique d'action publique » (terme mal approprié car occultant l'ensemble des réponses pénales de classement sous condition) par le ministre de la justice est consacrée officiellement par la rédaction d'un nouvel article 30 du Code de procédure pénale disposant que le Garde des sceaux adresse aux magistrats parquetiers des « instructions générales d'action publique ». Une répartition binaire, pour une meilleure lisibilité : la politique pénale se trouve entre les mains du Garde des sceaux, et l'action publique dans celle du procureur. L'hybridation du ministère public réside ici, dans l'exécution de cette politique pénale en plus de l'application de la loi[139].Malgré la contradiction le Conseil constitutionnel, dans une décision aux motifs laconiques, n'y voit pas une atteinte à la séparation des pouvoirs[140]. Cet effort de clarification entre l'appartenance de la politique pénale (vocable juridiquement plus exact que « politique d'action publique ») au gouvernement et celle de l'action publique au procureur fut parachevé par la loi du 25 juillet 2013. A cela il faut ajouter un système de remontée d'informations entre le procureur de la République, le procureur général et le garde des sceaux.

Ce mouvement de verticalisation s'observe dans d'autres dispositions, plus techniques et médiatiquement moins bruyantes. Ainsi, la loi du 1er août 2001 d'orientation et de programmation des lois de finances (LOLF) a été accueillie avec beaucoup de méfiance par les magistrats parquetiers. Cette loi aurait ainsi abouti à de nouvelles charges fonctionnelles qui ne correspondent pas à la culture judiciaire classique mais plutôt à celle d'une culture administrative avec son corollaire hiérarchique. « Ces fonctions les placent en position

---

139 En ce sens, M-L RASSAT relevait ce paradoxe et déclarait "*qu'on ne peut pas servir deux maîtres à la fois*", cité par ACCOMANDO (G.) "*Le parquet dans la République. Vers un nouveau ministère public?*" Justices 1997, p.99 et s. in JEAN (J-P.), Le ministère public entre modèle jacobin et modèle européen, *Rev. sc. Crim.* 2005, p.670.

140 Conseil Constitutionnel, 2 mars 2004, n°2004-492 DC, *Loi portant adaptation de la justice aux évolutions de la criminalité.*

d'interlocuteur administratif et de dépendance hiérarchique du ministère, de façon identique à celle du préfet »[141].

Un procureur énonçait avec crainte lors de l'adoption de la LOLF : « Et en plus de ça, on apprend ce que c'est que la lolf. Parce que ce n'est pas ma tasse de thé, la lolf, il faut bien le reconnaître, ce n'est pas ma formation et je suis bien obligé d'y passer. Donc, c'est quelque chose qui va sûrement changer beaucoup de choses, parce que la justice a des missions, à l'intérieur de ces missions, il y a des actions et ces actions seront réalisées avec des objectifs et c'est en fonction de ces objectifs qu'il y aura la manne financière(...) »[142].

Enfin, ce lien de subordination s'observe également en interne, dans la relation entre le procureur et ses substituts. Les risques de « caporalisation » de la fonction de substitut au détriment de leur qualité de magistrat responsable sont ici bien réels. Cependant, ce rapport de subordination semble s'estomper lors du traitement des affaires courantes (et non celles dites « sensibles»), et cela vers un mode plus collégial. Ce mouvement s'inscrit clairement dans ce nouveau management du ministère public correspondant à une « conception moderne de la gestion humaine »[143]. Nouveau mode favorisant la collégialité et partant, une nouvelle garantie d'impartialité. Assez symboliquement ici, le paradigme de la thèse séparatiste comme garantie d'impartialité laisse la place à un nouveau mode de fonctionnement plus contemporain et plus en accord avec ses missions : la collégialité, le dialogue entre magistrats, en bref, un système de coopération (V. Partie 2).

---

141 JEAN (J-P.), Le ministère public entre modèle jacobin et modèle européen, Rev. sc. crim 2005, p.670.
142 MILBURN (P.), KOSTULSKO (K.), SALAS (D.), *Les procureurs, Entre vocation judiciaire et fonctions politiques*, Ed PUF, 2010 p.68.
143 *Ibid.*

2. La rigueur d'un principe hiérarchique jacobin nuancée par le principe de réalité

A l'instar du phénomène global de déficience de notre modèle pyramidal administratif, le jacobinisme trouve très vite ses limites opérationnelles face aux réalités locales en matière judiciaire. « *Dans les faits, ce type idéal, véritable chaîne causale ordonnée de façon sérielle, strictement déterminée et étroitement articulée entre ses composantes, se rencontre rarement. Aucune institution ne fonctionne véritablement sur le modèle strict d'une horloge, à travers un déterminisme structurel rigoureux, comme si elle était une machine à produire des décisions. Un peu partout en son sein se génèrent des informalités, des déviations sinon des déviances par rapport aux règles édictées* »[144]. Il ne faut donc pas voir dans la loi du 25 juillet 2013 une volonté d'intensification du contrôle hiérarchique. Bien au contraire, l'indépendance se retrouve garantie ici par des dispositions pragmatiques. L'article 39-1 du Code de procédure pénale prévoit ainsi un pouvoir d'adaptation générale du procureur de la république au « *contexte propre* » de son ressort. Appliqué au degré supérieur, le procureur général dispose lui aussi d'un pouvoir d'adaptation des instructions générales aux particularismes locaux (article 35 al 2 du Code de procédure pénale). Cette marge de manœuvre tend nécessairement vers une meilleure indépendance du parquet, et met l'accent sur le procureur de la république dans la mise en œuvre concrète d'une politique pénale en l'accordant avec les enjeux locaux.

Il est d'ailleurs à noter que ce pouvoir du procureur de la République dans la mise en œuvre de la politique pénale évolue vers une plus grande autonomie au fur et à mesure que les instructions générales perdent en cohérence. La multiplication des instructions générales adressées par le ministre de la justice vient brouiller les lignes directrices d'une politique pénale rendue illisible.

---

144 THOENIG (J-C.), La gestion systémique de la sécurité publique, *Rev. fr. socio.* Vol. XXXV, 1994, p. 369.

Il suffit de voir l'évolution du nombre de circulaires pour se convaincre d'une nécessaire adaptation (et donc d'une autonomie) :

Nombre de dépêches et circulaires adressées aux juridictions par le ministère de la justice en matière pénale : passage d'un office délégué à substitué. (Publiées sur le site intranet de la Direction des affaires criminelles et des grâces)[145]

Année	2001	2002	2003	2004	2005	2006	2007	2008	2009	2010	2011	2012
Nombre	39	53	46	38	53	67	76	62	77	106	111	88

Face à cette inflation, la réponse des procureurs est très pragmatique, et une opération de filtrage est indispensable. « *Cette sédimentation de priorités, souvent dégagées dans l'urgence et en réaction à des faits divers, remet en cause l'idée même de priorité de politique pénale : quand tout est prioritaire, plus rien ne l'est vraiment* [146]».

La déclinaison locale doit jouer dans un équilibre entre deux stratégies, l'évitement d'opposition directe et faire remonter les difficultés. Il y a en revanche un réel essoufflement de l'institution dans cette quête de l'automaticité des poursuites où l'adage « nul n'est censé ignorer la loi » se transformerait petit à petit en « nul n'est censé être ignoré par le giron de la loi ».

Un procureur explique : « *On est abreuvé de circulaires de politique générale qui nous donnent des priorités, mais ces circulaires sont tellement nombreuses que tout pratiquement est prioritaire, donc à partir de ce moment-là, on redéfinit les priorités… (…). Lorsque vous avez fait l'inventaire de toutes les circulaires qui vous disent que tel secteur doit être traité avec diligence, fermeté et célérité, vous avez à peu près 80 % de votre contentieux* »[147]. L'autonomie de fait dans la mise en œuvre

145 Étude d'impact *op. cit.* p.8.
146 Rapport *Refonder le ministère public*, dirigé par J-L NADAL, 2013, p.30.
147 MILBURN (P.), KOSTULSKO (K.), SALAS (D.), *op. cit.* p.88.

de la politique pénale vient renforcer leur indépendance, mais elle brouille également la frontière entre l'office substitué du procureur (action publique) et l'office délégué (exécutant d'une politique pénale). Ainsi, certains procureurs « *ne considèrent pas les « politiques pénales » comme une émanation de l'exécutif* »[148]. Cependant, cette autonomie dans le domaine politique s'impose à nous, et cela par souci de réalisme et d'efficience. On peut ainsi se demander si, comme A. Garapon, S. Perdriolle,. Bernabe[149] et le rapport Nadal le préconisent, il serait plus judicieux de permettre « *davantage (...) la pratique selon laquelle les procureurs de la République peuvent être amenés, pour des raisons légitimes, à définir des objectifs d'action publique complémentaires aux orientations définies nationalement et adaptées régionalement* ».[150]

Toutefois, un équilibre est à trouver entre l'adaptation des réponses pénales aux enjeux locaux et le principe d'égalité du citoyen face à la loi. En effet la politique pénale est aussi et avant tout un instrument d'égalité de la loi dans un système d'opportunité des poursuites afin d'éviter que s'établisse une mosaïque de politique pénale qui serait extrêmement préjudiciable également en terme d'impartialité. Or, la tendance étant à l'émancipation du ministère public, de nombreux auteurs ont imaginé une reconstruction pyramidale en dehors de tout lien politique.

3. Une verticalisation renouvelée : d'une hiérarchie politique à une hiérarchie technique

Le principe d'égalité est un des objectifs du principe d'impartialité. L'impartialité vient donc réaliser l'égalité. La justice doit être rendue sans considération d'élément subjectif dans une balance équitable. Pour ce faire et en conséquence de l'opportunité des poursuites, la politique pénale doit être cohérente sur tout le territoire français. L'indépendance du

148 *Ibid.* p.158.
149 GARAPON (A.), PERDRIOLLE (S.), BERNABE (B.), *op. cit.* p. 12.
150 Rapport *Refonder le ministère public*, dirigé par J-L NADAL, 2013, p.39.

parquet vient donc heurter ce principe d'égalité car elle pourrait supposer une multiplication de politiques pénales égales au nombre de ressorts différents sur le territoire. Tout comme la question de la séparation des pouvoirs, la composante constitutionnelle du problème de l'indépendance du parquet pose difficulté. C'est de nouveau la quadrature des cercles. Mireille Delmas-Marty résume ainsi qu'à « *première vue, le principe d'indépendance devrait interdire au gouvernement de donner des instructions aux magistrats, y compris ceux du parquet- ce qui paraît contredire l'idée qu'il serait responsable de la politique pénale de la nation. Tandis que le principe d'égalité ferait obstacle à ce que des personnes ayant commis la même infraction soient traitées selon des voies différentes* »[151]. Malgré l'époque (1994), Mme M. Delmas-Marty anticipe clairement l'évolution du traitement pénal lorsqu'elle envisage les traitements différenciés. Force est de constater aujourd'hui que les canaux procéduraux pour traiter d'une affaire pénale se sont décuplés et malgré la perte d'opportunité des poursuites, l'opportunité dans le choix d'orientation est, quant à elle bien réelle, ce qui suppose une cohérence.

Le problème de l'égalité des justiciables devant la loi (article 1 et 6 de la déclaration des droits de l'homme, article 1er de la Constitution), fut immédiatement perçu par le Conseil supérieur de la magistrature lorsque des projets de procureur de la Nation étaient envisagés pour intégrer le parquet dans une organisation hiérarchique technique et non plus politique[152]. Le Conseil supérieur de la magistrature (CSM) déclarait en effet, dans son rapport d'activité de 2001 que « « *l'absence de hiérarchie, et la dispersion des pratiques professionnelles des magistrats du parquet qui en résulterait, seraient de nature à nuire gravement à l'efficacité de leurs missions et heurteraient le principe d'égalité des citoyens devant la loi. En outre, le gouvernement qui "conduit la politique de la Nation" ne disposerait pas du moyen lui permettant de*

151 DELMAS-MARTY (M.), La politique pénale est-elle une politique publique comme les autres?, *Rev. sc. crim*, 1994, p. 150.

152 En ce sens, BURGELN (J-F), LOMBARD (P.), *Le procès de la justice*, Plon 2002.

mettre en œuvre les grandes orientations de la politique pénale (...) »[153]. Le Conseil pointe ici un problème d'ordre pratique, car la question de l'égalité suppose que celle-ci soit effective, en d'autres termes, qu'elle puisse être imposée et respectée. Il ne s'agit donc pas simplement d'adresser des directives générales par une entité (dont le nom importe peu, le rapport Nadal parle à ce propos de Conseil National de politique pénale...[154]), mais qu'un mécanisme de sanction soit instauré. Le transfert de la direction de la politique pénale impliquerait nécessairement un transfert du pouvoir disciplinaire. Ce transfert radical pose donc un problème de légitimité démocratique.

Bien que la question de la disparité des poursuites soit un problème pratique qu'il faut résoudre et qui peut d'ailleurs s'accentuer lorsque le domaine des procédures accélérées tend à s'étendre, cette difficulté ne nous semble pas être la plus fondamentale. L'égalité ne doit pas être confondue avec l'égalitarisme, ce que le Conseil d'État[155] et le Conseil Constitutionnel[156] ont rappelé à plusieurs reprises. « *Le principe d'égalité ne s'applique qu'à des personnes semblables ou des situations juridiques identiques, ce qui signifie qu'il peut exister des circonstances, tenant à l'acte ou à la personne, qui justifient, pour la même infraction, des traitements différents* »[157].

Plutôt que l'obstacle du principe d'égalité qui serait contourné par l'instauration d'une hiérarchie plus technique, il s'agit plus fondamentalement de la question de la légitimité démocratique dans la mise en œuvre d'une politique publique

---

153 Rapport annuel d'activité 2001, Conseil supérieur de la magistrature, 1er janvier 2001.

154 Rapport *Refonder le ministère public*, dirigé par J-L NADAL, 2013, p. 31.

155 Conseil d'État arrêt n°179049, 28 mars 1997, société Baxter et autres.

156 *Conseil Constitutionnel, 3 septembre 1986 n°86-213 DC, Loi relative à la lutte contre le terrorisme et aux atteintes à la sûreté de l'État.*

157 DELMAS-MARTY (M.), La politique pénale est-elle une politique publique comme les autres?, *Rev. sc. crim*, 1994 p.150.

qui jette le trouble sur les rêves de grand soir d'une indépendance totale du ministère public.

§ 2. Des limites théoriques d'une indépendance statutaire : la précocité des ambitions d'émancipation

La doctrine met souvent en évidence l'obstacle que constitue le manque de légitimité du ministère public en cas de rupture totale avec le pouvoir exécutif qui est responsable politiquement. Dans la droite ligne de ce chapitre, il sera là aussi montré que cet argument représente en effet, un empêchement à l'indépendance et donc à l'impartialité du ministère public (A). Cependant ces arguments perdent de leur pertinence lorsque le débat est renouvelé et lorsque les concepts sont mieux cernés. Nous verrons d'ailleurs que c'est bien une vision erronée du ministère public qui vient s'opposer à son émancipation statutaire (B). C'est pourquoi, ces ambitions restent encore trop anticipées, l'explication et la maturité des concepts permettront d'ouvrir la voie vers une meilleure indépendance.

A. Le déficit de légitimité démocratique comme obstacle à l'indépendance

Déficit démocratique en cas d'indépendance, irresponsabilité politique, gouvernement des juges, autant de craintes que grand nombre d'acteurs politiques redoutent. Robert Badinter déclarait lui-même au Sénat, lors d'une conférence organisée sur le terme de « l'Avenir du ministère public » le 12 octobre 2007, à propos de l'idée d'un procureur de la Nation : « *De grâce, pas de dualité quand il s'agit de politique pénale. Conservons toujours présente à l'esprit l'exigence de la responsabilité, qui est l'essence de la démocratie. Et laissons de côté ce procureur de la Nation, qui évoque la figure du grand Inquisiteur, dont il existe un très admirable portrait signé du Greco. Eh bien, laissons-le où il est – au Prado !* »[158]. L'ancien ministre de la justice ajoutait, « *si le système est légitime, c'est dans la mesure où quelqu'un doit être responsable d'une politique publique, en l'occurrence de la politique pénale. Et, s'il en est responsable, comment n'en définirait-il pas les lignes générales d'orientation ? Voilà qui est évident* »[159]. Loin d'être une prise de position isolée, G. Kiejman, ministre délégué du Garde des sceaux estimait lui aussi « *qu'autonome, le parquet serait sans légitimité (…). Libérés de tout lien avec le gouvernement, les parquets ne manqueraient pas de tomber dans des dépendances locales qui, pour être occultes, n'en seraient pas moins redoutables* »[160].

L'argument est fondé sur l'article 20 de la Constitution selon lequel « *Le gouvernement détermine et conduit la politique de la nation* » et dont l'alinéa 3 prévoit une responsabilité devant le parlement. Cette responsabilité a été entérinée par la loi du 25 juillet 2013 ajoutant une disposition qui permet au Parlement de débattre du rapport annuel sur la politique pénale entreprise par le gouvernement[161].

Pour que l'argument soit pleinement valable, encore faut-il que la politique pénale rentre dans le champ d'application de l'article 20 de la Constitution. Autrement dit, que la politique pénale soit une politique publique comme les autres.

---

158 Colloque organisé par la Cour de cassation « *Quel avenir pour le ministère public ?* » : *[actes de la conférence tenue le 12 octobre 2007 au Sénat]* éd Paris Dalloz, 2008 p. 181.

159 *Ibid*, p.176.

160 DELMAS-MARTY (M.), (dir) *Procès pénal et droits de l'homme*, PUF, 1992, p.26 cité par ROETS (D.), *op. cit.* p. 102.

161 "*Le garde des sceaux étant garant de la mise en œuvre de la politique pénale sur l'ensemble du territoire de la République, il en est responsable devant le Parlement. À cet effet, l'Assemblée nationale, à l'initiative de sa commission des lois, a complété l'article 1er pour prévoir à l'article 30 du code de procédure pénale, que le garde des sceaux publie un rapport annuel sur l'application de la politique pénale et informe le Parlement par une déclaration pouvant être suivie d'un débat, des conditions de mise en œuvre de cette politique*". MICHEL (J-P.).Rapport relatif aux attributions du garde des sceaux et des magistrats du ministère public en matière de politique pénale et de mise en œuvre de l'action publique, Sénat, n°675, 19 juin 2013,

Cette question fut le sujet d'une étude du Professeur M. Delmas-Marty. Elle répondait : « *Je vois mal comment la politique pénale, publique par définition lorsqu'elle concerne l'action « publique », pourrait ne pas faire partie des politiques de la nation au sens de l'article 20 de la Constitution* »[162]. De ce fait, si les instructions générales ou individuelles peuvent être perçues comme une atteinte à la séparation des pouvoirs, l'indépendance du parquet supposerait également une atteinte à cette séparation à rebours. L'argument serait donc tout à fait fondé, ce qui induit cette idée de « faux débat » de l'indépendance du ministère public dont il faut se défaire.

Argument fondé mais, là aussi, dans un débat qu'il faut replacer dans son contexte politique propre. Or, nous l'avons vu, l'histoire du parquet montre que celui-ci doit toujours être réactualisé par rapport aux évolutions du système, c'est-à-dire en l'espèce, de la conception d'une légitimité démocratique moderne. Si traditionnellement la démocratie repose sur une « *légitimité d'établissement* » par une élection populaire[163], il s'avère aujourd'hui que la complexité de notre société (dont la généralité fait place à une multiplication de particularités) implique de revoir cette fiction démocratique d'une volonté majoritaire équivalant à la volonté générale pour montrer que la politique pénale n'est pas une politique publique comme les autres car celle-ci peut être mise en œuvre de manière impartiale. Cette impartialité peut constituer une nouvelle légitimité démocratique précaire[164]. On prônait une indépendance statuaire pour parvenir à l'impartialité, mais il semble, au contraire, que ce soit l'inverse qui doit être pensé, et l'on comprend pourquoi les réformes constitutionnelles, au-delà des questions de contingences politiques, peinent à être menées

---

162 DELMAS-MARTY (M.), La politique pénale est-elle une politique publique comme les autres?, *Rev. sc. crim,* 1994 p.150.

163 ROSANVALLON (P.), *La légitimité démocratique. Impartialité, réflexivité, proximité*, Paris, édition du Seuil, 2008.

164 Voir, *infra*, Section "*L'impartialité comme nouvelle source de légitimité dans l'application de la politique pénale*".

jusqu'au bout (on pense à l'échec du projet de loi constitutionnelle portant réforme du Conseil supérieur de la magistrature du 14 mars 2013). Focalisé sur les garanties organisationnelles (séparation organique et fonctionnelle), fin et moyens se retrouvent inversés ou confondus au détriment du ministère public qui se retrouve dans un statu quo [165] de quasi-responsabilité de la politique pénale sans pour autant mobiliser toute la légitimité démocratique nécessaire.

Nous tâcherons donc, dans notre étude (voir Partie 2), de « mobiliser » ces ressources théoriques de légitimité démocratique, fondée sur l'impartialité, qui permettra une meilleure indépendance. L'attitude inverse, qui serait d'accorder une indépendance statuaire pour une meilleure impartialité, correspondrait à une attitude précipitée qui ne représente plus la légitimité démocratique moderne fondée sur le mérite et la compétence[166]. C'est pourquoi, « l*a solution n'est pas uniquement statutaire : elle tient aussi à la capacité que montreront les procureurs à occuper une nouvelle place ; l'autorité, comme tout statut aujourd'hui se conquiert et se montre, mais ne se gagne pas dans les lois, ni dans les statuts* »[167]. L'émancipation statuaire du ministère public, notamment par une responsabilité disciplinaire soustraite au ministre de la Justice serait une anticipation en ce qu'elle suppose, au préalable, une clarification de la qualité de partie impartiale.

---

165 Le magistrat Michel Huyette dénonçant de ce fait les difficultés pour trouver le réel responsable d'une action publique partiale: "*ce permanent et très hypocrite jeu du chat et de la souris : le gouvernement jure qu'il n'y est pour rien et renvoie au procureur local et celui-ci, même si ce n'est pas exactement le cas, soutient qu'il a agi en parfaite indépendance, quand bien même les derniers temps il se demandait quand allait arriver la promotion tellement méritée et tant attendue....* ». in http://www.huyette.net/article-requiem-pour-le-parquet-85442942.html publiée, le 2 octobre 2011.

166 En cela, on peut parler de légitimité précaire, car le procureur devra sans cesse, justifier, expliquer, de manière pédagogue, le sens de sa politique pénale et son efficacité.

167 GARAPON (A.), PERDRIOLLE (S.), BERNABE (B.), *L'office du procureur au XXIème siècle*, La Prudence et l'Autorité, IHEJ, chapitre additionnel, p. 22.

B. Le concept de procureur partial comme obstacle à l'idée non aboutie d'une responsabilité disciplinaire

L'hypothèse découle du raisonnement suivant: si l'idée est que l'impartialité du ministère public est garantie par l'indépendance statutaire et notamment disciplinaire, il est nécessaire de considérer le procureur non pas comme une partie partiale mais bien comme un acteur impartial, dans le cas contraire la faute de partialité n'aurait pas de sens. Ce qui signifie qu'il faut d'abord conclure au concept d'un ministère public partie-impartiale pour envisager ensuite une meilleure indépendance. D'où le contresens d'un tel mouvement d'indépendance sans avoir préalablement précisé la position du procureur dans le paysage procédural.

Les réformes envisagées ont été nombreuses à se prononcer sur la question. Ainsi, (très sommairement) on peut voir que la Commission Justice pénale et droit de l'homme, dirigée par le professeur M. Delmas-Marty recommandait en 1991 un examen *a posteriori* de la décision du garde des sceaux. En effet, la commission estimait « *souhaitable de permettre, en particulier, un contrôle par un organe indépendant du ministre, non seulement des sanctions disciplinaires, mais encore des mutations non sollicitées. Cet ensemble de mesures implique donc une modification de la loi organique* »[168].

Différemment, mais toujours tourné vers une garantie d'indépendance plus grande, la commission « *Truche* » voyait dans le Conseil supérieur de la magistrature, un organe indépendant susceptible d'avoir un rôle dans le fonctionnement et l'organisation du ministère public. La commission avait proposé un alignement des garanties entre les magistrats parquetiers et « *les magistrats du siège et en exigeant pour toutes les*

---

168 Rapport *La mise en état des affaires pénale*, Commission Justice pénale et droit de l'homme, dirigée par M. DELMAS-MARY, Documentation Française - Paris, 1991, p.133.

nominations proposées par le garde des Sceaux à toutes les fonctions du parquet un avis conforme du Conseil supérieur de la magistrature »[169].

La question de la réforme statutaire a été une nouvelle fois examinée par le récent rapport Nadal qui prévoyait, classiquement, de « *confier au Conseil supérieur de la magistrature le pouvoir de proposer la nomination des procureurs de la République, des procureurs généraux et des membres du parquet général de la Cour de cassation et de soumettre la nomination des autres magistrats du parquet à l'avis conforme du Conseil supérieur de la magistrature* »[170], même si la pratique des derniers ministres de la Justice imposait de ne jamais passer outre l'avis défavorable du Conseil[171]. Ce transfert de pouvoir a d'ailleurs été en partie consacré par la loi organique n° 2016-1090 du 8 août 2016 relative aux garanties statutaires, aux obligations déontologiques et au recrutement des magistrats ainsi qu'au Conseil supérieur de la magistrature[172]. De plus, le rapport préconise de « *transférer au Conseil supérieur de la magistrature le pouvoir de statuer en matière disciplinaire à l'égard des magistrats du parquet* [173]».

On pourrait multiplier les exemples doctrinaux et les systèmes imaginés mais cela serait sans utilité. L'essentiel, à notre sens, est de montrer que l'ensemble de ces garanties statutaires doivent résulter de la qualité de magistrat impartial que représente le procureur et qu'il faut donc reconsidérer les conditions et les principes. Comme le développe Mr. Éric Mathias dans sa thèse comparatiste avec l'Allemagne, « *c'est*

---

169 « *Rapport de la commission Réflexion sur la Justice*", présidé par TRUCHE (P.), La documentation Française, Paris, 1997, p.35.

170Rapport de la Commission de modernisation de l'action publique "*Refonder le ministère public*", dirigé par NADAL (J-L.), 2013 p. 9.

171 "*J'ai déjà eu l'occasion d'annoncer publiquement que je ne passerai pas outre aux avis défavorables du Conseil supérieur de la magistrature*", Circulaire du 31 juillet 2012, NOR : JUSB1231686C, p.1.

172 En ce sens, "*les procureurs généraux près la Cour de cassation et les cours d'appel ne sont plus nommés en conseil des ministres afin de favoriser leur indépendance du pouvoir exécutif*", in FLEURIOT (C.); BABONNEAU (M.), Les programmes justice et sécurité des onze candidats à la présidentielle, *Dalloz Actualité*, 3 avril 2017.

173 *Ibid*, p.11.

parce que le procureur est impartial qu'il ne peut être partie au procès pénal et c'est parce qu'il n'est pas partie que le législateur (…) lui accorde des garanties disciplinaires identiques à celle des juges »[174].

* * *

Reprendre le débat tel qu'il s'était arrêté n'était donc pas vain car il souligne que le soupçon de partialité du procureur et les limites du débat résultent de la représentation erronée, de la Cour européenne des droits de l'homme mais aussi d'une part non négligeable de la doctrine, de la qualité du procureur comme partie à l'instance. Que ce soit la séparation des fonctions judiciaires ou l'indépendance, ces deux obstacles ne pourront tomber qu'une fois l'origine de cette représentation de partie-adversaire établie. Cependant, l'actualité prouve encore que la question statutaire est au centre des débats politiques, et très récemment encore, Jean-Jacques Urvoas, alors ministre de la Justice, faisait passer un message clair au prochain garde des sceaux: « *Nous n'avons rien à craindre d'une justice indépendante ; et les thuriféraires de l'Ancien Régime devront apprendre à vivre avec leur nostalgie car la démocratie ne s'accommode pas des tentations rétrogrades* »[175]. La démarche est évidemment louable et politiquement forte, mais elle s'inscrit là encore dans l'impasse de la contradiction. C'est donc en mettant au jour la généalogie de ce concept faussé de ministère public partie au procès que l'on pourra démontrer que cette vision ne correspond plus aux réalités et que l'objectivité commande bien l'action du parquet. Pour continuer cette démonstration, nous allons nous intéresser plus particulièrement à l'histoire des fonctions judiciaires et aux modalités de poursuites (opportunité, légalité, automaticité). Il existe en effet une relation forte entre le concept d'un ministère public impartial et la question de sa place procédurale et son pouvoir discrétionnaire ou non dans la mise en mouvement de l'action publique.

---

174 MATHIAS (E.), *op. cit.* p.228.

175 URVOAS (J-J), Lettre du garde des Sceaux à un futur ministre de la justice : partageons une ambition pour la Justice, *Dalloz*, 18 avril 2017, p. 54.

Le problème étant à présent clairement posé, il convient maintenant de saisir son origine pour mieux y répondre.

Chapitre 2. La qualité du parquet : d'une partie au procès à l'acteur impartial

Le ministère public exerce l'action publique et requiert l'application de la loi dans « *le respect du principe d'impartialité auquel il est tenu* »[176]. Le ministère public est historiquement perçu comme une partie au procès pénal, or la contradiction des termes de partie impartiale est ici évidente. De ce fait, soit le terme de partie publique est une commodité de langage par opposition à la partie privée, ce qui suggère ici une partialité, soit le ministère public est une « partie publique » dont la notion doit être explicitée avec une grande précision. C'est l'objet de ce chapitre qui a pour objectif de retracer l'origine et les fondements de la conception de procureur partie partiale. S'interroger sur cette généalogie du terme de « partie » éclaircira ce lien – constituant cet obstacle à l'impartialité constaté dans le premier chapitre- entre le choix du dogme de la séparation des fonctions judiciaires, les conséquences sur les modalités de poursuite et enfin sur la qualité du ministère public. Il existe en effet un rapport de cause à effet entre tous ces thèmes que l'histoire permet de révéler.

Plus encore, ces fondements étant mis en lumière, il sera intéressant d'observer que ceux-ci trouvent un écho particulier aujourd'hui du fait de leur remarquable actualité. Il existe en effet, un certain effet de récurrence des débats autour des garanties d'impartialité qui permet de dégager la notion que l'on nommera « effet réversible ». Il s'avère en effet que les choix d'hier envisagés comme garantie d'impartialité, se trouvent être aujourd'hui les problèmes de la partialité du parquet ce qui prouve la relativité des garanties d'impartialité face à

---

176 Art. 31 du C. pr. pén.

l'absolu du concept. Mais, au-delà même de ce balancier transformant une même idée d'argument en contre-argument d'impartialité, ces garanties d'impartialité semblent parfois en contradiction en s'anéantissant d'elle-même ou, autrement, s'alimentent pour une meilleure impartialité. Ce tableau complexe qui doit constamment être retouché justifie l'intérêt d'un équilibre entre toutes ces garanties. C'est bien cet équilibre subtil qui fait du ministère public une institution naturellement instable et dont il faut s'accommoder.

Section 1. Le double fondement procédural de l'origine de partie au procès du ministère public

Deux lignes fortes sont à tracer lorsque l'on s'intéresse à l'origine de la qualité du ministère public. D'une part les répercussions de la séparation stricte des fonctions de poursuite et d'instruction qui vient consacrer le concept que nous appellerons de « parquet-adversaire » en opposition au suspect (§1). D'autre part, et conséquemment à cette idée d'adversaire partial, l'émergence du concept de « parquet-suppléant » où celui-ci se retrouve confondu avec la partie privée (§2).

§1. De la séparation des fonctions de poursuite et d'instruction à l'automaticité des poursuites : le concept de « parquet-adversaire »

Toujours présent dans les débats contemporains sur l'impartialité du ministère public, le dogme de la séparation provient de cette rupture paradigmatique qu'a constituée la fin du XVIIIème siècle. La rationalisation de la vie politique est également accompagnée d'une rationalisation du système pénal et à l'instar des poids et contrepoids prévus dans la séparation des pouvoirs de Montesquieu, l'idée d'une séparation des fonctions de poursuite et d'instruction assurerait la protection des libertés individuelles.

A. L'idéologie séparatiste du code d'instruction criminelle consacrant le rôle de « parquet-partie poursuivante »

Après une période révolutionnaire qui a troublé l'institution du ministère public, les excès d'un Fouquier Tinville ou encore les blocages d'un système à l'action publique démembrée entre plusieurs acteurs (juge de paix, citoyens, accusateurs publics…), la mise en place du Code d'instruction criminelle de 1808 est venu poser les bases de la procédure pénale que nous connaissons aujourd'hui. Ce code vient consacrer notre ministère public moderne. Sur ce point, l'étude des débats parlementaires et de la doctrine de l'époque est particulièrement éclairante et il semble bien que le ministère public ait été pensé avant tout en réaction au cumul devenu inadmissible des poursuites et d'instruction du juge de paix et du directeur de jury. La question des prérogatives du ministère public a occupé une large part des discussions sur le Code de 1808 et Treilhard, alors rapporteur, devait convaincre et débattre de l'opportunité du cumul des fonctions judiciaires.

La qualité de partie partiale du procureur impérial ne résulte pas immédiatement du choix du législateur de 1808 d'une légalité ou d'une opportunité des poursuites. M-L Rassat l'exprime d'ailleurs, « *accorder au ministère public le droit d'être juge de l'opportunité de la répression est une idée trop moderne qui ne pouvait pas venir à l'esprit des rédacteurs du code d'instruction criminelle* »[177]. L'automaticité des poursuites qui a été posée résulte du choix d'une séparation stricte des fonctions de poursuite et d'instruction retirant au procureur tout pouvoir d'appréciation sur la qualification pénale envisagée ou sur la pertinence des accusations (sauf allégation manifestement fantaisiste).

C'est sur ce point que les débats furent animés, essentiellement lors de l'examen de la rédaction préliminaire de l'article

---

177 RASSAT (M-L.), *Le ministère public, entre son passé et son avenir*, Paris, LGDJ, 1965, n°305.

22 du Code d'instruction criminelle disposant que « *les procureurs impériaux (…) sont chargés, chacun dans le ressort du tribunal de première instance près duquel ils exercent ; 1°De recevoir les dénonciations et les plaintes relatives à tous les crimes et délits; 2° D'en constater les traces par procès-verbal ; 3° De recueillir les indices et les preuves qui existent à l'égard des prévenus ; 4° De les traduire devant les juges d'instruction* ». Le pouvoir d'investigation et de poursuite aurait été de ce fait entre les mains d'une seule personne : le procureur impérial. Le rapporteur Treilhard voyait d'ailleurs dans ce cumul un argument en faveur de l'impartialité qui en l'espèce serait garantie par une célérité de la justice et une absence de dépérissement des preuves : « *Quelques heures de retard suffisent pour changer la face des choses et faire disparaître jusqu'aux traces du délit* »[178]. Le Comte, lors des débats du 1808 sur le rôle du procureur en matière d'investigation, réaffirme : « *On s'accorde -disait le rapporteur- que le procureur impérial, aussitôt que la connaissance d'un délit lui sera parvenue, se transportera sur les lieux et dressera procès-verbal. Ainsi, sur le premier point, il n'y a ni difficulté ni dissentiment. Cependant, cette faculté de dresser procès-verbal devient une attribution vaine et illusoire si le procureur impérial n'a pas le droit de recevoir les déclarations. C'est dans le premier moment qu'il convient d'entendre des témoins (…), qu'il faut même voir si ceux qui ont connaissance du délit n'en sont pas complices* »[179]. L'intervention de Treilhard est intéressante puisqu'il argumente en faveur du cumul essentiellement en termes de célérité et de preuve et arguant de la lenteur de la procédure d'information du juge d'instruction. Cependant, cette réponse n'est pas hors du concept d'impartialité. Pour le rapporteur, la proximité temporelle de l'intervention du procureur permet de constater des éléments de preuve de manière plus objective, sans interprétation personnelle, et donc avec une meilleure impartialité. Une telle vision fait écho aujourd'hui au poids de la technique et des

---

[178] HELIE (F.), *op. cit.* tome 1, p. 535.
[179] *Ibid.* p.538.

sciences pour retirer au maximum la part de subjectivité dans l'interprétation d'un fait.

Cette vision est loin de faire l'unanimité dans l'enceinte du Conseil d'État. En réponse, « *son excellence, le ministre des cultes fait sur cet article (l'article 22 en question) une observation (…). Il dit que, par son institution, le ministère public est partie ; qu'à ce titre, il lui appartient de poursuivre ; mais que, par cela même, il serait contre la justice de laisser faire des actes d'instruction* »[180]. Mr. Beugnot enchérit, « *il y a une grande différence entre recueillir les témoignages muets dans un procès-verbal, et entendre les témoins, dans cette dernière fonction, le ministère public serait plus qu'un accusateur, il serait juge. Sans doute qu'on doit supposer de l'impartialité dans le magistrat qui n'accuse que dans l'intérêt de la société ; mais ce magistrat est homme, et dès lors on peut craindre en lui les préventions qu'une première manière de voir fait naître* »[181]. Ici aussi, la question du récolement des preuves est envisagée et là aussi le degré d'exigence d'impartialité du procureur semble différer suivant les procédés de preuve ce qui présage en effet de l'importance de l'évolution de la technique scientifique dans les pouvoirs accordés aujourd'hui aux procureurs et aux policiers sans passer nécessairement par le juge d'instruction. Une donnée personnelle est intégrée dans le discours des militants d'une séparation des fonctions de poursuite et d'instruction. La qualification d' « homme », autrement dit, de personne empreinte de toute la subjectivité possible, nous montre que cette garantie séparatiste est perçue aussi et avant tout comme une impartialité subjective (même si évidemment la distinction d'impartialité objective/subjective n'existait pas). Le ministre des cultes exprimait toujours dans ce sens : « *on se confie dans l'impartialité des procureurs impériaux ; on observe qu'ils sont bien choisis et exempts de passion. Quels*

---

[180] LOCRE (J-G), "Procès-verbaux du Conseil d'Etat, séance du 4 juin 1808", *op. cit.* p. 123.
[181] *Ibid.* p.125-126.

qu'éclairés que soient les choix faits par l'Empereur, ils tombent sur des hommes ; dès lors il est sage de se défier de leur amour-propre »[182].

C'est finalement la force de persuasion des militants de la séparation des fonctions de poursuite et d'instruction qui l'emportèrent. Ainsi, « *l'exercice de l'action publique donne lieu à une première distinction ; le droit de recherche est séparé du droit de poursuite* »[183]. Ce choix a eu des répercussions importantes sur la qualité du procureur. Consacré comme simple agent poursuivant, le procureur impérial ne peut plus s'interroger sur l'affaire portée devant lui, et en raison de l'ignorance que le choix de la séparation des fonctions de poursuite et d'instruction impose, il est entraîné dans un réflexe de poursuite. « *Le procureur impérial, réceptacle et relais automate de toutes les dénonciations et de toutes les plaintes, accusateur aveugle*[184] » est contraint de laisser au juge d'instruction la question de la présomption d'innocence. Le procureur reste, pour sa part, dans une optique de présomption de culpabilité exigeant la poursuite. Le concept de « parquet-adversaire » apparaît et révèle un procureur qui malheureusement doit « *agir sans avoir rien vérifié* [185]». Pour éviter un risque de cumul des pouvoirs, le Code d'instruction criminelle a mis en place un procureur dont la seule fonction est de poursuivre chaque infraction sans apprécier le sens et la véracité des faits. En cela, le parquet devient un acteur partial, une partie au procès qui l'éloigne du statut de ses homologues magistrats du siège. Mr. E. Mathias résume : « *tout se passe en effet comme si le procureur, privé de vérifier la teneur- la valeur- des dénonciations et des plaintes devait finalement requérir coûte que coûte, comme si le principe n'était pas celui de la légalité des poursuites, mais celui de l'automaticité de la répression* [186]».

---

182 *Ibid.* p.130.
183 HELIE (F.), *op. cit.* tome 1, p. 523.
184 MATHIAS (E.), *op. cit.* p. 72.
185 LOCRE (J-G.), *op. cit.* p.135 (propos du comte Regnaud de Saint-Jean-d'Angély).
186 MATHIAS (E.), *op. cit.* p. 72.

Le dogme de la séparation s'avère ici préjudiciable pour le ministère public et cette garantie d'impartialité de la Justice devait assurément aboutir à cette qualité de partie-adversaire car elle recèle en elle-même une inversion du temps. En effet, lorsque Portalis déclarait cette fameuse phrase : « *Tous les citoyens trembleraient, s'ils voyaient dans le même homme le pouvoir de les accuser et celui de recueillir ce qui peut justifier son accusation* [187]», l'ordre chronologique des actes est inversé. La poursuite anticipe les investigations et l'action précède la réflexion. Autrement dit, cette disposition place nécessairement l'acteur poursuivant dans une logique partiale puisqu'une démarche impartiale résulte avant toute chose d'une remise en cause de son pré-jugement. L'institution du juge d'instruction représente d'ailleurs un révélateur procédural, dans cette conception, de la partialité du ministère public. En ce sens, l'observation du Comte Treilhard est tout à fait significative lorsqu'il s'interroge : « *Comment veut-on que le procureur impérial puisse poursuivre, si le droit de recueillir des preuves lui est refusé ?* [188]» et Monsieur le Comte de Regnaud déclarant : « *Comment le procureur impérial pourra rendre plainte, s'il n'est instruit des faits, et comment il pourra s'en instruire, sans entendre ceux qui sont en état de les révéler* [189]».

Au dogme de la séparation, s'ajoutant le dogme de la prévision légale traduit par un principe de légalité appliqué également à la poursuite, l'institution tombe ainsi dans un aspect mécaniste de poursuite au risque de dénaturer l'action publique elle-même (voir *infra*). En effet, dans une telle perspective la poursuite ne sert plus à clarifier et porter la lumière et la vérité sur des faits, mais vient répondre automatiquement à une dénonciation. La poursuite se retrouve aspirée plus en amont encore du procès, dès le stade de la plainte privée.

---

[187] *Ibid.* p.131.
[188] *Ibid.* p. 134-135.
[189] *Ibid.*

A ce stade, nous voyons que cette garantie d'impartialité a eu un effet majeur sur l'aspect partial du procureur. Le concept d'une partie hostile au suspect s'est donc très largement répandu en doctrine. Si certains le qualifient de partie sans préciser la portée de cette notion[190], d'autres parlent d'un acteur intrinsèquement « *partisan* » et « *adversaire du prévenu* »[191]. Cependant l'examen des arguments concernant l'impartialité du ministère public au début du XIXème ne nous dévoile pas seulement l'origine de la qualité de partie du parquet, mais il fait également écho à de nombreux thèmes qui sont aujourd'hui encore, d'une particulière actualité. L'étude historique révèle que les différentes garanties d'impartialité se renouvellent constamment et que celles-ci sont réversibles.

B. L'étude historique de la qualité de partie du procureur : l'effet réversible des garanties d'impartialité

Le contraste entre les discours d'hier et ceux d'aujourd'hui est saisissant. Non pas que les arguments soient d'une tout autre nature, bien au contraire, nous pourrions presque transposer certaines idées dans les textes parlementaires et doctrinaux contemporains sans observer immédiatement d'anachronisme. La nature des arguments ne change pas, mais leur intensité et leur rigueur évolue, au point que l'on peut parler d'effet réversible des garanties d'impartialité lorsque ces dispositions procédurales sont appliquées de manière trop rigide.

L'exemple du choix d'une séparation des fonctions de poursuite et d'instruction en est une parfaite illustration. Considéré comme un acteur de poursuite, sans aucune marge

---

190 STEFANI (G.), LEVASSEUR (G.), BOULOC (B.), *Procédure pénale*, Paris Dalloz, 1996, p.134 : « *Dans le procès pénal, le ministère public est une partie* ». Cité par MATHIAS (E.), *op. cit.* p. 103.

191 GERBER (F.), *Justice indépendante, justice sur commande*, coll Politique d'aujourd'hui (Paris), PUF, 1991, p.211 in ROETS (D.), *op. cit.* p. 95.

d'appréciation dans les investigations, la ligne séparatrice entre l'action et la réflexion, la présomption de culpabilité et d'innocence, la partialité et l'instruction à charge et à décharge est parfaitement tracée. Or, nous y reviendrons[192], les rapports de force et le centre de gravité des investigations se sont considérablement déplacés en amont de la poursuite, vers l'enquête, et cela en réinstaurant enfin la logique temporelle d'une action publique postérieure à l'examen de l'affaire. Ce qui à notre sens est fondamental pour conclure à l'impartialité du ministère public et correspond mieux à ses prérogatives.

Critique envers l'institution du juge d'instruction (qui pâtit nécessairement du développement de l'enquête préliminaire), M. Garrec déclarait à propos de la séparation des poursuites et d'instruction que « *cette règle oblige (…) à subordonner toute instruction à l'engagement de poursuite, alors que la logique commande la démarche inverse. N'est-il pas plus rationnel de commencer par instruire, par mener une enquête aussi approfondie que nécessaire, pour réunir le maximum d'éléments d'appréciation pour, ensuite, décider d'engager la poursuite si l'affaire, compte tenu de tout ce qu'on sait, vaut la peine d'être déférée à la juridiction de jugement ? C'est, du reste, ce qui se produit dans les affaires réputées simples* »[193]. La doctrine semble aujourd'hui saisir l'incohérence initiale d'une telle séparation, et ce n'est pas un hasard si « l*a loi n°2000-516 du 15 juin 2000 ne consacre expressément, dans le nouvel article préliminaire qu'elle introduit dans le Code de procédure pénale, que la séparation des fonctions de poursuite et de jugement, occultant (…) la fonction d'instruction* »[194]. Toutefois, et toujours dans cette idée d'équilibre, le risque aujourd'hui est de basculer dans les travers inverses d'une trop forte implication dans l'enquête. Ainsi, d'une séparation trop stricte ayant pour résultat l'idée d'un parquetier-adversaire,

---

192 V. *infra*, "*Le repositionnement contemporain du ministère public dans le paysage procédure: le sens d'une partie impartiale*".

193 GARREC (M.), La juridiction d'instruction est-elle indispensable?, *JCP* 1986, I. 3266.

194 GUINCHARD (S.), BUISSON (J.), *op. cit.* p. 161-162.

nous aurions un cumul trop fort de l'enquête et de la poursuite avec une confusion entre une culture policière et judiciaire[195].

La séparation des fonctions judiciaires n'est pas le seul exemple. L'effet réversible des garanties d'impartialité peut s'observer également dans l'idée que l'on se fait de la proximité et du contact humain et institutionnel. L'idée ancienne d'une impartialité garantie par un retrait de toute influence et de tout rapport humain ou institutionnel[196] maintenait une autorité judiciaire politiquement aseptisée. Les exemples sont nombreux, et l'on peut citer le rapporteur lors des débats parlementaires qui à deux reprises fait mention de ce risque d'une trop forte proximité avec les autres parties : « *En confiant à un agent du gouvernement la recherche et la poursuite des délits ; il constitue une véritable partie publique, qui, élevée au-dessus de toutes les influences et de toutes les considérations locales (…) peut mieux apprécier la poursuite de l'une et la défense de l'autre, et se décider avec la modération et l'impartialité qui doivent toujours caractériser le juge* »[197]. Exactement dans la même démarche que pour la séparation des poursuites et de l'instruction, la question de la proximité n'est plus à l'ordre du jour. L'inverse est d'ailleurs consacré, et il suffit de se référer au mouvement de décentralisation que connaît le ministère public pour s'en convaincre. Plus encore, la multiplication des voies procédurales et des réponses pénales (notamment la 3ème voie) entraîne un rapport, entre le procureur et le citoyen, une nouvelle relation civique qui « *obligent le procureur à se penser non plus de manière verticale mais dans le cadre d'une relation directe avec les citoyens, c'est-à-dire de manière plus horizontale* »[198]. D'une manière plus théorique, l'argument de la

195 Ces points eux aussi seront approfondis, car il semble que la culture professionnelle judiciaire des procureurs s'adapte très bien à cette ouverture à d'autres mondes professionnels, ce qui paradoxalement met en valeur et fait ressortir leur rattachement à la qualité de magistrat.

196 Ce rejet du rapport entre les institutions correspond ici à cette idée de séparation.

197 HELIE (F.), *op. cit.* p. 526.

198 GARAPON (A.), PERDRIOLLE (S.), BERNABE (B.), *L'office du procureur au XXIème siècle*, La Prudence et l'Autorité, IHEJ, chapitre additionnel, p. 14.

proximité du magistrat parquetier avec d'autres acteurs locaux ou des parties comme garantie d'impartialité est d'ailleurs tout à fait défendable et nous partageons cette conception (avec toutefois ce raisonnable équilibre qu'il faut maintenir). En effet, l'impartialité caractérisée par une connaissance exhaustive du dossier, ou d'une situation peut être renforcée en se confrontant de près à l'ensemble des réalités concrètes. L'impartialité n'est pas caractérisée par « *une position de surplomb, d'une vision supérieure et détachée du monde, elle est donc au contraire une immersion réfléchissante* »[199]. C'est par cette immersion, que le procureur pourrait prendre une décision impartiale dans un contexte qu'il connaît. Paradoxalement, cette garantie d'impartialité qu'est la proximité est également aujourd'hui reprochée au ministère public pour fonder cette thèse d'une séparation de corps[200].

L'idée que l'on se faisait des garanties d'impartialité il y a deux siècles s'est aujourd'hui inversée et cela malgré un principe d'impartialité qui lui ne change jamais ce qui vient nourrir les contradictions. Cet effet réversible de la séparation des fonctions judiciaires est d'ailleurs clairement énoncé dans la Défense sociale nouvelle par M. Ancel qui déclarait en contestant la valeur du principe : « *S'il est essentiel de bien connaître le délinquant, on peut se demander s'il convient de conserver la vieille règle qui sépare de façon absolue l'instruction et le jugement et interdit au magistrat qui a procédé à l'instruction de prendre part au jugement. La règle traditionnelle est conservée encore dans notre procédure pénale pour les majeurs, mais le droit pénal des mineurs (qui est un droit de défense sociale) y a renoncé et a même pratiquement renversé la règle avec l'institution du juge des enfants. (…) Ainsi, dans la perspective de la défense sociale, ce qui hier paraissait impossible ou logiquement prohibé semble*

---

199 ROSANVALLON (P.), *op. cit.* p.142.

200 Le risque de la proximité n'est pas récent, La Roche-Flavin recommandait déjà aux juges de « *ne contracter de familiarités qu'avec peu, de peur que le grand nombre de ces amitiés familières ne le mette hors d'état de connaître les différends de plusieurs de ses concitoyens, parce qu'elles ne lui laisseraient pas la liberté qu'il faut avoir pour garder l'égalité nécessaire à la justice* » cité par JOSSERAND (S.), *op. cit.* p. 221.

aujourd'hui non seulement possible ou tolérable, mais peut être nécessaire. (…) Une règle qui, autrefois, était considérée comme une garantie pour l'inculpé peut apparaître au contraire, dans une procédure rénovée, comme un inconvénient ou un danger, de telle manière que la garantie véritable résulte en quelque sorte de la méconnaissance raisonnée de la règle ancienne »[201].

La séparation des fonctions de poursuites et d'instruction n'est pas l'unique cause de cette conception du parquet-partie au procès. Cette conception résulte également d'une dissociation que la France n'a pas su opérer, celle du déclenchement des poursuites et de l'exercice des poursuites[202]. C'est pourquoi, malgré les objectifs clairement différents que poursuivent le procureur (défense de l'intérêt général) et la partie privée (vengeance privée et recherche d'indemnisation), le partage du déclenchement des poursuites vient nécessairement confondre les objectifs des uns avec les prétentions des autres, à tel point qu'historiquement, le procureur a été perçu non pas comme le détenteur monopolistique de l'action publique, mais comme un acteur venant suppléer la carence de la partie civile.

§2. La confusion entre l'action civile et l'action publique : le concept de « *parquet-suppléant* » de la partie civile

La confusion entre l'action civile et l'action publique pourrait bien être le thème d'une étude entière si l'on veut dessiner l'évolution et le moment où l'on a considéré l'importance d'une répression socialisée et pacifiée plutôt que les risques et les lacunes d'un système accusatoire. De plus, cette confusion est complexe en ce sens qu'elle résulte de plusieurs causes : économique car le modèle inquisitoire impliquait un coût exorbitant dû au nombre de dénonciations, idéologique par la

201 ANCEL (M.), *La Défense sociale nouvelle*, 3ème éd, Cujas, 1981, p.220-221 cité par ROETS (D.), *op. cit.* p. 72.
202 En ce sens, MATHIAS (E.), *op. cit.* p.92.

nouvelle conception révolutionnaire, pragmatique car elle assurait un traitement sécuritaire (A). Plus important encore, il semble également que le concept de « parquet-suppléant » résulte aussi, et de manière concomitante, de ce choix d'une séparation des fonctions de poursuite car celui-ci a déclenché une succession d'événements pratiques et logiques impliquant de facto l'émergence du principe d'opportunité des poursuites (B). Nous allons donc examiner l'ensemble de ces causes pour comprendre en quoi le parquet a pendant longtemps été confondu avec la partie civile ce qui l'a naturellement amené à être qualifié de partie publique en opposition sémantique à la partie civile.

A. Les fondements historiques de l'absence de monopole de l'action publique du procureur

1. Les motifs économiques de l'émergence d'une constitution de partie civile

L'implication de la partie privée dans le processus pénal a toujours été présente et cela malgré le développement d'un système inquisitoire. Le déclenchement des poursuites correspondait d'ailleurs assez largement avec la distinction coutumière des crimes graves intéressant l'ordre public et ceux plus légers qui lésaient uniquement les intérêts privés. Il y a donc une grande discordance entre les textes et les pratiques. L'auteur Paul Nourisson écrivait ainsi qu'« *En principe, la partie civile n'intervenait dans le procès que pour la défense de ses intérêts privés, mais en réalité elle était dans la pratique considérée comme la partie principale et dirigeait véritablement l'accusation (...). Le ministère public n'intervenait que pour surveiller la procédure et requérir la peine ; c'était la partie civile qui saisissait le juge par sa requête, qui faisait la procédure et en supportait les frais (...) enfin elle concluait même à l'application des peines*[203] ». On peut penser que cette idée de « supporter les frais » est une des causes historiques de ce maintien de la partie civile dans ce rôle de déclencheur de poursuites et de ce système hybride des poursuites. En effet, le passage du modèle accusatoire au modèle inquisitoire avait comme avantage de transformer la partie privée de l'état d'accusateur à celui de dénonciateur. Cette mutation lui permettait de se défausser de sa responsabilité et lui évitait les risques de la peine du Talion que l'on connaît. De cette manière, l'intérêt du système inquisitoire (hormis ceux politiques) était de pallier à cet effet dissuasif évident que renfermait le modèle accusatoire lorsqu'il fallait porter sa plainte devant l'autorité compétente. Le passage au modèle inquisitoire, plus protecteur, instituant une enquête menée par un tiers devait avoir pour conséquence une dépense supplémentaire à la charge de l'État. « *Cette nouvelle configuration du procès pénal représentait certainement un coût considérable dont le pouvoir monarchique, néanmoins soucieux de ne pas remettre en question le système inquisitoire, a peut-être cherché à s'exonérer en se tournant vers la victime de l'infraction* [204]». Comme le démontre E. Mathias, la dénonciation n'est pas sans risque car elle expose la victime à des poursuites pour calomnie. Il y aurait donc eu un jeu de compensation subtile, et cela dans une logique avant tout budgétaire, qui viendrait instaurer une possibilité de constitution de partie civile déclenchant des poursuites pénales à des fins réparatrices. L'idée ici était de « *combiner les avantages de l'accusation par partie formée et de la dénonciation, mais ignorant leurs inconvénients respectifs* »[205].

---

203 NOURISSON (P.), *De la participation des particuliers à la poursuite des crimes et des délits, Etude d'histoire et de législation comparée*, Paris, 1894, p. 47 cité par MATHIAS (E.), *op. cit.* p.94.
204 MATHIAS (E.), *op. cit.* p.95.
205 *Ibid*, p.96.

2. Des motifs idéologiques en faveur d'une accusation populaire

L'époque des Lumières et la mystique Rousseauiste de la souveraineté populaire a eu son lot de conséquences sur le partage de l'action publique. L'idée majeure était que l'action publique est avant tout un droit du citoyen. Le pouvoir de poursuivre serait donc une traduction de la souveraineté populaire et cette idéologie se retrouve dans le démembrement de l'action publique à l'époque intermédiaire entre le commissaire du roi, les juges de paix (véritable détenteur de l'action publique), les citoyens et parties, les accusateurs publics…[206] Cette idéologie d'une souveraineté populaire est clairement rapportée par Faustin Hélie qui -dans une retranscription des débats parlementaires de 1790- relevait déjà la crainte de certains députés d'une confusion entre l'action civile et pénale : « *qu'il ne fallait pas confondre accusation privée, destinée à obtenir la réparation d'un dommage, et l'accusation publique, destinée à venger l'ordre social troublé par un crime ; que la première de ces actions appartiendrait seule aux parties ; que la deuxième ne pouvait être confiée qu'au roi, puisqu'il représentait la société ; qu'il fallait d'ailleurs pour refréner toutes les violations de la loi, une action à la fois puissante et indépendante des intérêts particuliers* »[207] On le voit, malgré la finalité de l'action publique et la nécessité de la distinguer des intérêts particuliers, le débat s'oriente vers le titulaire légitime du droit de poursuivre. Cette vision est cependant minoritaire et l'engouement populaire favorise certaines propositions et amendements qui mettent en avant le concept d'un parquet uniquement supplétif de l'action de la victime. Le procureur n'agirait ainsi que dans la mesure où le citoyen serait défaillant. Un député énonce : « *Je propose de décréter : 1° que chaque citoyen aura droit d'accuser, en se soumettant à la responsabilité ; 2° qu'il y aura auprès de chaque tribunal de district un commissaire du roi, chargé de*

---

[206] Chabroud parlait exagérément d'« *anarchie du ministère public* », cité par CARBASSE (J-M.), *op. cit.* p. 227.

[207] HELIE (F.), *op. cit.* tome 1 p.511.

poursuivre les délits qui n'auraient point été dénoncés par les citoyens [208]». Clairement envisagé comme parquet-suppléant, le ministère public est conçu comme une partie publique qui remplirait le rôle de la partie privée défaillante et par conséquent il se positionnerait dans une même attitude, c'est-à-dire une démarche partiale.

3. Des résurgences du système pénal de l'ancien régime exploitées par le législateur impérial nourrissant la confusion

Les exemples pourraient être extrêmement nombreux, et nous nous bornerons à évoquer seulement les traits saillants qui font le lien entre l'esprit de certaines dispositions du Code de l'instruction criminelle et le système pénal de l'Ancien régime.

Tout d'abord, et d'une manière très pragmatique, la multiplicité des acteurs de poursuites renfermait une logique répressive forte. S'agissant du ministre de la Justice ou des parties privées, « *leur intervention a donc pour but principal soit de suppléer à sa vigilance (du procureur impérial), soit de lui apporter un concours utile* »[209]. Il y a, dans cette faculté pour la partie privée de citer directement l'infracteur devant la juridiction de jugement, un souci de varier au mieux les moyens de poursuites et d'étendre au maximum le filet pénal. Eric Mathias précisait que ce dispositif était orienté pour « *multiplier très concrètement les facteurs de poursuites afin d'en finir au plus vite avec l'insécurité ambiante : la participation de la partie lésée au déclenchement du processus pénal (…) est ainsi perçue comme un appoint sécuritaire* »[210]. Cette démarche visant à assurer une réponse à chaque infraction commise est très présente dans l'Ancien régime et l'on peut multiplier les exemples textuels exigeant un zèle particulier de

---

208 *Ibid*, p. 514.

209 HELIE (F.), *Traité de l'instruction criminelle ou théorie du Code d'instruction criminelle*, Tome 2, 1866, p.6.

210 MATHIAS (E.), *op. cit.* p.97.

la part des procureurs du roi. L'article 184 de l'ordonnance de Blois de mai 1579 dispose ainsi que « *les procureurs généraux en cour de parlement et leurs substituts en chacun des sièges et semblablement les procureurs fiscaux des seigneurs sont tenus de faire diligente poursuite et recherche des crimes (...)* ». L'article 19 du titre XXV de l'ordonnance d'août 1670 disposait dans le même sens : « *Enjoignons à nos procureurs, et à ceux des seigneurs, de poursuivre incessamment ceux qui seront prévenus de crimes capitaux ou auxquels il écherra peine afflictive, nonobstant toutes transactions et cessions de droits faites par les parties...* ».

Les modalités de déclenchement de l'action publique évoquent également le système pénal de l'Ancien régime. Le Code d'instruction criminelle dresse une liste extrêmement longue d'infractions conditionnant la mise en mouvement de l'action publique à la plainte de la partie privée ce qui rappelle fortement les délits privés et fait écho à cette distinction durant le moyen âge entre crime grave et délit mineur. Ainsi, pour une large part du contentieux relatif au droit de la famille, en matière sexuelle ou diffamatoire, une cause de suspension de l'action publique est prévue lorsque la partie lésée ne porte pas plainte et que le délit en cause est « *au nombre de ceux qui ne peuvent être poursuivis que sur cette plainte* »[211].

Cette qualité de partie partiale issue de sa confusion avec la partie privée trouve des fondements très variés et elle a des conséquences directes sur le régime juridique appliqué au ministère public. De fait, conséquence de sa qualité de partie, la doctrine de l'époque s'est inspirée de cette confusion lorsqu'il fallait justifier l'irrécusabilité du parquet. « *Le ministère public, lorsqu'il agit comme partie principale, a le même caractère, pour la vindicte publique, que la partie civile pour les intérêts privilégiés. Il ne peut*

---

211 HELIE (F.), *Traité de l'instruction criminelle ou théorie du Code d'instruction criminelle*, Tome 4, 1866, p. 226. Pour la liste complète, voir le Chapitre VI: "*Des dénonciations et des plaintes*", p.247.

être récusé »[212]. Manifestement, les deux acteurs sont comparés et opposés sur un même et unique plan de façon parallèle et dont la seule variable changeante est leur caractère public ou privé.

Plus important que la question de la récusation[213], la question de la séparation des fonctions de poursuite et d'instruction est à la fois cause et conséquence de sa qualité de partie, et cela au-delà du concept de parquet-adversaire que nous avons examiné. Nous l'avons vu, l'automaticité des poursuites combinée à l'impossibilité du procureur impérial d'apprécier les faits le conduit à devenir une sorte d'organe de poursuite automatique et irréfléchi. Le choix de cette séparation des poursuites et d'instruction a eu également des conséquences pratiques qui sont venues, à notre sens, renforcer la confusion : d'une part, la dénaturation de l'action publique l'a rapprochée de l'action civile, d'autre part, l'émergence empirique de l'opportunité des poursuites et son cortège de dispositifs limitant les risques d'arbitraires sont venus nourrir une certaine concurrence avec la partie civile.

B. L'émergence empirique de l'opportunité des poursuites : la nécessité de correctifs favorisant la confusion

Le choix de l'automaticité dans l'esprit de la séparation des fonctions de poursuites et d'instruction a eu deux conséquences supplémentaires qui viennent alimenter et confondre la qualité de *parquet-adversaire* avec celle de *parquet-suppléant.*

La première est la déstructuration puis la dénaturation de l'action publique elle-même. Le déclenchement de l'action publique ne relevant pas du monopole du ministère public, cela suppose que plusieurs acteurs puissent saisir la justice pénale.

---

212 HELIE (F.), "*Traité de l'instruction criminelle ou théorie du Code d'instruction criminelle*", Tome 2, 1866, p.39.

213 Qui n'est qu'une simple conséquence directe de sa qualité de partie.

L'exercice de l'action publique, c'est-à-dire soutenir l'accusation, reste cependant uniquement entre les mains du procureur. Ces deux facettes obéissent très logiquement à une chronologie que l'on doit respecter au risque de perdre le sens de l'action publique. Il convient tout d'abord de déclencher des poursuites sur la base de certains soupçons, puis dans un second temps, l'accusation prend place en mettant en mouvement l'appareil judiciaire pour conforter ou réfuter les soupçons initiaux. Le sens de l'action publique est d'ouvrir « *un temps nouveau mais fini. Fini parce que précisément l'action publique a pour but de faire apporter par un autre un épilogue à une action humaine*[214] ». Mais ce temps nouveau, ritualisé est ouvert par le procureur par le biais de l'action publique dans un but précis, l'établissement de la vérité judiciaire pour que « *le règne des présomptions et des suspicions (fasse) place à celui de la certitude et de la conviction* »[215]. En ayant démembré l'action publique, puis en ayant exigé une automaticité des poursuites sans enquête préalable, la poursuite et l'accusation se retrouvent confondues et l'action publique n'opère plus en réaction à un soupçon mais plutôt en réaction automatique à une dénonciation dont les fondements peuvent être purement pernicieux et malveillants (*parquet-adversaire*). En ce sens, l'action publique devient partiale car elle ne correspond plus à une logique de présomption d'innocence (garantie d'impartialité qui vient freiner certaines velléités). Cette présomption d'innocence est reléguée au stade de l'instruction postérieure. Bien au contraire, c'est une logique de présomption de culpabilité, ou plutôt une logique de « *présomption de véracité des dénonciation*s »[216] qui gouverne l'action publique. Or, cette conception de l'action publique qui est plus réactive qu'active, en plaçant l'accusation avant la poursuite, en recherchant la culpabilité sans fondement factuel clair correspond assurément à la logique de la

---

214 GARAPON (A.), PERDRIOLLE (S.), BERNABE (B.), *op. cit.* p. 10.
215 LOCRE (J-G.), *op. cit.* p.127-128.
216 MATHIAS (E.), *op. cit.* p.74.

partie privée. Cette dénaturation de l'action publique rejaillit sur le concept du parquet qui se retrouve comme supplétif de la partie privée et, au contraire, ne se substitue pas à celle-ci : les deux sont interchangeables.

L'automaticité des poursuites vient également nourrir cette qualité de partie. En effet, cette modalité de poursuites n'était pas soutenable et très vite, l'opportunité des poursuites s'est instaurée de manière empirique et pragmatique. En quelques années le principe d'opportunité s'est imposé de matière prétorienne et cela par une interprétation très extensive de l'esprit du Code d'instruction criminelle. Ainsi, l'arrêt du 8 décembre 1826[217] déclare : « *La Cour royale a méconnu et restreint les attributions du ministère public, et faussement interprété l'article 47 du CIC, en dénonçant, en principe que le procureur du roi ne peut se dispenser de requérir qu'il soit informé sur les dénonciations qui lui sont transmises. En effet, outre que cette doctrine, exprimée en termes aussi généraux, semblerait refuser au ministère public la voie de la citation directe, qui lui est formellement ouverte par l'article 182 du CIC, elle est contraire à l'esprit du code et notamment aux articles 1, 22, 53 et 54. Le législateur n'a pu vouloir astreindre les officiers du ministère public à diriger des poursuites d'office et sans l'intervention des parties civiles, sur toutes les plaintes, même les plus légères et les plus insignifiantes, sur les plaintes qui n'intéressent pas directement l'ordre public et qui souvent n'ont d'autre but que de satisfaire des passions ou haines particulières, des intérêts de vanité ou d'amour-propre ou de procurer, aux dépens de l'État et sans aucune espèce d'utilité pour l'ordre social, la réparation de quelques torts légers éprouvés par des particuliers* ».

L'opportunité des poursuites étant admise pour des motifs purement pratiques et réalistes, le cercle vicieux présentant le parquet comme partie continue de faire son chemin. En effet, après l'ensemble des fondements déjà étudiés précédemment qui ont permis la confusion entre les parties privées

---

217 Cass. Crim. 8 décembre 1826, bull. n°250.

et le ministère public, s'ajoute un nouveau fondement politique. L'opportunité supposant une appréciation subjective, voire arbitraire, pour certains craignant des classements de convenance, des correctifs ont dû être envisagés. Ces correctifs sont bien connus, le recours hiérarchique par l'intervention du ministre de la Justice ou le procureur général a pour but de pallier au manque de diligence du procureur. Le démembrement de l'action publique se retrouve par la suite entériné par le célèbre arrêt Laurent Atthalin de la chambre criminelle de la Cour de cassation le 8 décembre 1906[218] qui vient consacrer la mise en mouvement de l'action publique par une plainte avec constitution de partie civile. A l'image de ce long processus de confusion entre la partie privée et le procureur, le principe d'opportunité est venu lui aussi participer à cette perte de monopole de l'action publique du procureur. L'action du procureur resterait ainsi cloisonnée en tant que suppléant de l'action de la partie civile.

L'opportunité ou l'automaticité des poursuites, la question de la plainte avec constitution de partie civile, la place procédurale du procureur sont des thèmes qui ont une résonance toute particulière aujourd'hui. Au-delà de l'effet réversible de certaines garanties d'impartialité que l'on a vu, la question de l'origine de la qualité de partie comme parquet-suppléant montre une fois de plus l'importance de son étude historique. C'est bien un effet cyclique, une récurrence, qui est à l'œuvre aujourd'hui car le choix politique d'une systématisation des poursuites pour apporter une réponse pénale frôlant les 90 % des affaires poursuivables repose la question de savoir si ce mode de poursuite est soutenable. Autrement dit, on peut se demander s'il ne conviendrait pas pour la crédibilité de la Justice, que le procureur retrouve une marge de manœuvre dans l'opportunité des poursuites. Sur ce point, l'opportunité des poursuites, idée assez simple dans son principe, révèle dans son étude une nature bien singulière et assez paradoxale. Très

---

218 Cass. Crim. 8 décembre 1906, D. 1907. 1. 207.

souvent, le principe d'opportunité est perçu comme justifiant la crainte de l'arbitraire du procureur de la République et ses risques de partialité. Mais fondamentalement, l'opportunité des poursuites s'est ici développée pour des raisons certes pratiques, mais également pour mettre fin à cette situation d'adversaire automatisé. C'est en redécouvrant un pouvoir d'appréciation, et un temps de réflexion nécessaire à l'impartialité de son action, que le sens initial de l'action publique peut être redécouvert par l'opportunité des poursuites[219]. Paradoxalement, c'est l'émergence empirique d'un principe d'opportunité dans un contexte où le parquet est perçu comme un acteur supplétif de la partie civile, qui est venue amplifier le démembrement de l'action publique. Là encore, il s'agit avant tout de restaurer l'image d'un parquet impartial pour pouvoir retrouver une marge de manœuvre permettant l'opportunité[220]. Or, il est clair qu'aujourd'hui, la question du monopole de l'action publique et de la position du parquet a évolué dans un sens plus favorable à l'impartialité du parquet même si ce repositionnement est précaire et que des améliorations restent à envisager.

Section 2. Le repositionnement contemporain du ministère public dans le paysage procédural : le sens d'une partie impartiale

La séparation des fonctions de poursuite et d'instruction et la confusion du rôle du ministère public avec la partie privée, sont les deux motifs qui ont conduit à considérer le

---

219 En ce sens, Jacques Beaume exprimait: "*Je trouverais très regrettable que le ministère public paye ainsi du principe de la légalité des poursuites son utilisation inventive et intelligente du principe d'opportunité*" in "*Quel avenir pour le ministère public?*" *op. cit.* p 160.

220 Ou bien une légalité des poursuites limitées. Les études comparatives montrent en effet, qu'aucun pays pratiquant la légalité des poursuites ne l'applique d'une manière absolue. En ce sens, voir LEBLOIS-HAPPE (J.), Plaidoyer pour la légalité des poursuites, *La Semaine Juridique Édition Générale* n°7, 15 février 2010, 168.

procureur comme partie au procès. Assez logiquement, il convient aujourd'hui de s'interroger sur ces deux points et de démontrer que la position procédurale du procureur permet une prise de décision réfléchie et basée sur une appréciation des éléments de preuve (§1). De plus, la répartition de l'action publique, bien que faisant face à de nouvelles difficultés, est nouvellement clarifiée dans le sens d'un parquet-substitué à la partie privée (§2).

§1. Le rétablissement d'une logique d'action publique impartiale par une séparation de l'enquête et de la poursuite

L'évolution du procès pénal a clairement montré un déplacement du barycentre des investigations en amont de la poursuite, vers l'enquête[221] au détriment d'une instruction lourde et dont la plus-value qualitative est contestée en matière de droit commun (A). Cet élargissement des pouvoirs d'enquête nécessite, en parallèle, un pouvoir de contrôle et de direction. Ce sont des prérogatives que le procureur est venu exercer avec une intensité nouvelle. Toutefois, leur implication dans ce nouvel environnement policier doit être équilibrée, distanciée, au risque de voir la culture professionnelle judiciaire se dégrader (B).

A. Un centre de gravité d'investigations en amont des poursuites pour une action publique éclairée

Les évolutions doctrinales[222] et législatives sont bien en cohérence avec la pratique judiciaire et, unanimement, tendent à consacrer la séparation de l'enquête et des poursuites au détriment de la poursuite et de l'instruction. Les chiffres en

---

[221] MARIE (C.), La montée en puissance de l'enquête, *Actualité Juridique pénal*, 2004, p. 221.

[222] Voir GUINCHARD (S.) et BUISSON (J.) sur la relativité de la séparation des fonctions de poursuite et d'instruction.

matière délictuelle le démontrent, sur 1 303 469 affaires poursuivables en 2013, seules 17 766 ont fait l'objet d'une saisine d'un juge d'instruction, soit 1,36 % des affaires[223]. Passée à l'arrière-plan de la procédure pénale en matière d'investigations sur des dossiers de droit commun, l'information préliminaire demeure aujourd'hui cantonnée aux affaires complexes ou en cas de nécessité de coercition particulière.

La nécessité de cette nouvelle séparation s'impose si l'on veut reconnaître le ministère public comme une partie publique particulière. L'impartialité exige une connaissance exhaustive du dossier à traiter, il est nécessaire de fonder sa décision sur des éléments solides, détaillés et avec un certain recul. M-L Rassat ne disait rien d'autre, lorsqu'elle expliquait que « *l'appréciation de l'opportunité de la répression est une opération trop délicate pour pouvoir intervenir prématurément. Elle suppose que le ministère public est en état de juger* »[224]. Sur ce point, il est assez remarquable que l'enquête, ignorée par le Code d'instruction criminelle, soit là encore née de la nécessité et de la pratique des parquetiers[225]. Si l'on devait rechercher le fil rouge conducteur de l'histoire du parquet, on mettrait en exergue cette capacité d'adapter la procédure de manière empirique et pragmatique pour les besoins d'une bonne administration de la Justice. C'est cette capacité qui nous conforte dans l'idée que le statut ou l'indépendance ne provient pas d'une consécration législative *a priori*, mais de la pratique qui est par la suite entérinée, *a posteriori*, par la loi.

Les investigations sont donc aujourd'hui prioritairement diligentées dans le cadre de l'enquête de flagrance ou de l'enquête préliminaire qui ont vu leur champ d'application

---

223 Annuaire statistique de la Justice 2014.

224 RASSAT (M-L), *op. cit.* n°344. On peut noter ici le lapsus quasi prémonitoire du terme « juger » concernant la décision d'orientation.

225 Pour un exemple d'investigation suite à une dénonciation anonyme: Cass. Crim. 8 octobre. 1840: bull.n°300.

considérablement augmenter, de même que le pouvoir d'investigation du parquet. Pour exemple, le procureur peut maintenant requérir une personne qualifiée aux fins de procéder à un examen technique ou scientifique (loi du 30 décembre 1985 réformée par la loi du 23 juin 1999), commettre des experts (loi du 17 juin 1998, réformée par la loi du 9 mars 2004), autoriser une interpellation coercitive du témoin (loi du 4 janvier 1993, renforcée par la loi du 9 mars 2004), émettre un mandat de recherche visant un suspect (loi du 9 mars 2004)...[226]. Les exemples sont nombreux et plus largement, la loi n°2004-204 de mars 2004 dite « Perben » confère au procureur des « *pouvoirs élargis en matière d'enquêtes préliminaires qui étaient jusqu'alors réservées aux juges d'instruction, notamment en matière de perquisition et d'écoutes téléphoniques, sous le contrôle du juge des libertés et de la détention* »[227].

La question de la suppression du juge d'instruction n'est plus à l'ordre du jour et il ne nous semble d'ailleurs pas opportun de supprimer celui-ci (contrairement à ce que prônent certains auteurs[228]) pour pouvoir concevoir le ministère public comme un acteur impartial. Il n'en reste pas moins qu'un transfert des prérogatives dans la recherche de la vérité s'opère. M-L Rassat anticipait ce processus lorsqu'elle écrivait : « *(Il) se comporte comme un juge d'instruction, (…) l'un et l'autre poursuivent le même but qui est de rassembler des éléments de solution dans une affaire donnée tandis que le formalisme de leurs différents actes est (…) le plus souvent identique ; (…) les actes d'enquête (ont) la même efficacité que les actes d'instruction, (…) puisque les éléments de preuve qu'ils rassemblent doivent figurer au dossier criminel dans les mêmes conditions que ceux recueillis par le juge d'instruction tandis qu'en vertu de la règle de l'intime conviction ils pourront, les uns comme les autres, étayer la décision de la juridiction de jugement* »[229]. Le développement de

---

226 GUINCHARD (S.), BUISSON (J.), *op. cit.* p. 661 et s.
227 MILBURN (P.), KOSTULSKO (K.), SALAS (D.), *op. cit.* p. 112.
228 E. Mathias, M. Garrec.
229 RASSAT (M-L.), *op. cit.* n°223.

l'enquête suppose obligatoirement un contrôle d'un magistrat, le procureur en l'occurrence. C'est ce contrôle et ce rapport entre la police judiciaire et le ministère public qui doit faire l'objet d'un examen tout particulier. Thierry Serge Renoux l'exprimait ainsi : « *Les exigences du principe constitutionnel d'impartialité supposent d'apporter trois correctifs majeurs en ce domaine* », le troisième correctif étant de « *clarifier les relations entre le ministère public et les autorités de police* »[230].

B. La nécessité d'une distance relationnelle parquet-police judiciaire et les risques du traitement en temps réel

1. Les risques d'interdépendance entre le parquet et la police judiciaire par la pratique du traitement en temps réel

La police judiciaire est placée sous le contrôle, la direction et la surveillance de l'autorité judiciaire (article 12 et 13 du Code de procédure pénale). Le procureur est aujourd'hui largement impliqué dans la phase d'enquête au point que ses prérogatives prévues à l'article 41 du Code de procédure pénale[231] ont brouillé la frontière avec les pouvoirs des enquêteurs. C'est bien cette frontière qu'il faut reconstruire au risque de voir le procureur se transformer en « super-enquêteur », ce qui serait contraire à sa fonction principale de garant des libertés individuelles dans le contrôle de légalité des actes d'investigations. Le flou a pour origine cette connivence qui s'est développée entre ces deux acteurs du procès pénal et cette confusion entre la direction de la police judiciaire et la direction de l'enquête. « *La direction de la police*

---

230 RENOUX (T-S.), "l'*apport constitutionnel à la réflexion sur l'évolution du ministère public*" in « *Quel avenir pour le ministère public ?* » *: [actes de la conférence tenue le 12 octobre 2007 au Sénat]* éd Paris Dalloz, 2008, p.45.

231 "*Le procureur de la République procède ou fait procéder à tous les actes nécessaires à la recherche et à la poursuite des infractions à la loi pénale. A cette fin, il dirige l'activité des officiers et agents de la police judiciaire (...)*"

judiciaire relève de l'indication d'orientations stratégiques impactant l'organisation des services, de la définition des priorités qui leur sont assignées dans la lutte contre le crime et des meilleures manières procédurales de les traiter, enfin d'un pouvoir d'appréciation des éventuels errements ; la direction de l'enquête, elle, relève du choix du service d'enquête le plus pertinent, de l'objectif assigné à l'enquête, du contrôle de sa durée[232]*, de son contenu, du cadre de l'action du service enquêteur, de sa qualité* »[233].

L'usage du traitement en temps réel (TTR), innovation de la pratique des parquetiers en 1990, a assurément permis de renforcer ce lien. Les conséquences du TTR sont extrêmement complexes à cerner et ont un rôle évident s'agissant du reproche de partialité fait au ministère public et cela pour plusieurs motifs. Cette pratique sollicitant la réactivité des procureurs et une grande capacité de synthèse des comptes rendus téléphoniques pour les policiers et gendarmes « *permet au parquet de prendre une décision d'orientation de l'affaire sans examen du dossier écrit de la procédure* »[234]. Elle a renforcé le contrôle du procureur sur le travail des enquêteurs[235] et paradoxalement réduit leur capacité de suivi puisque ce choix a favorisé le traitement industriel de la réponse pénale dans une systématisation des poursuites. Toutefois, il serait erroné de croire que l'influence est à sens unique, sans réciprocité. En effet, ce rapprochement police judiciaire-parquet a amené la police judiciaire à une plus forte implication dans le cadre de

---

[232] La loi du 15 juin 2000 ayant prévu un délai d'achèvement et une information du procureur de l'état d'avancement de l'enquête.

[233] Rapport Jacques Beaume, *op. cit.* p.28.

[234] ROUSSEL (G.), GAUTRON (V.), POUGET (P.), Chapitre 1, *La coordination entre forces de police et justice dans le traitement des délits*, in DANET (J.) (coord), *La réponse pénale, dix ans de traitement des délits,* Presse universitaire de Rennes, 2013, p. 29.

[235] La politique de maîtrise des frais de justice ayant également eu un rôle majeur dans ce rapprochement car elle a impliqué un contrôle *a priori* de chaque acte d'investigation et cela dans un objectif de prévisibilité du coût de justice.

l'orientation pénale, ce qui a eu un effet sur l'impartialité du ministère public.

Ainsi, au-delà des problèmes qualitatifs du traitement pénal induit par le TTR, il s'agit ici de s'interroger sur l'interdépendance qui se crée entre les deux institutions. Une telle proximité peut, à terme, avoir des conséquences sur l'issue de l'orientation de la décision, notamment par un choix des policiers de leur propre interlocuteur. «*La tentation peut être grande d'élaborer des stratégies de contournement du magistrat. La plus connue consiste à attendre le changement de magistrat lorsque les policiers disposent du planning de permanences au STD (service de traitement direct)* ». Un parquetier résumait : « *C'est humain, car, pour un policier, sortir une affaire à un moment où il sait que, avec le parquetier de permanence, cela ne donnera rien, c'est démotivant* »[236]. Cette « stratégie » découlant d'une interconnaissance amène ici à une anticipation policière -rendue possible par un sondage à long terme des orientations des parquetiers- des suites qui seront données en fonction de la personnalité du magistrat parquetier. Certes le constat des différents penchants répressifs ou non des parquetiers ne permet pas de déduire une partialité de la part du magistrat. En effet, le procureur peut très bien, par sa démarche intellectuelle remettre en cause ses pré-jugements sur l'affaire et malgré tout avoir une tendance naturelle à orienter de manière plus répressive ou non une affaire portée à sa connaissance (le choix de l'orientation fait l'objet en effet d'une graduation pénale). Cependant, cette comparaison des décisions entre magistrats révèle de l'évidence, à savoir que la décision est prise par des hommes et femmes différents dans leur subjectivité. Cette discordance naturelle dans le traitement pénal demeure marquante en termes d'impartialité objective. Ce qui pour, un acteur extérieur, peut être mal supporté (en l'espèce le policier). Une sorte de profilage peut se mettre en place, ce qui

---

236 *Ibid.* p.40.

évoque une problématique bien contemporaine du développement et de l'exploitation de l'open data aux États-Unis. En effet, la comparaison des différentes décisions de justice a permis d'initier outre-Atlantique une nouvelle forme de profilage des juges en fonction du contentieux, des victimes, de leur auteur, ou bien encore de l'horaire de l'audience[237]. L'expression « *a good lawyer knows the law, an excellent knows the judge* » est plus que jamais pertinente et pourrait ainsi être appliquée au tandem police-parquet lorsque l'interdépendance amène à une interconnaissance forte.

2. La décantation législative des rôles respectifs du parquet et de la police judiciaire

La question du rapport entre la police judiciaire et le parquet n'est donc pas la même suivant que celle-ci est analysée sous l'angle des textes ou sous l'angle de la pratique. La pratique du TTR a renforcé ce lien, sûrement trop fortement d'ailleurs, d'où les nombreuses réactions doctrinales et législatives sur ce point. En conséquence, la loi du 3 juin 2016 dans son « *article 54 (...) réaffirme le rôle de direction et de supervision de l'enquête du procureur de la République, en introduisant à cette fin dans le code de procédure pénale un nouvel article 39-3*»238. . L'article 39-3 du Code de procédure pénale dispose désormais : *«Dans le cadre de ses attributions de direction de la police judiciaire, le procureur de la République peut adresser des instructions générales ou particulières aux enquêteurs et contrôler la légalité des moyens mis en œuvre par ces derniers, la proportionnalité des actes d'investigation au regard de la nature et de la gravité des faits, l'orientation donnée à l'enquête ainsi que la qualité de celle-ci. «Il veille à ce que les investigations tendent à la manifestation de la vérité et qu'elles soient accomplies à charge et à décharge, dans le respect des droits de la victime, du plaignant et de la personne suspectée»*.

---

[237] En ce sens, Colloque organisé par la Cour de Cassation, *La jurisprudence dans le mouvement de l'open data*, 14 octobre 2016.

[238] Circulaire 17 juin 2016, NOR : JUSD1616979C.

Cette loi est en cohérence avec la confiance du législateur dans l'impartialité du ministère public et vient à plusieurs égards s'intégrer dans le droit positif comme corollaire de la loi du 25 juin 2013 portant modification de l'article 31 du code de procédure pénale. En effet, il ne s'agit pas là encore d'une disposition «*incantatoire*»239, mais d'une disposition venant entériner *a posteriori* une pratique déjà existante en venant la clarifier par un texte. Elle représente un corollaire de l'article 31 du Code de procédure pénale à plusieurs égards. En effet, cette disposition reprend les préconisations du rapport Jacques Beaume sur les nécessités de distinguer la direction de la police judiciaire et la direction de l'enquête. Par cette clarification, le procureur reprend son rôle naturel de garant des libertés individuelles par le contrôle de la légalité des actes d'investigation. Il se conforte dans sa position de «*premier juge, celui de l'enquête*»240 et non pas de «juge enquêteur» ou de «super-officier» et cela en accord avec la recommandation prise par le Conseil de l'Europe qui estimait que «*d'une manière générale, le ministère public doit vérifier la légalité des enquêtes de police, à tout le moins lorsqu'il décide d'engager ou de continuer l'action publique. A cet égard, il doit aussi contrôler la façon dont la police respecte les droits de l'homme*»241. Ce premier point nous montre une meilleure répartition entre les fonctions d'enquêteur et ceux du procureur afin d'éviter un mélange des genres qui pourrait nuire à son impartialité. De plus, la disposition selon laquelle la police enquête «*à charge et à décharge*» constitue elle aussi le corollaire d'une action publique exercée dans «l*e respect du principe d'impartialité auquel (le*

239 En ce sens, PERRIER (J-B.), Les garanties de la procédure pénale dans la loi du 3 juin 2016 : entre illusion(s) et désillusion(s), *Rec. Dalloz* 2016 p.2134 ; D'autres parlant d'une disposition d'une «*touchante naïveté*», CAHN (O.)Réflexions désabusées sur le chapitre I du titre I de la loi n° 2016-731 du 3 juin 2016, *AJ Pénal* 2016, p.408.

240 MOLINS (F.), in « *Quel avenir pour le ministère public ?* » *: [actes de la conférence tenue le 12 octobre 2007 au Sénat*] éd Paris Dalloz, 2008, p.133.

241 Voir §21 et 22 de la recommandation n°2000/19, *op. cit.*

procureur) est tenu». Ici encore, le transfert (ou plutôt l'alignement242) entre le juge d'instruction et le procureur est consacré par cette référence directe à l'article 81 du Code de procédure pénale243.

Cet ajout d'une enquête menée «*à charge et à décharge*» a également un intérêt sur l'expansion de la culture judiciaire vers la sphère policière. On ne demande non plus seulement un comportement loyal des policiers dans leur recherche de la vérité mais également une attitude impartiale même si évidemment celle-ci est moindre que celle exigée du procureur et, *a fortiori*, celui du juge (certains juristes parlaient ainsi de «*devoir de doute*» incombant aux policiers244). Par cette exigence, on retrouve ce même objectif qui était recherché lors des débats sur l'établissement d'une police organiquement rattachée à l'autorité policière. En effet, on peut légitimement penser que, grâce ce rapprochement, « *la «culture judiciaire» des officiers de police judiciaire serait renforcée par capillarité et l'impartialité des enquêtes serait mieux garantie*»245. Dans cette perspective, l'article R.434-11 du code de déontologie de la police prévoyant que «*le policier et le gendarme accomplissent leurs missions en toute impartialité246*» retrouve son sens.

Ce type de consécration législative doit, à notre sens, pousser le procureur dans sa démarche de garant des libertés individuelles afin de restaurer l'initiative et l'autonomie chez les enquêteurs mais aussi limiter cette proactivité excessive

---

[242] Car le juge d'instruction n'est bien sûr pas dépossédé de cette exigence d'impartialité.

[243] Article 81 CPP: "*Le juge d'instruction procède, conformément à la loi, à tous les actes d'information qu'il juge utiles à la manifestation de la vérité. Il instruit à charge et à décharge*".

[244] FLAESCH (C.) *Le doute du policier*, in TERRE (F.) (dir), *Le doute et le droit : [actes du colloque, 12 août 1991]*, éd Paris Dalloz, 1994 p.33 et s.

[245] Rapport NADAL (J-L.), *op. cit.* p. 71.

[246] Code de déontologie de la police nationale et de la gendarmerie nationale codifié au livre IV, titre 3, chapitre 4 de la partie réglementaire du code de la sécurité intérieure.

dans la recherche d'infraction. Ainsi, lorsqu'en 2005, un procureur déclarait qu'un «*magistrat du parquet doit être en permanence présent sur le terrain de la délinquance. Il ne doit pas attendre que les dossiers rentrent mais il doit motiver les services à faire de la recherche d'infraction qui est différente de la constatation de l'infraction*»247. Cette démarche doit rester dans le cadre d'une définition des principes d'enquête judiciaire et non pas de la direction individuelle de l'enquête. En définitive, et à l'instar de la loi du 25 juin 2013 s'agissant de l'action publique et de la politique pénale, la loi du 3 juin 2016 donne une meilleure lisibilité des différentes attributions policières et judiciaires afin de mettre fin à ce «*grand débat avec les gens du parquet qui considèrent qu'ils sont, eux, directeurs d'enquête*»248. Il est donc heureux de voir que cet équilibre est mis en œuvre par la pratique des parquetiers, la loi et les différents rapports Jacques Beaume et Jean-Louis Nadal. Ce dernier préconisait dans sa 38ème proposition, une consolidation du rôle du paquet dans le contrôle des enquêtes en estimant « *cruciale cette implication du commandement dans le suivi des enquêtes, car elle tend précisément à empêcher une forme de dérive consistant à transformer le magistrat du parquet en chef enquêteur*»*249.*

3. Les pratiques parquetières relativisant le lien parquet-police judiciaire

Comme nous l'avons dit, l'interdépendance a pour effet d'agir sur les deux acteurs de manière réciproque. Par conséquent, au-delà du rapprochement provoqué par le TTR, cela pose le problème d'un contrôle organique trop prégnant qui peut créer le doute sur leur impartialité (puisque trop impliqué dans l'enquête) et donc sur leur capacité à contrôler une personne qu'ils dirigent simultanément. Ce reproche est

---

247 MILBURN (P.), KOSTULSKO (K.), SALAS (D.), *op. cit.* p. 117.

248 ROUSSEL (G.), GAUTRON (V.), POUGET (P.), Chapitre 1, *La coordination entre forces de police et justice dans le traitement des délits*, in DANET (J.) (coord), *op. cit.* p. 38.

249 Rapport J-L. NADAL, *op. cit.* p. 73.

bien connu. Milburn, Kostulsko et Salas résumaient ce risque ainsi « *les procureurs se positionnent (…) comme des acteurs judiciaires des politiques de sécurité, dont ils assurent la cohérence pénale. L'installation dans ce rôle (…), déporte toutefois les procureurs de leur place centrale dans l'espace de la justice vers une place renforcée dans le secteur de la sécurité qui répond principalement aux rationalités du pouvoir exécutif* »[250].

Cette critique peut cependant être relativisée par la réalité des nouvelles pratiques du TTR et par l'importance respective que les policiers accordent à leur hiérarchie bicéphale, administrative et judiciaire.

En effet, les recherches universitaires ont démontré que la pratique du TTR a évolué vers un « *retour de l'écrit sous forme électronique* »[251]. Ces résultats, ici ré-exploités, montrent que le lien étroit entre le parquet et la police s'est finalement desserré ce qui va dans le sens d'une meilleure impartialité objective du parquet. Plus encore qu'une simple atténuation de leurs rapports, le développement de la messagerie électronique au détriment de l'appel téléphonique intempestif pourrait favoriser une prise de décision plus impartiale et cela pour plusieurs raisons. D'une part, le substitut au STD retrouverait un temps de réflexion plus important ce qui permet une réelle prise de décision, une « action » publique proprement dite et non pas une « ré-action » relevant presque de l'ordre du reflexe. Un des parquetiers participant à l'étude déclarait : « *On est un peu plus maîtres si vous voulez, de notre temps grâce aux mails* »[252]. D'autre part, cette prise de décision se fonderait sur une synthèse plus objective puisque posée par écrit ce qui augmente leur traçabilité et les possibilités de contrôle. Par ce format, le principe de loyauté du

---

250 MILBURN (P.), KOSTULSKO (K.), SALAS (D.), *op. cit.* p. 122.

251 ROUSSEL (G.), GAUTRON (V.), POUGET (P.), Chapitre 1, *La coordination entre forces de police et justice dans le traitement des délits*, in DANET (J.) (coord), *op. cit.* p. 43.

252 *Ibid.*

policier se retrouverait renforcé, réduisant ainsi le risque de manipulation des éléments du dossier. La notion de loyauté, qui se caractérise par la non-déformation de la vérité est donc ici très proche de celle de l'impartialité[253].

C'est justement sur cette notion de loyauté que le contrôle du parquet sur la police s'effectue et non pas véritablement sur un rapport hiérarchique administratif. Certes l'article 19-1 du Code de procédure pénale (introduit par la loi du 4 janvier 1993) dispose que : « *La notation par le procureur général de l'officier de police judiciaire habilité est prise en compte pour toute décision d'avancement* ». Toutefois, cette notation n'est qu'une composante dans le choix d'une décision d'avancement. Une circulaire de la Direction des affaires criminelles et des grâces du 15 février 2008 précisait en effet qu'il fallait « *relativiser la portée de la notation de l'activité judiciaire des officiers de police judiciaire sur les décisions relatives à leur avancement administratif* »[254]. La Conseil d'État ayant précisé que l'appréciation de ces notations devait se faire de manière autonome correspondant uniquement à leur participation à l'exercice des missions de police judiciaire[255].

Plus globalement, c'est bien la hiérarchie administrative du préfet qui semble l'emporter sur celle du parquet. L'étude universitaire précitée rapportait ainsi les commentaires de commissaires et de parquetiers sur le sujet qui démontre clairement le penchant naturel de la police vers sa hiérarchie administrative. Un commissaire déclarait : « *La notation du procureur, en tant qu'OPJ, d'un commissaire de police, elle n'a aucune valeur. Par contre l'appréciation que met le préfet du département ici,*

---

[253] Mme Sylvie Josserand expliquait justement le rapport entre la loyauté et la notion d'impartialité, même si nous ne souscrivons pas les prémisses de l'analyse reposant sur une image d'un parquet ou d'un juge d'instruction adversaire de principe du suspect. JOSSERAND (S.), *op. cit.* p. 333 et s.

[254] Circulaire de la DACG n° CRIM 08-07/E6 du 15 février 2008 relative à la notation de l'activité judiciaire des officiers de police judiciaire et portant application du décret n°2007-1817 du 24 décembre 2007, p.2.

[255] Avis Conseil d'État, section de l'intérieur, 18 mars 1997.

(...), celle-là, elle a de la valeur ». Un parquetier expliquait lui aussi que : « *le commandant, lui, il dépend plus du préfet que nous, il ne faut pas se leurrer* »[256].

De plus, malgré la liberté du procureur de choisir le service enquêteur (article 12-1 du CPP), « *il faut bien préciser que le magistrat saisit un service et non un OPJ, puisque l'article 12-1 vise « les formations auxquelles appartiennent les officiers de police judiciaire » (V. en ce sens, Crim. 15 févr. 2006, n° 05-86.773)* »[257]. Il faut donc, selon l'expression de Mr. Schwendener distinguer l'opérationnel du procédural[258] car l'efficacité d'une enquête peut gravement être compromise suivant le nombre de personnel affecté au service d'enquête. « *Si trop peu d'OPJ sont affectés à une enquête, l'avancement de celle-ci risque d'en pâtir. Cette absence de maîtrise relativise grandement la notion de direction de la police judiciaire par le parquet puisque le chef de service garde la main* »[259]. On le voit, ce rapprochement et ce lien de subordination entre le parquet et la police prévu par les textes et le TTR est à relativiser par les évolutions de la pratique et les applications concrètes de la science administrative.

L'effet réversible d'une séparation trop stricte entre la poursuite et l'instruction n'a pas atteint l'écueil redouté d'un retour de balancier entraînant une confusion trop forte entre l'enquête et la poursuite. Le repositionnement procédural du parquet est donc aujourd'hui favorable à une qualification de partie publique impartiale en maintenant cette « *capacité à garder la distance et à neutraliser l'intimité qui peut naître du partage quotidien de lutte contre la délinquance* »[260]. Démontrer la qualité

---

256 ROUSSEL (G.), GAUTRON (V.), POUGET (P.), Chapitre 1, *La coordination entre forces de police et justice dans le traitement des délits*, in DANET (J.), *op. cit.* p. 47.

257 ROUSSEL (G.), Contrôle de l'action de la police judiciaire, *Répertoire de droit pénal et de procédure pénale*, 385-418.

258 SCHWENDENER, Le direction de l'enquête: distinguer l'opérationnel du procédural, *AJ Pénal*, 2008, 447.

259 ROUSSEL (G.), Contrôle de l'action de la police judiciaire, *Répertoire de droit pénal et de procédure pénale*, 385-418.

260 MILBURN (P.), KOSTULSKO (K.), SALAS (D.), *op. cit.* p. 116.

de partie impartiale est une condition majeure pour continuer notre raisonnement dans une seconde partie. Cependant, il est utile de préciser dès maintenant, que ce difficile équilibre incombant au parquet trouve un socle bien plus stable lorsqu'on élargit le débat au-delà des considérations organisationnelles.

Toutefois, l'étude de la qualité du ministère public ne se limite pas uniquement à sa position procédurale mais impose également de se questionner sur son monopole dans la mise en œuvre de l'action publique.

§2. Vers un ministère public titulaire principal de l'action publique : le concept de parquet-substitué

Le développement du monopole de l'action publique du parquet est ambivalent et difficile à appréhender puisque deux tendances contradictoires semblent opérer. Sur le plan strictement individuel, la réforme de la plainte avec constitution de partie civile positionne la victime dans une position de partie supplétive, ce qui permet au procureur d'embrasser son rôle monopolistique de détenteur de l'action publique (A). Concomitamment à ce mouvement, une tendance s'accélère au profit des associations pour leur permettre de mettre en mouvement l'action publique avec le risque, que l'on connaît, de dénaturer le sens originel de la poursuite et de discréditer le ministère public dans son rôle de protecteur de l'ordre public (B).

A. Une progression du monopole de l'action publique du parquet pour une meilleure lisibilité de son rôle

Avant même d'engager la réflexion sur la portée actuelle de la plainte avec constitution de partie civile, il faut noter que ce mouvement vers un monopole de l'action publique et donc d'un parquet-substitué impartial, a également été permis par la loi du 25 juin 2013. La répartition des attributions entre le ministère public et le ministre de la justice relative à l'action publique et la conduite de la politique pénale est venue réaffirmer l'appartenance de l'action publique au procureur. Dans le même sens, le recours hiérarchique auprès du procureur général prévu à l'article 36 du code de procédure pénale[261] est peu contraignant. On peut imaginer que cette insuffisance du recours hiérarchique résulte de la fragilité juridique des accusations de la partie civile. En effet, une confirmation d'un classement sans suite vient par là même confirmer la justesse et l'impartialité de la prise de décision, et à l'inverse, démontrer l'aspect vindicatif de la partie privée. Jean Volff disait ainsi, que le recours hiérarchique auprès du procureur général ne « *donne rarement lieu à un réexamen du dossier par ces autorités, lesquelles se bornent à demander des explications au procureur de la République compétent, ce qui les amène dans la plupart des cas à approuver sa décision* »[262]. C'est toutefois dans ce contexte d'insuffisance des recours hiérarchiques, d'opportunité des poursuites et de suspicion envers le ministère public que la plainte avec constitution de partie civile s'est développée.

De l'arrêt Laurent-Atthalin du 8 décembre 1906 jusqu'à la loi du 5 mars 2007, une période d'ouverture du droit des victimes s'est construite, ce qui a provoqué un glissement du ministère public vers une qualification d'« avatar procédural » de la victime.

La Cour de cassation se positionnait initialement de manière hostile à un accès trop large de la victime. Elle a ainsi conditionné l'action civile par l'établissement d'un préjudice

---

[261] Art. 36 du C. pr. pén. : "*Le procureur général peut enjoindre aux procureurs de la République, par instructions écrites et versées au dossier de la procédure, d'engager ou de faire engager des poursuites ou de saisir la juridiction compétente de telles réquisitions écrites que le procureur général juge opportunes*".

[262] VOLFF (J.), Action publique- La privatisation rampante de l'action publique, *LexisNexis*, Procédures n°1, Janvier 2005, étude 1. p.2.

en lien direct avec l'infraction. En ce sens, elle a pu déclarer, dans l'arrêt du 8 février 1995 qu' « *attendu que l'action civile n'appartient, sauf dispositions légales contraires, qu'à ceux qui ont personnellement souffert du dommage découlant directement des faits objet de la poursuite* »[263]. Elle a pu confirmer cette solution, lorsqu'elle a affirmé dans un arrêt du 22 octobre 2002 que la faculté d'exercer l'action civile devant les juridictions répressives était limitée « *à ceux qui ont personnellement souffert du dommage causé de l'infraction* »[264].

Toutefois, malgré ces limitations, la Cour a assoupli sa jurisprudence en admettant l'action des proches de la victime[265] ou encore « *la constitution de partie civile contre un violeur par l'enfant né de ce viol* »[266] dans un arrêt de la chambre criminelle du 4 février 1998.

Pareillement, la Cour imposait initialement à la partie privée que le préjudice invoqué soit différent de celui du préjudice social. Elle exigeait donc une distinction entre le préjudice personnel et « *le préjudice social résultant du trouble apporté à l'ordre public par l'infraction* »[267] . La Cour est cependant revenue sur son exigence en admettant que le préjudice social n'est pas exclusif d'un préjudice individuel[268].

La Cour a progressivement ouvert ce contrepoids que constitue la plainte avec constitution de partie civile, cela malgré les risques d'abus et d'encombrement que cette ouverture implique. En rapprochant le préjudice social et individuel provoqué par l'infraction, la greffe de l'action civile à l'action pénale se retrouve facilitée au point que les avantages (en terme d'administration de la preuve par

---

263 Cass. Crim. 8 février 1995: Bull.crim. 1995, n°56.
264 Cass. Crim. 22 octobre 2002: Bull. Crim. 2002, n°189.
265 Cass. Crim. 11 juillet 1994: Bull. Crim., 1994, n°269.
266 VOLFF (J.), Action publique- La privatisation rampante de l'action publique, *LexisNexis,* Procédures n°1, Janvier 2005, étude 1. p.2.
267 Cass. Crim. 24 juillet. 1956: Bull. Crim. 1956, n°570.
268 Cass. Crim. 3 novembre 1994: Bull. Crim., 1994, n° 145.

exemple) de la procédure pénale sont exploités pour pallier les inconvénients de la procédure civile ou commerciale ce qui implique là aussi un appel d'air du contentieux civil vers le pénal. A la dénaturation de l'action publique et du ministère public s'ajoute donc l'encombrement qui lui-même est d'ailleurs combattu par des dispositifs modifiant le sens de l'action publique (la politique de systématisation des poursuites en est un exemple).

Cette règle du pénal tenant le civil a cependant été limitée par la loi n°2007-291 du 5 mars 2007 tendant à renforcer l'équilibre de la procédure pénale. Plus qu'une simple limitation de la recevabilité de la plainte avec constitution de partie civile (par le mécanisme de la consignation notamment), le système de recevabilité renferme dans son esprit un repositionnement du ministère public comme détenteur principal de l'action publique. La possibilité pour la victime de saisir le juge d'instruction devient subsidiaire. L'article 85 du Code de procédure pénale s'est en effet vu modifié et dispose désormais, pour les délits (en dehors de ceux relatifs aux infractions contre la presse) que « *la plainte avec constitution de partie civile n'est recevable qu'à condition que la personne justifie soit que le procureur de la République lui a fait connaître, à la suite d'une plainte déposée devant lui ou un service de police judiciaire, qu'il n'engagera pas lui-même des poursuites, soit qu'un délai de trois mois s'est écoulé depuis qu'elle a déposé plainte devant ce magistrat* ». La plainte avec constitution de partie civile ne peut plus s'effectuer sans le contrôle *a priori* du procureur de la République ce qui met fin à la possibilité pour la victime de saisir le juge d'instruction en court-circuitant totalement le procureur de la République. Par cette condition, la plainte avec constitution de partie civile est certes possible, mais uniquement en cas de carence du procureur. La priorité d'action incombe au parquetier. On sort ainsi de la confusion préjudiciable pour le ministère public qui consistait à faire du procureur l'acteur agissant en cas de carence de la victime. C'est désormais l'inverse qui est théorisé par cette nouvelle condition d'irrecevabilité qui est sans aucun doute favorable au concept d'un parquet-substitué à la partie privée et donc distincte d'elle. Par là même, l'action retrouve son qualificatif de « *publique* » en réaction au trouble causé à l'ordre public. C'est donc aussi dans ce sens que l'on peut comprendre la décision du Conseil Constitutionnel du 21 octobre 2011, qui souligne clairement la démarcation entre les deux acteurs : « *le ministère public n'étant pas dans une situation identique à celle de la personne poursuivie ou la partie civile* »[269]. La mise en œuvre de l'action publique trouve sa légitimité dans l'application de la loi. Or, cette loi est votée au nom d'un intérêt général[270], elle est donc nécessairement partiale (a fortiori lorsqu'elle est fondée sur une rationalisation des dépenses[271]), elle défend un intérêt précis. Cependant, sa mise en œuvre, son application par le procureur est faite de manière impartiale. C'est de cette manière que le terme de partie « publique » fait sens. Il est certes une partie, mais une partie différente. Le parquet défend la société, ce qui n'est pas forcément en contradiction avec l'intérêt de la victime ou du suspect, lorsque ce dernier est coupable ou à l'inverse innocent. D'une certaine manière, la prise pour partie de la société coïncide parfois avec la prise pour partie de l'accusé ou de la victime mais sans considération de ces derniers. Le terme « partie publique » est donc doté d'un caractère hybride en ce sens qu'elle est la partie de l'intérêt général mais que sa mise en œuvre est impartiale, il se retrouve donc différemment positionné. Il y a donc là, très souvent, une mauvaise compréhension entre la prise de position impartiale (deux postures qui peuvent sembler contradictoires

---

269 Conseil Constitutionnel, 21 octobre 2011 n° 2011-190 QPC, *Bruno L. et autre [Frais irrépétibles devant les juridictions pénales]* considérant 9.

270 Un intérêt général dans une acception restrictive car basé sur la fiction que la majorité est synonyme d'intérêt général.

271 Voir, HASTINGS-MARCHADIER (A.), VIGOUR (C.) *La chaîne pénale et son économie budgétaire*, in Colloque, *Une évaluation de l'administration de la Justice, les nouveaux traitements des délits*, Nantes, 7 février 2013, p.45.

mais qui ne le sont pas) et celle de la neutralité : deux notions différentes. On peut donc résumer que l'Impartialité du procureur prend une acception partiale et impartiale à la fois. Partiale car il y a une prise de position, mais cette prise de position est un aboutissement d'une réflexion impartiale.

Largement inspirée du rapport Magendie, cette loi de 2007 fait le constat des manœuvres souvent dilatoires des victimes dans leur recherche d'une « action vindicative » évidemment empreinte de partialité. Les statistiques sont très évocatrices de la différence de rapport qui existe entre d'une part, le procureur et le suspect et d'autre part le suspect et la victime, ce qui révèle là encore la différence de leur rôle respectif. Le rapporteur de la loi, Mr Guy Geoffroy, le démontre clairement lorsque, reprenant les statistiques de 2005, il écrit : « *les plaintes avec constitution de partie civile sont à l'origine de près du quart du total des ouvertures d'information (32 721 informations ouvertes à l'instruction en 2005). Or, dans de nombreux cas, les informations ouvertes sur plainte avec constitution de partie civile aboutissent à un non-lieu. En ce qui concerne les affaires économiques et financières, près de 80 % des informations ouvertes sur plainte avec constitution de partie civile s'achèvent par une ordonnance de non-lieu* »[272] . Cette qualité d'adversaire est donc une notion plus proche de celle de la victime que du magistrat parquetier. La modification du régime de la plainte avec constitution de partie civile vient en définitive mettre fin à cette pratique de la victime qui « *compte sur le magistrat instructeur et le ministère public pour combler d'éventuelles lacunes, suppléer à des omissions ou réparer des irrégularités* »[273]. Les positions s'inversent en faveur d'une procédure pénale plus saine avec une victime-suppléante du parquet. Le développement des droits de la partie privée en matière de mise en mouvement

---

[272] GEOFFROY (G.), Rapport AN, n°3505 tendant à renforcer l'équilibre de la procédure pénale, 6 décembre 2006, p.172.

[273] VOLFF (J.), Action publique- La privatisation rampante de l'action publique, *LexisNexis*, Procédures n°1, Janvier 2005, étude 1. p. 4.

de l'action publique peut donc s'interpréter dans le sens d'une suppléance et non pas d'une concurrence.

Cependant, cette concurrence dans la mise en œuvre de l'action publique s'avère bien réelle avec le développement des associations dont l'intérêt social défini dans leurs statuts se confond de plus en plus avec l'intérêt général au point que leur fonction rappelle celle de l'accusateur public de 1791.

B. Le développement des associations troublant la dissociation action publique/action privée

La doctrine a pointé ce risque de concurrence, voire ce désengagement de l'autorité publique[274], voyant dans les associations non pas nécessairement des acteurs de défense mais plutôt de soutien envers une cause. La nuance est d'importance, car comme le souligne Serge Guinchard[275], ces causes diffèrent de la stricte volonté d'appliquer la loi et correspondent à une forme de militantisme et à un moralisme qui est par définition contraire à l'exigence d'impartialité.

En tout état de cause, malgré les violentes diatribes que la doctrine a pu exprimer (Jean Volff, très critique à ce sujet, estimait que « l'*honneur et la tranquillité des personnes et des familles sont ainsi livrés à l'arbitraire de groupement privés et la présomption d'innocence (…) est mise à mal. Cette situation est à l'évidence malsaine et à la longue dangereuse pour tous* »[276]) la prolifération de ces associations a donc été favorisée par l'État. Or, comme il l'a été dit, l'objet de l'association n'est pas uniquement de défendre une personne individuellement, mais

---

274 En ce sens, LARGUIER (J.) L'action publique menacée (à propos de l'action civile des associations devant les juridictions répressives), *Dalloz*. 1958, chron. p. 29 et s.

275 GUINCHARD (S.), L*es moralisateurs au prétoire*, Mélanges Foyer, 1997, p. 447 in VOLFF (J.), Action publique- La privatisation rampante de l'action publique, *LexisNexis*, Procédures n°1, Janvier 2005, étude 1. p. 8.

276 VOLFF (J.), *op. cit.* p. 4.

peut consister en la défense d'un intérêt collectif plus large au point de se confondre avec l'intérêt général. De cette confusion, plusieurs critiques peuvent être formulées.

D'une part, ce rôle de contrepoids à l'inertie du procureur dans la défense de l'intérêt général peut poser à notre sens des difficultés en termes de légitimité. Ainsi, lorsque Xavier Pin explique que « *Cette action associative apparaît au moins aussi légitime que celle du ministère public défendant un intérêt général et abstrait : le procureur est loin des citoyens, alors que les associations sont à leur côté* »[277]. Il apparaît contestable de souscrire à cette idée. Aujourd'hui, le procureur assure un rôle civique et une proximité accrue avec les citoyens. De plus, la légitimité de l'action publique découle directement de sa qualité de magistrat et plus particulièrement de l'impartialité dans l'application de la loi. Sans revenir sur ce qui a été dit ci-dessus, on peut évidemment douter des garanties d'impartialité dont disposent ces associations et notamment de leur indépendance. Caractéristique de ce faux désengagement de l'État en matière pénale où ce dernier parvient, par des règles contraignantes d'octroi de subvention à orienter l'activité des associations. Cette production du fond par la forme implique une situation de subordination financière de ces associations para-administratives, de ces « *faux nez* » qui viennent contraindre leur activité et, plus grave encore, de leur politique d'action.

D'autre part, la présence des associations conduit à une dénaturation du rôle du ministère public. Sur ce point, cette dénaturation est peut-être plus forte que celle induite par le démembrement de l'action publique. En effet, plus que le démembrement du déclenchement de l'action publique, c'est bien « l'exercice » de l'action publique qui se retrouve divisé entre l'association (par l'intermédiaire de son avocat) et le procureur. Cette séparation est préjudiciable en ce sens

---

277 PIN (X.), La privatisation du procès pénal, *Rev. sc. crim.* 2002 p.245.

qu'elle forme une redondance lors de l'audience, une superposition de deux discours défendant tous les deux la défense d'intérêt supérieur parfois identique formant ainsi un doublon qui peut paraître inutile. L'inverse est également possible impliquant éventuellement une modification du comportement du procureur en audience, « *celui-ci aura tendance à se démarquer des outrances éventuelles de la partie civile et à se cantonner dans un exposé froid, équilibré et objectif des faits, de la personnalité de l'accusé ou du prévenu, ainsi que des textes applicables. Il fera alors œuvre de commissaire du gouvernement, conseiller impartial de la juridiction, plutôt que de partie principale au procès* »[278]. Cette réaction ne doit pas être mal interprétée. Il ne s'agit pas de dire que lorsque le procureur agit en tant que partie principale, il est nécessairement partial. Il faut comprendre cette réaction du procureur non pas comme une redécouverte de son impartialité, mais comme une perte de sa faculté de convaincre. Le procureur gardera une ligne et une conviction identiques, mais amputera de ses réquisitions la force de persuasion qu'il aurait développée s'il avait été seul, cela dans un souci de se démarquer « des outrances » de la partie civile et d'éviter une confusion entre le choix partial par définition de la partie civile et les réquisitions impartiales du procureur (même si, le cas échéant, les deux peuvent avoir des conclusions identiques).

Sur ce dernier point, la qualité du ministère public s'en retrouve une nouvelle fois troublée et l'on gagnerait sûrement à définir plus clairement ces notions « d'intérêt collectif ». Toutefois, la tendance à admettre l'intervention des associations est bien ancrée et l'on peut se demander si la restriction de leur intervention est réellement la solution.

---

278 VOLFF (J.), *op. cit.* p. 5.

* * *

L'objectif de cette première partie était de pointer, d'une part que le problème de l'impartialité s'est empêtré dans un débat insoluble autour de deux thématiques globales, la séparation des fonctions judiciaires et la séparation avec le pouvoir exécutif, d'autre part, que le problème ne pouvait être surmonté qu'une fois la qualité du ministère public de partie impartiale explicitée.

Cependant, force est de constater que malgré les progrès conceptuels sur la qualité de partie impartiale, le ministère public reste soumis à une forte suspicion. Le rapport avec la police et le rapport avec la partie privée montrent l'ambiguïté de sa position et l'impossibilité d'y répondre par une simple logique de séparation. Or, ces deux problèmes ne sont pas isolés et l'on peut en tirer un principe directeur commun qui amène à conclure que l'on ne peut plus raisonner en ces termes de garanties organisationnelles qui soustendent notre système traditionnel inquisitoire. En effet, on peut légitimement s'interroger par exemple, sur cet exercice d'équilibriste du ministère public dans sa relation avec la police. Il semble que le problème de la proximité du parquet et de son interdépendance avec la sphère policière se pose également pour la sphère politique, administrative et gestionnaire, ce qui montre que s'intéresser aujourd'hui à l'impartialité du ministère public impose de se mettre à jour sur la pratique et le mouvement beaucoup plus profond de transformation de la procédure pénale vers une nouvelle économie de pouvoir. L'idée où « *schématiquement, la poursuite était confiée à un accusateur public, l'instruction à un magistrat doté d'un pouvoir inquisitorial fort, et le conflit tranché judiciairement* »[279],

---

[279] PIN (X.), *op. cit.*

ne correspond plus à notre modèle en matière délictuelle. Cette évolution de l'implication de la police judiciaire ou des parties privées (loin de signer une « *privatisation* » du droit pénal[280]) pointe ce que l'on peut appeler un « *système de coopération* » dans lequel chaque acteur est interdépendant.

En effet, cette interdépendance, dans le débat resserré dans lequel nous nous placions jusqu'à présent faisait suspecter une partialité. Or l'objectif, à présent est de démontrer que cette nouvelle physionomie d'un procès pénal coopératif, participatif permet de comprendre l'interdépendance et la proximité comme une garantie d'impartialité. De plus ce système est propice à l'émergence pratique de nouvelles garanties d'impartialité, pourtant déjà connues du juge, mais cette fois appliquées au ministère public.

En un mot, c'est en abandonnant ce dilemme perçu au travers d'une lunette grossissante et déformante pour adopter une vision enfin plus reculée que l'on pourra discerner l'image d'un ministère public impartial. Une impartialité qui sera d'ailleurs mieux sécurisée et fondée sur un socle plus large que celle d'antan ce qui est la moindre des choses lorsque l'on connaît les répercussions des décisions prises en amont du procès par le parquet sur l'issue de l'affaire. Lorsqu'à son époque Jean-Guillaume Locré s'inquiétait sur le degré d'exigence d'impartialité en fonction de la responsabilité du ministère public : « *Ce qui importe, c'est que cette première poursuite et cette instruction préliminaire, ouvrage de la nécessité, n'acquière pas une trop forte influence sur les suites de*

---

280 Cette privatisation ne voulant pas dire grand-chose, *a fortiori* lorsque l'on démontre que ces associations sont requalifiées d'établissement public consécutivement à leur dépendance financière publique.

l'affaire »[281] . On ne peut que conclure aujourd'hui, à l'impérieuse nécessité d'exiger des différentes garanties d'impartialité une réévaluation à la hausse.

281 LOCRE (J-G.), *op. cit.* p.135.

DEUXIÈME PARTIE

La réévaluation du poids respectif des différentes garanties d'impartialité

Penser l'impartialité du ministère public dans un contexte de coopération bouscule notre conception des garanties d'impartialité. La proximité et l'implication par le débat contradictoire, l'explication et la pédagogie par la motivation, le contrôle par la publicité, autant de nouvelles garanties d'impartialité appliquées au parquet qui permettent à la Justice de maintenir un sens symbolique, mais qui est aussi une manière de créer un lien de confiance entre le procureur et le justiciable et partant, un lien entre la Justice et le citoyen. C'est en effet l'objectif final et l'aboutissement recherché de cette démonstration de l'impartialité du ministère public.

Le ministère public a toujours tenu une place centrale dans l'histoire de la justice. Parfois catalyseur et instrument politique, souvent organe de résistance et de défense des principes supérieurs, les transformations du système pénal s'accompagnent nécessairement d'une mutation de sa part, de ses pratiques. Et ce sont ces pratiques qui viennent par la suite transformer son statut. C'est cette capacité d'adaptation qui fait du ministère public une fonction instable et c'est en ce sens que son office est dit structurel. « *Toujours tendu vers l'action, (l'office du procureur) pose à chaque instant la question de sa place sans cesse mouvante entre la cité, le pouvoir exécutif et le juge* »[282].

Le développement d'une systématisation des poursuites, des technologies et des nouvelles formes managériales ont également modifié la physionomie du procès. Sans dénaturer les symboles et les rituels judiciaires du procès, le parquet a su s'adapter et faire évoluer les pratiques pour rester en cohérence avec certains principes directeurs du procès pénal qui - on l'oublie trop souvent- sont eux aussi des garanties d'impartialité. C'est d'ailleurs cette conscience parmi les parquetiers de l'importance de ces principes dans un système de coopération qui paradoxalement est venu renforcer leur culture judiciaire, leur rattachement à leur qualité de magistrat. A la question fondamentale de savoir si ces nouveaux principes de management, de célérité et le développement de la technique étaient compatibles avec le registre de la Justice, une ébauche de réponse a été fournie par la pratique des magistrats. Ainsi, « *lorsque la technique s'emballe, ce dont nous avons besoin c'est moins d'un surcroît de technicité que de revenir aux principes* »[283] (Chapitre 1).

Il conviendra de savoir comment ces principes directeurs, garanties d'impartialité, ont été mobilisés par le parquet, pour pouvoir, malgré une systématisation des poursuites, maintenir un degré d'exigence d'impartialité en accord avec les conséquences que leurs décisions ont sur les justiciables. Sur ce

---

282 A. GARAPON, S. PERDRIOLLE, B. BERNABE, « *L'office du procureur* », *op. cit.* p. 13.

283 A. GARAPON, S. PERDRIOLLE, B. BERNABE, Chap. III "*L'office processuel*", in "*La prudence et l'autorité, l'office du juge au XXIème siècle*", Rapport IHEJ, mai 2013, p.67.

point, nous verrons que l'impartialité du ministère public ne repose plus uniquement sur la simple décision individuelle, mais doit être aussi rehaussée à un degré supérieur, celui de la politique pénale. La complexification du processus de décision amène en effet à ne plus imaginer l'impartialité comme un concept appliqué à une décision éparse, comme un point perdu dans un écran brouillé de pixels sans cohérence. Au contraire il conviendrait d'appliquer cette décision dans une politique pénale impartiale, facteur d'égalité devant la loi. C'est en s'interrogeant sur la mise en œuvre d'une politique pénale impartiale, que l'on pourra espérer boucler le cycle de systématisation des poursuites, vers une opportunité, fondée sur une confiance des citoyens dans le ministère public (Chapitre 2).

Chapitre 1. Automaticité des poursuites et regain des garanties d'impartialité

Ce chapitre a pour objectif d'expliquer le nouveau modèle de coopération qui prend corps dans notre procédure pénale. Ce système découle d'une diffusion de nouvelles techniques modernes, rationnelles qui ont permis et amplifié une plus grande systématisation des poursuites. Cependant, nous verrons que, comme trop souvent, la correction d'un écueil laisse place à un autre, et le traitement industriel du contentieux de masse ne peut permettre au procureur la réflexion calme et posée que suggère l'impartialité. Néanmoins, la systématisation des poursuites, dont il faut sortir, n'est pas un phénomène qui a conduit le procureur à renoncer à toute démarche intellectuelle dans le traitement des affaires pénales. Elle a donc eu un effet ambivalent, c'est-à-dire, à la fois propice à l'émergence de nouvelles garanties d'impartialité, à un traitement des affaires de manière scientifique et objective, mais cela au risque de tomber dans l'illusion de pouvoir anticiper et prédire les comportements humains sans le regard subjectif qui constitue pourtant la plus-value de l'intervention du magistrat.

Section 1. Vers un système pénal de coopération propice à une réévaluation des garanties d'impartialité

Assez classiquement, nous distinguerons l'aspect théorique et les dispositions législatives qui ont permis ce système de coopération (§1) pour ensuite montrer que la pratique s'est bien emparée de cette nouvelle manière de concevoir notre procédure pénale, et cela en parvenant à réunir les symboles de la justice et ses rituels. Ainsi, les modifications profondes, qui peuvent faire l'objet d'un accueil timide, voire méfiant, ne doivent pas être comprises comme une perte totale des rites traditionnels. C'est pourquoi, lorsque le Premier président Guy Canivet déclarait dans son discours d'installation : « *Les juges sont évidemment prêts à participer à ce vaste mouvement de modernisation de leur institution. Ils le feront avec d'autant plus de conviction que sera maintenue et renforcée la distinction, à leurs yeux essentielle, entre l'organe de jugement qu'ils sont et l'autorité de poursuite qu'est le parquet, à condition que leur rôle soit clairement défini comme celui d'un décideur indépendant et impartial, tranchant sur une accusation portée par le ministère public, partie poursuivante, au regard d'une défense assurée dans le strict respect de l'égalité des armes et de la présomption d'innocence* »[284]. Il est aisé de remarquer le faible enthousiasme face à ce « vaste mouvement de modernisation » qui ne semble en vérité pas en être un si l'on s'en tient à l'image qui est ici décrite d'un juge isolé dans sa fonction de jugement, totalement indépendant des autres acteurs… Si en effet la part de l'audience a baissé, elle a cependant fait place à de nouveaux temps forts de la procédure que le procureur a su construire. En résumé, de nouveaux moments en dehors de la frénésie quantitative, des temps morts durant lesquels les garanties d'impartialité retrouvent leur place (§2).

---

[284] Extrait du discours d'installation du Premier président Guy Canivet du 19 juillet 1999, in *Annonces Seine,* 26 juillet 1999.

§1. De la séparation à la coopération : approche théorique des répercussions des évolutions processuelles sur les garanties d'impartialité

Le système de coopération ou de participation est aux antipodes de l'idée d'une séparation des fonctions pour une décision plus impartiale. Cependant, il est remarquable de constater que la crainte qui accompagnait la volonté d'une séparation, à savoir celle d'une dilution de la culture judiciaire dans les autres sphères professionnelles ne s'est pas réalisée, malgré la mise en place d'un système plus participatif. En effet, au lieu d'une dilution de leur qualité de magistrat, la confrontation de ces différentes sphères est venue réaffirmer leur rôle.

Une précision méthodologique doit être faite ici, puisque ce qui sera développé dans ce début de partie sera exploité pour le reste de cette étude. En effet, une fois ce nouveau système de coopération défini, nous tenterons dans le reste de l'étude de montrer par une démarche inductive en quoi les diverses pratiques s'insèrent dans ce type de système et en quoi chaque pratique répond à des principes garants d'impartialité (contradictoire, motivation, publicité, collégialité, proximité…).

A. Un dogme de la Séparation nuancé par une interdépendance des acteurs de la procédure pénale

1. Du procès au « process » : vers un système de coopération

Le ministère public, organe de structure, doit en permanence s'adapter aux évolutions de la Justice. Or, la Justice fait l'objet d'un grand bouleversement par la mise en place de nouveaux éléments techniques (le TTR en est un exemple), de nouvelles formes managériales pour faire face à une demande accrue de réponses pénales dans un délai toujours plus court. Comment la Justice s'est-elle modifiée pour faire face à ce recours systématique à la juridiction pénale ? Est-elle venue bouleverser son système traditionnel inquisitoire ? Cette transformation vient-elle altérer le principe d'impartialité ? Il nous semble que, bien au contraire, notre Justice pénale a vu se développer des méthodes et des techniques de traitement des affaires qui tendent indubitablement à une prise de décision impartiale. Ce système est encore balbutiant et doit être amélioré, voire sur certains points réformé, mais il a permis de dégager une nouvelle manière de concevoir la réponse pénale en dehors du paradigme traditionnel d'une décision tranchant de manière verticale, par un tiers et dans laquelle les parties ne prennent pas part à leur décision.

Pour relever le défi de la systématisation des poursuites, les pratiques ont réduit au maximum les temps morts de la procédure, ont rapproché les maillons de la chaîne pénale pour un traitement plus efficace des affaires. « *En abandonnant l'exercice de l'action publique au profit du traitement, qui se dit process en anglais, le rôle du procureur s'est trouvé modifié. Le process est un mouvement et non un espace comme la procédure. Dans un process, personne n'agit à proprement parler mais chacun se borne à interagir avec les autres participants de la chaîne* »[285]. Cette logique de process vient naturellement modifier les comportements des parquetiers. Ceux-ci ne sont plus dans l'action publique, mais dans la réaction, suivant une feuille de route indispensable au bon fonctionnement des rouages d'une Justice bien huilée. Le procureur n'agit donc plus en opportunité après une phase de réflexion, mais réagit, « *immédiatement et automatiquement à un stimulus ou à un signal* »[286]. Tout en ayant à l'esprit les risques de tomber dans le scientisme et les discours de vérité que l'on a pu connaître en criminologie à la fin du XIXème siècle (et que

285 GARAPON (A.), PERDRIOLLE (S.), BERNABE (B.) *L'office du procureur au XXIème siècle*, La Prudence et l'Autorité, IHEJ, chapitre additionnel, p. 3.
286 *Ibid.*

l'on connaît toujours en matière probatoire...[287]), ce nouveau modèle, cette « *vision mécaniciste (…) nourrit le rêve que les comportements humains répondent avec la même prévisibilité que la matière physique* »[288].

Un procureur automate, une réponse sans réflexion, nous verrons que cette conception n'est que la partie négative de la systématisation des poursuites, et que les progrès techniques ont aussi leur part positive, favorable à une action publique impartiale. En effet, la technique dans un contexte d'automaticité emploie la rigueur et la méthodologie scientifique pour parvenir à une décision la plus objective, donc la plus impartiale possible, cela dans un souci de cohérence et surtout d'égalité. Nous le verrons également, il y a certes une anticipation, un phénomène de pré-jugement, mais cette forme d'anticipation n'est pas contraignante. Plus important encore, cette forme d'anticipation de la décision diffère de l'ancienne conception qui consistait à placer l'individu dans « *un moule (...)* » et donc brisait l'homme. Au contraire « l*e process est modulable : il est censé s'adapter à toutes les situations* »[289]. Ce point paraît essentiel, quoique pourtant non évident au premier abord, au regard de l'impartialité du ministère public. La diversification de l'« offre » de poursuite a eu pour effet, à l'instar de l'individualisation de la peine chez le juge, de créer une individualisation de la procédure. Le procureur peut désormais s'adapter et individualiser l'orientation, suivant les cas et en fonction de sa politique pénale. Or ce nouvel aspect de la poursuite est intéressant en ce qu'il repose la question (qui ne concernait avant que le juge) de savoir si l'individualisation est conforme au principe d'impartialité puisque supposant

---

287 REVIRON (P.), L'ADN: la preuve parfaite?, *AJ pénal*, 2012, p. 590.

288 GARAPON (A.), PERDRIOLLE (S.), BERNABE (B.) *L'office du procureur au XXIème siècle*, La Prudence et l'Autorité, IHEJ, chapitre additionnel, p. 4.

289 GARAPON (A.), PERDRIOLLE (S.), BERNABE (B.), Chap. III "*L'office processuel*", in "*La prudence et l'autorité, l'office du juge au XXIème siècle*", Rapport IHEJ, mai 2013, p.67.

d'avoir égard aux personnes. Une réponse affirmative amènera inévitablement à la question de savoir comment cette individualisation subsiste-t-elle lorsque les parquetiers-décideurs suivent des instructions permanentes.

L'émergence de cette nouvelle manière de traiter les affaires pénales bouscule les « *fondements anthropologiques du procès* ». Idéalement, « *le procès résulte en effet d'une combinaison subtile du temps, de l'espace et des symboles sociaux. Il rompt le temps linéaire de la durée par un moment qui délimite un avant, un pendant et un après, en consacrant un espace voué à la rencontre physique des protagonistes d'une affaire dans un même lieu en la présence d'un tiers de justice* »[290]. Cet espace créé par la procédure trouvait son épilogue symbolique dans l'audience, espace public mais aseptisé politiquement, permettant dans un débat contradictoire de mettre fin au procès dans un cadre procédural strict. Or cet espace tend à se combler par une contraction du temps, ce qui a pour effet principal de rapprocher les différents acteurs du procès pénal. C'est sur ce point qu'il nous semble (précisément en matière délictuelle), que l'ancien système d'une séparation stricte des fonctions judiciaires devient sinon compromettant d'un point de vue théorique pour l'impartialité du ministère public et de la justice en général, illusoire en pratique. « *Le process implique ainsi une interdépendance car il exige pour être efficace la coordination d'une pluralité d'acteurs qui doivent intervenir à des moments différents mais dans un processus commun. Tous constituent la bien nommée « chaîne pénale » qui crée une pression du fait de cette interdépendance* »[291].

Le système de coopération s'est donc clairement installé. Cependant, il serait erroné de croire que cette tendance participative est l'unique conséquence d'une systématisation des poursuites. Une telle conclusion serait d'ailleurs incohérente avec l'impératif de revenir à une opportunité des poursuites.

---

290 *Ibid.*
291 *Ibid.* p.69.

L'opportunité insufflerait un nouvel espace, une pause dans la procédure pénale qui est indispensable, mais elle n'anéantirait pas ce mouvement plus profond que connaît notre Justice pénale. En effet, si le choix politique favorise une poursuite systématique, ce mouvement global que connaît notre procédure pénale notamment par la comparution sur reconnaissance préalable de culpabilité (CRPC), la composition pénale, ou la troisième voie ne résulte pas uniquement d'un souci d'efficacité. Ce mouvement résulte essentiellement d'une nouvelle manière d'appliquer une sanction pénale, en prenant en compte l'individu comme titulaire de droit subjectif. Mettant l'accent sur les « *capacités d'autonomisation du sujet pénal* »[292] en participant à sa propre réhabilitation, il s'agit, par le biais du consentement (ou plutôt de l'assentiment…) d'ouvrir une « *pénalité d'autocontrôle qui fait de l'infracteur le gestionnaire de sa propre punition* »[293].

Loin de constituer une sorte de « contractualisation » de la réponse pénale, une relation asymétrique naturellement justifiée se crée entre le procureur et la partie privée. L'interdépendance entre les deux acteurs répond à ce nouveau paradigme, une négociation sur la peine a lieu, mais ne constitue pas pour autant une atteinte à l'impartialité lorsque d'autres garanties font leur entrée (contradictoire, pédagogie…). Cette altération de la séparation des fonctions judiciaires dépasse très largement le cadre de la relation entre le parquet et les parties privées.

---

292 CARTUYVELS (Y.), *Action publique et subjectivité dans le champ pénal: une autre conception du sujet pénal?*, in CANTELLI (F.) et GENARD (J-L.) (coord.), *Action publique et subjectivité*, Paris, LGDJ, 2007, p.100.

293 *Ibid*, Y. Cartuyvels renvoie à M. FOUCAULT, *Alternative à la prison: diffusion ou décroissance du contrôle social? Une entrevue avec Michel Foucault*, Criminologie, n°1, 1993, p. 13-14.

2. Une altération de la séparation des fonctions de poursuite et de jugement

L'altération de la séparation des fonctions de poursuite et de jugement est aujourd'hui extrêmement forte, ceci est dû à un redéploiement des offices entre le parquet et les juges du siège. Le phénomène de complexification du processus décisionnel, et l'importance du choix d'orientation ont créé une interdépendance entre le parquet et le juge. Cette interdépendance est liée à de nombreux facteurs qu'il serait difficile de mentionner de façon exhaustive, d'autant que les pratiques diffèrent selon les juridictions, leur taille et la pression quantitative du contentieux de masse. Toutefois, une expression est aujourd'hui très répandue, qualifiant le parquet de « *quasi-juge* »[294]. Cette nouvelle fonction dévolue au procureur a pu d'ailleurs nourrir les réflexions sur la nature de la décision d'orientation. Une analogie serait ainsi faite entre la décision d'orientation des poursuites et l'acte juridictionnel[295]. Parmi ces similarités, peuvent être notées la sémantique utilisée pour qualifier les sanctions entre les « *mesures* » prises dans le cadre d'alternative aux poursuites et les « *peines* » prononcées par le juge. S'agissant des mesures de la composition pénale, P. Poncela déclarait que « *les sanctions pénales prévues ne sont pas nouvelles dans leur forme et correspondent aux peines d'amende, de confiscation, de suspension de permis de conduire et de travail d'intérêt général* »[296]. La différence réside essentiellement dans les termes choisis.

Plus important, la relation entre le parquet et le siège se resserre puisque le choix d'orientation peut venir directement conditionner l'issue de la décision du siège. La multiplication des canaux procéduraux a amené à une concurrence et une

---

294 En ce sens, SAINT-PAU (J-C.), Le ministère public concurrence-t-il le juge du siège?, *Dr. pénal*, n°9, 2007, spéc. p. 14-15.

295 VIENNOT (C.), *Le procès pénal accéléré, étude des transformations du jugement pénal*, Ed Dalloz, 2012, p. 70.

296 PONCELA (P.), Quand le procureur compose avec la peine, *Rev. sc. crim*, n°3, 2002, p.640, cité par VIENNOT (C.), *op. cit.* p.81.

graduation des procédures qui influent directement sur la graduation de la peine. « *Cette graduation procédurale est d'une part enjointe par le Code de procédure pénale aux articles 41-1 et 41-2 en cas d'échec des alternatives aux poursuites et d'autre part, organisée dans les juridictions qui graduent l'orientation selon la qualité de primo-délinquant ou réitérant, puis face à un réitérant selon le nombre de faits reprochés et la gravité de ces faits. Une double échelle peut être mise en place, graduation dans les alternatives (pédagogiques, rappel à la loi, médiation pénale puis coercitive composition pénale), et graduation dans les poursuites (OPD, juge unique, CI)*»[297]. Le choix d'orientation pris par le procureur s'inscrit donc dans une hiérarchie de la gravité des faits ou de la qualité de l'auteur et vient donc lancer un signal au juge du siège. Une sorte de pression est ainsi exercée par le choix que fait le procureur qui réalise une anticipation, un pré-jugement et une délégation du pouvoir de juger se met en place[298].

Cette forme d'anticipation est plus évidente encore en matière de sanction prononçable. Le choix procédural d'une composition sur reconnaissance préalable de culpabilité, d'une ordonnance pénale délictuelle (OPD) vient restreindre l'office sanctionnateur du juge. « *Par exemple, le choix de la CRPC exclut une peine d'emprisonnement supérieure à un an (art. 495-8 CPP), le recours à l'ordonnance pénale délictuelle exclut la privation de liberté et limite le montant de l'amende à 5000€ (art. 495 et 495-1 CPP) plutôt que de renvoyer le prévenu devant le juge correctionnel qui pourra prononcer une peine jusqu'à 5 ans d'emprisonnement selon le texte d'incrimination de l'infraction* »[299].

Au-delà d'une interdépendance, c'est d'ailleurs une coopération qui doit nécessairement se former, par un accord entre

---

297 GRUNVALD (S.) *Les choix et schémas d'orientation*, in Colloque, *Une évaluation de l'administration de la Justice, les nouveaux traitements des délits*, Nantes, 7 février 2013, p.62.

298 VIENNOT (C.), *op. cit.* p. 56.

299 GRUNVALD (S.) *Les choix et schémas d'orientation* » in Colloque, *Une évaluation de l'administration de la Justice, les nouveaux traitements des délits*, Nantes, 7 février 2013, p.67.

ces deux protagonistes lors des schémas d'orientation. Ces pratiques, encore largement occultes, participent à la politique pénale du procureur et imposent une concertation, une négociation entre les différents acteurs de la juridiction afin de bien prendre en compte ses ressources à la fois économiques mais également humaines. Là aussi, et nous aurons l'occasion d'y revenir, le système de coopération permet de mettre en place des nouveaux temps forts, empreints de contradictoire qui permettent une réflexion intellectuelle sur les dossiers dans un contexte global. Les exigences d'impartialité doivent donc réapparaître au niveau de ces schémas d'orientation.

Plus globalement, cette chaîne pénale resserrée est à constater dans le rapport plus large police-parquet-juge où chaque décision en amont influe sur la procédure subséquente. La police étant le fournisseur de la « matière première » pour le reste du process, la qualité du traitement pénal dépend essentiellement du travail policier : «*Finalement, la question de la maîtrise du parquet sur les services de police et de gendarmerie ne peut se comprendre qu'en faisant référence à l'idée d'une dépendance mutuelle accrue entre eux. A l'image de ce qui se passe dans le travail à la chaîne, on se trouve de facto dans une situation où chacun dépend de l'activité de celui qui le précède et où chacun a conscience que ses actions vont avoir un impact sur l'activité de celui qui le suit*»[300]. Dans un système où l'affaire est traitée, aiguillée, par une réaction en chaîne, c'est également une interdépendance police-juge du siège qui se met en place par le truchement du parquet.

Pareillement, le parquet (et donc indirectement le juge…) reste largement tributaire de son environnement juridictionnel. Chaque décision d'orientation peut être contrainte par des questions extérieures, des moyens budgétaires ou humains. Madame Sylvie Grunvald l'explique lorsqu'elle décrit l'importance du contexte de la juridiction en prenant pour exemple

---

300 BASTARD (B.), MOUHANNA (C.), *Une justice dans l'urgence, le traitement en temps réel des affaires pénales*, Coll. Droit et Justice, PUF, 2007, p. 105.

« *qu'un choix d'orientation entre l'ordonnance pénale délictuelle et la composition pénale s'est réalisé en fonction de la capacité du service de greffe. La vacance de plusieurs postes de greffiers dans la juridiction a entraîné un développement de l'ordonnance pénale délictuelle pas ou peu sollicitée jusqu'alors, au détriment de la composition pénale pour soulager le service* »[301]. En faisant le lien avec tout ce qui a été dit, un juge peut donc se trouver empêché de prononcer des peines privatives de liberté ou des amendes supérieures à 5000 euros, parce que des postes de greffier sont vacants...

B. Le paradoxe d'un renforcement de l'identité professionnelle du ministère public par son ouverture aux autres

C'est finalement dans ce contexte que la qualité du management de la juridiction prend une place prépondérante dans l'administration de la justice et dans la bonne gestion des ressources à la fois budgétaires et humaines. Une gestion efficace devient paradoxalement un facteur d'indépendance en matière délictuelle pour le procureur. C'est en effet, la capacité d'un procureur à coopérer, à participer à d'autres instances, à s'impliquer avec des acteurs extérieurs à son parquet qui lui permet de mener à bien une politique pénale impartiale car libérée de certaines contraintes. Plus que jamais, le ministère public doit s'ouvrir aux autres pour curieusement en être moins tributaire[302]. Les exemples de coopération pourraient être multipliés, et au-delà de la sphère policière, gestionnaire, le procureur doit également s'impliquer et se confronter à la culture administrative et politique (Conseil locaux de sécurité et de prévention, Etat-major de sécurité...).

---

301 GRUNVALD (S.) *Les choix et schémas d'orientation*, in Colloque, *Une évaluation de l'administration de la Justice, les nouveaux traitements des délits*, Nantes, 7 février 2013, p.64-65.

302 On peut tout de suite citer l'exemple d'une coopération du procureur avec le préfet pour mettre l'accent non pas sur la délinquance visible ou routière, mais plutôt sur l'investissement des missions judiciaires.

Toutefois, cette confrontation aux autres ne signifie pas la dilution de sa qualité de magistrat. Bien au contraire, l'ouverture aux autres et même les reproches qui lui sont faits d'être le « cheval de Troie » du pouvoir politique, notamment local, a opéré un renforcement de l'éthique judiciaire. L'éthique et les valeurs judiciaires viennent définir la fonction de procureur. Henri Desclaux, alors procureur général à Versailles déclarait à propos de l'éthique des parquetiers qu'elle constituait « *le principe devant animer l'indépendance de l'action du parquet, dans le cadre d'une multiplication des spécialisations et des taches et d'une déconcentration des pouvoirs* »[303].

Cette position qui peut paraître défensive, c'est-à-dire en réaction à l'idée d'une fonctionnarisation de la profession de procureur n'est cependant pas une simple figure de style, mais un réel sentiment des parquetiers qu'ils mettent en pratique (voir *infra*, §2). Il s'agit pour eux d'aligner leur conscience professionnelle avec ceux de leur collègue du siège pour justifier leur appartenance au corps judiciaire et à leur qualité de magistrat. Un procureur estimait ainsi s'agissant de leur fonction que : « *Les valeurs essentielles, ça me paraît d'abord l'impartialité, l'objectivité, l'honnêteté intellectuelle, l'humanité. Je crois qu'on est obligé de faire preuve d'humanité. Le respect de l'autre, la conscience professionnelle : ce n'est pas un métier que vous pouvez faire en touriste. Vous devez véritablement aller au fond des choses...* »[304].

Cet alignement, ou plutôt cette manière de transcender les différences siège/parquet par la notion commune de magistrat a pour effet la mise en pratique de certaines garanties d'impartialité jusqu'alors majoritairement consacrées par les juges du siège[305].

---

303 Cité par MILBURN (P.), KOSTULSKO (K.), SALAS (D.), *Les procureurs, Entre vocation judiciaire et fonctions politiques*, éd PUF, 2010 p. 141.
304 *Ibid.* p.143.
305 Sur les risques d'une disparation de la dialectique opposant le parquet et le siège, voir R. BRIZAIS, J.DANET, *Magistrat avant tout ?*, chapitre 8, *La remise en jeu des*

§2. De nouveaux temps forts procéduraux : approche concrète des pratiques du ministère public respectueuses du principe d'impartialité

Il y a nécessairement un écart entre la lettre d'un texte ou d'un statut et son exécution concrète. La pratique témoigne de cet écart et révèle ainsi la culture idéologique du sujet, du ministère public en l'espèce. « *La pratique témoigne à ce titre de la résistance du sujet à celle qui confère son statut, lui attribue son poste, et bénéficie aussi de son travail, c'est-à-dire l'institution à laquelle il est rattaché* »[306]. Sur ce point, on peut remarquer que cette pratique des magistrats parquetiers démontre une volonté de préserver des garanties d'impartialité et cela en dehors d'un cadre normatif. Ces garanties peuvent être scindées en deux, d'une part la préservation du contradictoire (A), d'autre part, un effort d'assurer une transparence et une lisibilité de l'action publique (B).

A. La volonté de préserver des phases contradictoires pour une connaissance exhaustive du dossier

1. Une recomposition du rituel judiciaire

Conscient du risque qu'entraîne le traitement des affaires pénales sur un modèle quasi industriel et non plus « artisanal», la pratique des parquetiers a manifesté le souci de compenser

---

places et des identités ou l'office du juge redéployé, in J. DANET (coord), *La réponse pénale, dix ans de traitement des délits*, Presse universitaire de Rennes, 2013, p. 302.

[306] R. BRIZAIS, J.DANET, chapitre 8, *La remise en jeu des places et des identités ou l'office du juge redéployé*, in J. DANET (coord), *La réponse pénale, dix ans de traitement des délits*, Presse universitaire de Rennes, 2013, p. 297.

les travers qu'impliquent cette logique de productivité en ménageant certains temps-mort propices à la réflexion.

Dans cette systématisation des poursuites, il est évident qu'une diminution des audiences correctionnelles est à l'œuvre. Ceci pose la question d'une « déritualisation » de la justice pénale[307]. Selon J. Danet, S. Grunvald et C. Saas, et reprenant la définition d'Antoine Garapon, le rituel judiciaire est défini comme « *l'ensemble des formes, des « langages symboliques et discursifs » sous lesquels la justice pénale est rendue et donc selon nous sa manière même de produire la vérité judiciaire comme les formes sous lesquelles elle pense la pénalisation, les peines et la manière de les appliquer* »[308]. L'audience correctionnelle représentait ce moment cumulant les signes et symboles d'un rituel judiciaire traditionnel. Or, l'automaticité des poursuites mais aussi l'objectif pédagogique de la peine par le développement des nouvelles procédures ont permis l'émergence de nouveaux rituels issus de la pratique de parquetier. Ces nouveaux « temps-forts » de la procédure sont assez nombreux et nous les examinerons successivement dans cette seconde partie.

Une des particularités de ces nouveaux rituels judiciaires est de garantir des principes identiques à celle de l'audience. Un transfert se crée et la perte du contradictoire ou de la publicité des audiences correctionnelles se retrouve d'une certaine manière compensée et réinjectée lors d'une phase plus en amont du procès.

« *La recomposition du rituel judiciaire autour de nouveaux temps forts de la procédure, l'apparition de nouvelles formes d'audiences et le basculement du positionnement du prévenu dans les procédures collaboratives sont autant d'éléments marquant la disparition de l'unité du rituel* »[309]. Il convient donc de s'intéresser à cette pluralité des

---

307 En ce sens, Voir, DANET (J.), GRUNVALD (S.), SAAS (C.) chapitre 9 *Traiter vers juger ? Quel rituel ?,* in DANET (J.) (coord), *La réponse pénale, dix ans de traitement des délits*, Presse universitaire de Rennes, 2013, p. 343.

308 *Ibid.*

309 *Ibid.* p. 347

rituels qui sont autant de temps processuels favorables à l'impartialité du ministère public.

Ces nouvelles « audiences » permettent d'instaurer un débat contradictoire entre le prévenu et le magistrat parquetier, débat qui s'est retrouvé diminué (pour les audiences de CRPC) voire évincé (pour les OPD) du procès pénal. Or, le principe du contradictoire est une garantie fondamentale d'impartialité, *a fortiori* dans un système de coopération. L'importance du contradictoire pour une décision impartiale est parfaitement résumée par l'expression latine *audi alteram partem* : Entends l'autre partie. Ce principe est indispensable pour faire émerger la vérité, et donc pour permettre au magistrat de prendre une décision fondée sur un dossier exhaustif où tous les points de vue auront été envisagés. «*Fondamentalement, (cet) adage ne fait qu'exprimer -dans sa conséquence immédiate et impérative- le devoir d'impartialité qui s'impose à tout juge ; à n'entendre qu'une cloche, il n'entend qu'un son et s'expose à méjuger*»[310]. Le principe du contradictoire vient garantir l'impartialité objective et subjective du ministère public en lui permettant, en amont du choix d'orientation, de faire valoir son innocence ou d'apporter certaines précisions qui seront utiles dans la prise de décision du procureur vers tel ou tel canal procédural.

2. Les déferements

Les exemples d'audiences issues de la pratique sont nombreux et ont constitué ces moments permettant au suspect de faire valoir son innocence ou d'apporter ses précisions. Ainsi, le déferement est un exemple de ces nouveaux rituels que le procureur a développés. Censé présager une comparution immédiate- ce qui relève d'un choix grave d'orientation des poursuites lorsque l'on connaît la sévérité que ce mode de poursuite peut impliquer- le déferement s'est vu développé par la pratique des parquetiers en faisant de ce moment une

---

310 ROLAND (H.), BOYER (L.), *Adages du droit français*, 3ème éd., Litec, 1992, p.38 cité par ROETS (D.), *op. cit.* p. 351.

« *forme d'affichage pour l'extérieur* »[311] et en favorisant le contradictoire par la présence de la défense. Ce principe du contradictoire lors du déferement n'a en effet pas été pleinement consacré par le Code de procédure pénale qui ne prévoyait pas la présence de l'avocat. De plus, le Conseil Constitutionnel dans une décision 6 mai 2011[312] a estimé que « *le respect du droit de la défense n'impose pas que la personne poursuivie ait accès au dossier avant de recevoir cette notification et qu'elle soit, à ce stade de la procédure, assistée d'un avocat* ». Cette position de la part du Conseil Constitutionnel était critiquable si l'on doit proportionner le degré d'impartialité en fonction de l'importance que la décision a sur le reste de la procédure. Cette anomalie était corrigée par la pratique des procureurs soucieux de la présence de la défense lors du déferement. De plus, la loi 2014-535 du 27 mai 2014 prend acte de cette évolution et des préconisations du rapport Nadal[313] en précisant à l'article 393 du Code de procédure pénale que « *le procureur de la République l'informe qu'elle a le droit à l'assistance d'un avocat de son choix ou commis d'office. L'avocat choisi ou, dans le cas d'une demande de commission d'office, le bâtonnier de l'ordre des avocats en est avisé sans délai. L'avocat ou la personne déférée lorsqu'elle n'est pas assistée par un avocat peut consulter sur-le-champ le dossier. L'avocat peut communiquer librement avec le prévenu* ». Une fois encore, la pratique des parquetiers vient devancer l'intervention législative. Le déferement permet aujourd'hui un débat entre la défense qui

---

311 DANET (J.), GRUNVALD (S.), SAAS (C.) *op. cit.* In DANET (J.) (coord), *La réponse pénale, dix ans de traitement des délits*, Presse universitaire de Rennes, 2013, p. 347.

312 Conseil Constitutionnel, 6 mai 2011, n°2011-125, QPC, *Déferement devant le procureur de la République.*

313 Préconisation n°48: *Généraliser l'assistance par un avocat au moment du déferement*, Rapport Nadal, *op. cit.* p.82.

forme un réel apport sur la connaissance du procureur du dossier et « *des éléments de personnalité permettant une meilleure orientation* »[314].

Le pendant du déferement prévu à l'article 393 du Code de procédure pénale est également observable lors du déferement au parquet avant écrou prévu à l'article 716-5 alinéa 5 du Code de procédure pénale. Cet article prévoit que « *lorsque, à l'issue de la mesure, le procureur de la République, ou le procureur général, envisage de ramener la peine à exécution, il peut ordonner que la personne soit conduite devant lui. Après avoir recueilli les observations éventuelles de la personne, le procureur de la République lui notifie s'il y a lieu le titre d'écrou* ». Cet article n'impose pas au procureur de déférer la personne (« peut ordonner... »). Toutefois, la pratique des parquetiers correspond à un déferement systématique de la personne. Cette pratique est révélatrice d'une conduite en accord avec les exigences d'impartialité. Ce moment processuel est tout d'abord une exigence d'humilité du magistrat parquetier au service d'exécution des peines face à une matière d'une extrême complexité. Il s'agit pour lui d'effectuer un contrôle ultime de la régularité des pièces d'exécution, de l'identité de la personne, d'éventuels obstacles à l'exécution de la peine (prescription, non avenu…) ou encore d'apprécier la question des peines illégales[315]. Plus encore, le déferement prévu à l'article 716-5 al 5 du CPP remplit également l'exigence d'impartialité objective lorsque la présentation du suspect au procureur a pour but de faire « *baisser la pression* »[316]. « *Le magistrat peut expliquer pourquoi*

---

[314] DANET (J.), GRUNVALD (S.), SAAS (C.) *op. cit.* In DANET (J.) (coord), *La réponse pénale, dix ans de traitement des délits*, Presse universitaire de Rennes, 2013, p. 348.

[315] Ce qui montre que le procureur de la république ne tient pas sa légitimité dans l'application d'un jugement revêtu de l'autorité de la chose jugée, mais dans le principe de légalité.

[316] GRIFFON-YARZA (L.), *Guide de l'exécution des peines*, LexisNexis, 2015, p. 181-182.

l'incarcération est en fait et en droit inévitable, quels recours sont possibles, préciser quels sont éventuellement les aménagements envisageables et à quelle date, quelle est la politique locale du parquet, etc... »[317]. Cet effort explicatif, pédagogique et de motivation est là aussi une marque d'impartialité. Françoise Tulkens alors vice-présidente de la Cour européenne des droits de l'homme, affirmait avec force lors d'un colloque sur le thème du statut du magistrat que l'une des garanties d'impartialité les plus fondamentales était justement la motivation, la capacité de justifier une décision[318].

Ce sont donc ces derniers éléments recueillis lors du défèrement qui feront de la décision à suivre une décision impartiale en compensant le travail policier dont les « *rapports pré-sentenciels sont trop fréquemment squelettiques (…), loin d'être toujours clairs et rarement riches* »[319].

3. L'emprunt de la symbolique des jugements

L'apparition des procédures accélérées comme l'ordonnance pénale délictuelle ou la comparution sur reconnaissance préalable de culpabilité a été accueillie avec beaucoup de réserve par certains praticiens notamment parce que le principe du contradictoire est dans le premier cas totalement absent, et dans le second cas, très superficiel. On parle également de « *pauvre audience* ».

Malgré ce défaut du contradictoire, une fois encore, la pratique des parquetiers a été de restaurer le principe du contradictoire ou, à tout le moins, de compenser ce défaut par un effort pédagogique *a posteriori* (voir *infra* pour l'audience d'OPD).

---

317 *Ibid.*

318 Colloque *Le statut du magistrat*, organisé par la Cour de cassation le 18 décembre 2015.

319 DANET (J.), *L'office du juge pénal en matière délictuelle* in GARAPON (A.), PERDRIOLLE (S.), BERNABE (B.), *La prudence et l'autorité, l'office du juge au XXIème siècle*, Rapport IHEJ, mai 2013, p. 198.

Le principe du contradictoire se voit restauré en amont de cette « pauvre audience » qu'est l'audience de CRPC. En effet, l'audience de CRPC perd largement de son intérêt lorsque d'une part le juge se limite à un simple contrôle de l'identité de la personne, de la qualification des faits et de l'authenticité de la reconnaissance des faits, d'autre part, lorsque le procureur lui-même n'est pas présent à l'audience puisque cette présence n'est en effet pas obligatoire. Cette absence est en effet souvent due au fait que ce débat contradictoire, cette négociation entre le suspect et le procureur a eu lieu en amont. Sur ce point, malgré le fait que la circulaire du 2 septembre 2004 explique que les dispositions relatives à la CRPC « *ne prévoient pas en revanche de « négociation » sur la peine entre l'avocat et le procureur de la République* ». Il semble bien qu'une forme de négociation ait lieu lorsque l'on peut lire quelques lignes après que « *le procès-verbal de présentation, dans lequel figure le détail de la ou des peines proposées, et qui n'est établi qu'à l'issue de la présentation, ne doit faire apparaître que la ou les peines définitivement proposées par le procureur de la République (...), et non la ou les peines que le parquet a pu le cas échéant proposer dans un premier temps, avant d'être convaincu de modifier sa proposition.* »[320]. Cette incohérence présente dans la circulaire révèle bien une phase de contradictoire, de débat entre la défense et le procureur sur l'opportunité d'une telle mesure et sur la peine à proposer.

Il nous semble, en revanche, que cette situation où une audience de CRPC puisse se dérouler sans la présence du procureur doit évoluer vers une obligation de présence. Premièrement, il est fort à parier que le champ d'application de la CRPC s'élargira davantage. Deuxièmement, il nous semble que cette possibilité pour le procureur d'être absent lors de l'audience tend à faire de cet acteur, une partie au procès. En effet, la possibilité de ne pas comparaître est une faculté propre à la partie privée. Ainsi, l'obligation de présence du magistrat parquetier en tant que règle de composition de

---

[320] Circulaire du 2 septembre 2004, JUS-D-04-30176C, p. 21.

l'audience irait dans le sens d'un magistrat acteur du procès et non simple partie.

En définitive, ces procédures accélérées ont permis une redécouverte de la symbolique du jugement par une réappropriation de la salle d'audience par le procureur ou ses substituts. « *En effet, les propositions de certaines compositions pénales se déroulent dans l'enceinte même du tribunal de police ou du tribunal correctionnel. Le recours à cet espace juridictionnel est également observable dans le cadre des mesures alternatives aux poursuites à l'encontre des mineurs (rappel à la loi, médiation-réparation, etc.)* »[321]. La mise en scène est reconstruite au point d'ailleurs que la confusion entre la personne du juge et celle du procureur est récurrente pour le justiciable[322]. Une pareille confusion prouve l'importance pour l'impartialité apparente du ministère public de maintenir et d'exploiter ces symboles du jugement.

4. Le développement du dialogue par la collégialité

Nous l'avons vu précédemment, la hiérarchie présente au sein d'un parquet reste de facto applicable en cas d'affaire dite « sensible », mais laisse place, en matière de délinquance routinière, à une logique de collégialité[323]. La collégialité est un de ces principes d'organisation judiciaire garantissant l'impartialité du processus décisionnel. Les auteurs sont nombreux à privilégier ce type de composition pour atténuer les radicalités des uns et des autres. « *La collégialité établit heureusement une compensation des tendances personnelles des juges, en corrigeant ce qu'il peut y avoir d'excessif chez certains* »[324].

---

321 VIENNOT (C.), *op. cit.* p. 91.

322 "*Il est plus fréquent d'observer certains mis en cause s'adresser au délégué ou au substitut en les nommant "Monsieur le juge"* in VIENNOT (C.), *ibid.*

323 En ce sens, MILBURN (P.), KOSTULSKO (K.), SALAS (D.), *Les procureurs, Entre vocation judiciaire et fonctions politiques*, éd PUF, 2010 p. 129.

324 GORPHE (F.), *Les décisions de justices répressives. Étude psychologique et judiciaire*, PUF, 1952, p.39, in ROETS (D.), *op. cit.* p.152.

Il semble que la culture professionnelle du ministère public correspond à ce travail d'équipe et collégial ce qui permet aux parquetiers d'échanger sur les dossiers à traiter. La reproduction des entretiens effectués dans le cadre d'une étude universitaire est sur ce point éclairante : « *Mais là, il ne s'agit pas d'une critique vis-à-vis des collègues du siège, mais je crois que, fondamentalement, nous avons des pratiques différentes siège et parquet. D'abord, le parquet est interchangeable, c'est un travail collectif donc on est amené régulièrement à devoir se remettre en question, à voir... Je crois que c'est le propre du parquet, on a l'air comme ça, mais en fait, on se remet beaucoup en question par les échanges justement des collègues qui, sur un cas pratique, enfin, ou un dossier, ne vont pas avoir le même point de vue* »[325]. L'utilité pratique de la collégialité en termes d'impartialité est clairement résumée. L'effort d'une discussion contradictoire, d'échanges sur des questions précises et surtout le fait de « *se remettre en question* » est la définition même d'une décision impartiale (impartialité subjective). De cette manière, « *le nombre fait la raison* »[326] et vient intégrer au sein de l'équipe du parquet une « *réelle force du meilleur argument* »[327]. Il s'est ainsi dégagé chez le parquet une logique collective se substituant à la logique d'autonomie du substitut. « *Pour les plus anciens parmi ceux qui participent à la justice rapide, le débat sur l'autonomie semble obsolète (...). L'autonomie est dès lors étroitement associée à l'idée d'arbitraire et de dysfonctionnement : comment accepter qu'une personne, ou un cas, fasse l'objet d'une orientation variant en fonction de la personnalité du substitut ?* »[328]. En plus de garantir l'impartialité de la décision d'orientation, elle permet donc une mise en cohérence globale des choix d'orientation. C'est d'ailleurs cette

325 En ce sens, GARAPON (A.), PERDRIOLLE (S.), BERNABE (B.), Chap. III *L'office processuel*, in *La prudence et l'autorité, l'office du juge au XXIème siècle*, Rapport IHEJ, mai 2013, p.78.

326 ROSANVALLON (P.), *La légitimité démocratique. Impartialité, réflexivité, proximité*, Paris, édition du Seuil, 2008, p. 148.

327 *Ibid.*

328 MOUHANNA (Ch.), BASTARD (B.), Procureur et substituts: l'évolution du système de production des décisions pénales, Ed juridiques associée, *Droit et Société*, 2010/1 n°74 p. 43.

absence d'espace collégial qui a entraîné un « *effet de spécialisation* » des magistrats du siège au risque d'une perte de cohérence de la jurisprudence et de la compréhension générale du fonctionnement de la juridiction.

La collégialité, le débat contradictoire, la motivation ou encore la publicité, sont autant de nouvelles garanties d'impartialité traditionnellement appliquées au magistrat du siège et aujourd'hui répliquées par la pratique des magistrats parquetiers. S'agissant du principe du contradictoire le législateur s'est d'ailleurs saisi de cette question lorsque dans sa loi du 3 juin 2016 dite « Urvoas » a permis d'introduire une dose de contradictoire pendant l'enquête préliminaire par un accès (certes limité)[329] au dossier.

Ces garanties seront remobilisées dans les pages suivantes, pour d'autres temps forts de la procédure indispensable à la mise en œuvre d'une politique pénale impartiale.

B. Un effort de transparence et de lisibilité de l'action publique

L'impartialité du ministère public se traduit également par un souci de transparence, de publicité et de lisibilité de l'action publique. Cette transparence se caractérise principalement par l'effort de motivation et de pédagogie du procureur dans la mise en œuvre de l'action publique mais aussi dans sa politique pénale. Le procureur s'appliquera dans l'explication de ses choix d'orientation, de ses fondements juridiques, factuels et d'opportunités pour qu'il soit compris et par là même accepté par les justiciables.

---

329 PERRIER (J-B.), Les garanties de la procédure pénale dans la loi du 3 juin 2016 : entre illusion(s) et désillusion(s), *Rec. Dalloz* 2016 p.2134.

1. L'exigence de motivation, une garantie d'impartialité

Il est vrai que le principe d'opportunité avait justifié une certaine transparence dans son appréciation. Celle-ci devait compenser les risques d'arbitraires inhérents à ce principe en jouant une forme de contrepoids ou de garde-fou. C'est dans cette perspective que la loi du 4 janvier 1993, qui imposait que les instructions individuelles du ministère de la justice soient écrites et la loi du 24 août 1993, obligeant que ces instructions soient versées au dossier, ont été votées. Dans le même sens, l'article 40-2 du Code de procédure pénale exige du procureur que « *lorsqu'il décide de classer sans suite la procédure, il les avise également de sa décision en indiquant les raisons juridiques ou d'opportunité qui la justifient* » (loi. n °2004-204, 9 mars 2004). Cette motivation est, selon nous, absolument indispensable pour une impartialité objective du ministère public ainsi que pour un renforcement du lien de confiance entre le justiciable et la justice. G. Giudicelli-Delage affirmait sur ce point qu'« *il semble bien que l'exigence de motivation soit ressentie(...) comme une garantie fondamentale de bonne justice* »[330].

L'importance de la motivation est perçue lorsque les parquetiers souhaitent redonner du sens et de la valeur symbolique au réquisitoire lors de l'audience. Il s'agit pour eux d'une tribune qui leur permet de s'exprimer sur les justifications et la pertinence de leur action. Un procureur près d'un Tribunal de grande instance expliquait : « *S'il n'y avait personne dans la salle, le rôle du parquet dans une affaire reconnue, c'est de dire « application de la loi », point barre. Mais il y a un public, donc il faut que le public apprenne pourquoi le ministère public estime que tel ou tel comportement doit être poursuivi et sanctionné : il y a un rôle pédagogique et je crois que c'est le rôle du parquet* »[331]. Le magistrat énonce ici

---

330 GIUDICELLI-DELAGE (G.), *La motivation des décisions de justice*, thèse, Poitiers, 1979, p.29-34.

331 En ce sens, MILBURN (P.), KOSTULSKO (K.), SALAS (D.), *Les procureurs, Entre vocation judiciaire et fonctions politiques*, éd PUF, 2010 p. 47.

clairement le rôle du ministère public qui ne peut tirer sa légitimité de la simple « application de la loi ». Très caractéristique d'une légitimité qui se gagne par l'exercice et non pas qui s'octroie par un statut, c'est l'exercice oratoire de conviction qui justifiera ainsi le bien-fondé de ses réquisitions. Cette implication dans l'audience participe à l'image d'un ministère public en tant qu'acteur judiciaire et non pas simple exécutant administratif de la loi. « *Ce à quoi renvoie aussi l'allusion faite aux réquisitoires minimalistes (« application de la loi ») qui ont parfois prévalu dans certains tribunaux et qui ont contribué à la dévalorisation de la place du parquet dans les débats processuels. L'audience permet au procureur de se réaffirmer comme un acteur de la scène et du système proprement judiciaire* »[332].

Ce rapprochement du siège et du parquet par l'exigence de la motivation de la décision se retrouve d'ailleurs sous le terme générique d' « *autorité judiciaire* » lorsque M-L Rassat, dans son rapport de 1996 appelait de ses vœux que : « *Toute autorité judiciaire doit donner à toute décision prise par elle une motivation spécifique, précise et détaillée se référant aux faits de la cause et aux arguments juridiques qui permettent de lui apporter une solution (…) Il est profondément anormal en démocratie qu'une autorité publique quelle qu'elle soit puisse imposer une décision à un citoyen quel qu'il soit sans lui dire pourquoi...* »[333].

Cet effort de lisibilité et de pédagogie se retrouve également pour compenser les défauts de l'ordonnance pénale délictuelle, procédure qui permet au juge du siège de statuer sans débat préalable. La pratique des parquetiers tend à ne plus signifier les ordonnances pénales délictuelles par exploit d'huissier. Le parquetier peut exiger désormais que le condamné se présente devant lui et lui signifie l'ordonnance. « *L'accord entre siège et parquet sur l'utilisation croissante des OPD au sein d'une juridiction s'est souvent fait sur le constat partagé de la nécessité*

---

332 *Ibid.* p.48.

333 RASSAT (M-L.), *Propositions de réforme du code de procédure pénale*, Rapport au garde des Sceaux, octobre 1996, p. 4-5.

d'une notification orale soit individuelle (dans un bureau par un délégué du procureur), soit collective (dans une salle d'audience par un délégué du procureur, voire un substitut) par l'institution judiciaire elle-même »[334]. Cet effort présente l'intérêt d'une pédagogie a minima dans le cadre d'une procédure pourtant expéditive, on parle ainsi d' « *audience d'OPD* »[335]. Cette pratique, *a posteriori* peut sembler très pauvre s'agissant du principe d'impartialité, voire clairement ne pas rentrer dans cette notion. En réalité, la pratique des magistrats d'éviter l'écueil d'une procédure purement administrative et écrite révèle des garanties d'impartialité non négligeables. L'explication des motifs d'une décision est un moyen d'une part de la faire comprendre en justiciable condamné et permet d'autre part, de lui montrer que celle-ci était inévitable. Motiver une décision « *rend tangible au public la preuve que la justice est œuvre de justice et non d'arbitraire* »[336]. La motivation est donc un corollaire de la publicité, elle vient expliquer au peuple la décision. C'est également par cette publicité que ces « audiences d'OPD », prennent la forme d'un nouveau rituel judiciaire au cours duquel la motivation pourra faire l'objet d'un contrôle.

La motivation est considérée comme une garantie d'impartialité objective, mais il nous semble qu'elle peut également favoriser une prise de décision impartiale dans le sens subjectif du terme. En effet, la motivation, et notamment sa mise par écrit est un moyen pour la personne convaincue de poser clairement à plat les motifs qui ont emporté sa conviction. L'écrit permet également de mieux se rendre compte des erreurs de raisonnement ou de l'exagération psychique du poids d'un argument. Une fois soumis à l'épreuve de la démonstration et de la mise en forme, cet argument peut voir sa

---

334 DANET (J.), GRUNVALD (S.), SAAS (C.) *op. cit.* in DANET (J.)(coord), *La réponse pénale, dix ans de traitement des délits,* Presse universitaire de Rennes, 2013 p. 348.

335 *Ibid.* p. 349.

336 MERLE (R.) et VITU (A.), *Traité de droit criminel, Procédure pénale*, t. 2, 4ème éd., Paris, Cujas, 1989, n°678, cité par ROETS (D.), *op. cit.* p. 409.

valeur diminuer ou même peut révéler une irrationalité caractéristique d'un parti pris jusqu'alors insoupçonné[337].

2. La communication médiatique pour une lisibilité de l'action publique

Ouverture à la sphère policière, gestionnaire, administrative, politique, mais également médiatique, le procureur est aujourd'hui investi du rôle d'information de la presse. Il doit veiller à la communication d'informations tout en ménageant le secret de l'enquête et le travail des enquêteurs dans un cadre protégé des pressions médiatiques. La publicité médiatique est donc à la fois un moyen d'expliquer l'état d'avancement d'un dossier de manière objective mais également un risque de contrainte externe lorsque le procureur s'attire le mécontentement de la presse, ce qui peut évidemment porter atteinte à l'impartialité du ministère public. Une procureure expliquait le risque d'une pareille relation : « *Il faut choisir, soit être une cible, soit être une source. Il est hors de question que je sois une cible. Le parquet mène une action qui est responsable, qui est assumée et je ne demande pas à ce que les gens soient d'accord avec moi, mais je leur dis : « Je vous explique pourquoi je fais les choses et je vous donne des informations et ensuite vous saurez sur quoi critiquer, éventuellement* »[338].

Il semble qu'aujourd'hui, les « points presses » forment aussi ces nouveaux temps forts indispensables à une pédagogie de l'action publique. Les procureurs s'érigent de facto en véritable « porte-parole » de la Justice. Cependant, la capacité du procureur à établir des « liens de confiance » avec la presse relève de considération interpersonnelle ce qui est le principal problème du système de coopération.

---

337 Un parallèle peut être fait avec l'apport de la loi du 10 août 2011 sur la participation des citoyens au fonctionnement de la justice pénale et le jugement des mineurs qui a introduit un article 365-1 du Code de procédure pénale exigeant une motivation des arrêts d'assises.

338 MILBURN (P.), KOSTULSKO (K.), SALAS (D.), *Les procureurs, Entre vocation judiciaire et fonctions politiques*, éd PUF, 2010, p. 127.

L'importance de l'intervention des médias dans le processus judiciaire n'est pas ignorée par l'École nationale de la magistrature qui a développé des formations en matière de communication. L'enjeu a été rapporté par la commission Nadal dans leur proposition n°15 : « *Répondre aux besoins spécifiques des procureurs de la République et des procureurs généraux en termes d'appui, de pilotage et de communication* »[339]. En effet, la couverture médiatique exige pour le procureur que le poids des mots et les formulations soient rigoureusement pesés pour qu'aucune interprétation fielleuse et détournée ne puisse être ré-exploitée. Conscient de l'importance du rôle des médias sur l'exercice indépendant et impartial de la justice, la commission estime nécessaire de favoriser le recrutement de professionnels de la communication pour aider le procureur dans cette tâche : « *Il est en outre attendu d'eux qu'ils communiquent davantage, auprès de leurs partenaires et auprès du public, sur des enquêtes en cours, sur leur politique pénale ou sur certaines décisions juridictionnelles. Les magistrats doivent tenir leur rôle en la matière, sauf à encourir le risque, que chacun mesure, de laisser le champ libre à une parole moins objective, voire partisane. (...) Mais ces efforts (...) ne privent pas d'utilité le recrutement de spécialistes de la communication afin d'assister les magistrats. Ces missions exigent en effet des compétences spécifiques distinctes de celles du juriste*»[340].

La nouvelle fonction de communication se confronte, par la contradiction qu'elle suppose, à une seconde garantie d'impartialité : le secret de l'enquête. Cette contradiction renferme en définitive deux prétentions qui doivent être conciliées. D'une part, le déroulement serein des investigations en empêchant toute pression pouvant nuire à l'indépendance et l'impartialité de la justice, d'autre part la liberté d'expression. L'article 10-2 de la convention européenne des droits de l'homme dispose que « *l'exercice (du droit à la liberté d'expression) comportant des devoirs et des responsabilités peut être soumis à certaines*

339 Rapport Nadal, *op. cit.* p.27.

340 *Ibid*, p. 28.

formalités, conditions, restrictions ou sanctions prévues par la loi, qui constituent des mesures nécessaires dans une société démocratique, (…) pour garantir l'autorité ou l'impartialité du pouvoir judiciaire » et constitue d'une certaine manière un corollaire à l'article 6-2 (sur la présomption d'innocence). C'est sur ce fondement que dans l'arrêt Worm c/ Autriche en 1997[341] la Cour européenne des droits de l'homme vient admettre la restriction à la liberté d'expression au motif que l'article de journal présentait une véritable déclaration de culpabilité. Cet arrêt vient confirmer l'interprétation de la Cour en 1991 par le célèbre arrêt Sunday Time c/ RU[342] où elle estimait que la restriction était nécessaire « *pour garantir l'autorité et l'impartialité du pouvoir judiciaire* »[343]. En ce sens, le secret est autant une garantie d'impartialité que la transparence ce qui nous oblige là encore à imaginer les garanties d'impartialité dans un tableau global et équilibré. La subtilité du concept d'impartialité réside dans cette idée fondamentale. Élever une garantie d'impartialité au maximum (pour imager : déséquilibrer le tableau des garanties en augmentant le curseur du secret par exemple) n'assure en rien, voire contrevient à l'impartialité elle-même, car ce concept renferme en lui une équivoque insurmontable : connaître le dossier de façon exhaustive tout en écartant toute considération d'élément extérieur, autrement dit se déterminer les yeux bandés mais en regardant les circonstances utiles au prononcé du jugement. On retrouve cet effet réversible des garanties d'impartialité : être indépendant mais pas isolé, s'impliquer sans s'investir personnellement.

Toutefois, de nombreux auteurs s'accordent à conclure de l'ineffectivité du secret de l'enquête. « *En tant que principe général, le secret de l'enquête et de l'instruction est quotidiennement*

---

341 CEDH 19 août 1997, n°22714/93, *Worm contre Autriche.*

342 CEDH 26 novembre 1991, n°13166/87, *Sunday Times contre Royaume-Uni*, Série A, n°217.

343 Pour un développement approfondi des limites légales à la liberté du journaliste, v. JOSSERAND (S.), *op. cit.* p.16; ROETS (D.), *op. cit.* p. 247.

bafoué »[344]. L'actualité récente de l'élection présidentielle de 2017 le démontre abondamment.

L'épreuve de communication lors des conférences de presse est donc une illustration parfaite du nouvel exercice d'impartialité objective du procureur face à la société civile. L'enregistrement des images, leur conservation, les retraitements imaginables des données sont autant d'arguments justifiant la nécessité que le ministère public apprivoise la technique communicationnelle.

Or, l'open data viendra inévitablement amplifier l'importance de cet exercice de transparence. Une réflexion doit donc être faite sur les informations à filtrer que l'on peut considérer comme inutiles à l'étude de la politique pénale ou de la jurisprudence pour ne pas sombrer dans ce que P. Rosanvallon appelait « *un empire de visibilité et misère de lisibilité* »[345].

En effet, l'open data redistribue incontestablement les cartes des garanties d'impartialité du ministère public. Il semble aujourd'hui que ni l'opacité de l'enquête pour une investigation paisible de la Justice, ni la publicité et la transparence ne parviennent à remplir pleinement le rôle de garantie d'impartialité. Il nous semble que le ministère public ait parfaitement saisi le nouveau problème qui est en jeu, à savoir non pas la transparence, mais plutôt la lisibilité, la compréhension de son action. L'essentiel du rapport Nadal tendait à améliorer cette lisibilité mais l'importance de celle-ci peut être mieux explicitée. En effet, le développement des informations, la multiplication des données relatives à la justice assurent évidemment une meilleure transparence mais ne garantit pas sa compréhension. Les données doivent nécessairement être expliquées, replacées dans leur contexte,

---

[344] DELMAS-MARTY (M.) (dir), Rapport de la Commission Justice pénale et droit de l'homme "*La mise en état des affaires pénale*", Documentation Française - Paris, 1991 p. 63.

[345] ROSANVALLON (P.), *Le bon gouvernement*, éd du Seuil, août 2015, p. 231.

c'est en cela qu'il faut comprendre le rôle pédagogique de l'intervention du procureur lors de ces nouveaux temps forts (déferement, conférence de presse, instance de coproduction), ce qui suppose une expertise judiciaire qui ne peut relever que de la compétence d'un magistrat. Pierre Rosanvallon écrivait : « *Nous constatons en même temps que la question ne se pose pas seulement dans les termes d'une opposition binaire entre secret et transparence. Le problème est en effet aussi celui de la lisibilité des choses, qui implique un rapport actif d'interprétation. Et force est là de constater que le monde peut s'avérer illisible, alors même que nous croulons sous une masse toujours plus considérable d'informations disponibles (…) les institutions sont devenues plus opaques aux yeux des citoyens, les systèmes de décisions plus insaisissables, les politiques menées plus difficiles à évaluer (…). Ce grand écart entre une visibilité qui étend son empire et une lisibilité qui régresse alimente une tension qui renforce toujours plus la défiance et le désenchantement* »[346].

La conférence de presse est donc un de ces temps forts qui vient entretenir une relation de confiance entre le procureur et le justiciable par l'effort pédagogique du procureur en se positionnant comme l'interface Justice-Société civile. L'illisibilité d'une politique pénale est en effet un facteur de défiance envers le ministère public. L'incompréhension d'une politique pénale a pour effet néfaste d'aboutir à un raisonnement raccourci du justiciable pour qu'il découvre une rationalité à quelque chose qui lui échappe. Pour redonner une cohérence à un phénomène complexe, le grief de partialité est en effet une réponse facile à donner dans un domaine aussi indéchiffrable que le droit. Tocqueville notait ainsi qu' « *une idée fausse, mais claire et précise, aura toujours plus de puissance dans le monde qu'une idée vraie et complexe* »[347]. A charge donc pour le procureur de clarifier son action. « *Maîtres de la rationalisation de*

---

[346] *Ibid*, p. 232.

[347] De TOCQUEVILLE (A.), *De la démocratie en Amérique*, T.1 (1835), cité par. ROSANVALLON (P.), *op. cit.* p. 239.

l'action pénale, ils entreprennent d'en assurer sa lisibilité »[348] résumaient P. Milburn, K. Kostulsko et D. Salas.

Section 2. L'exigence d'impartialité face à la culture du chiffre : une rationalisation de l'action publique

Les différentes modalités des poursuites, passées au crible du principe d'impartialité, ont toutes été perçues différemment. L'opportunité des poursuites a toujours nourri une suspicion de partialité car elle laisse une marge d'appréciation au procureur et donc un espace propice à l'arbitraire. A l'inverse, le principe de légalité serait source de garantie d'impartialité car la part d'appréciation subjective du magistrat serait réduite par une stricte application de la loi. Toute qualification pénale avérée entraînerait une poursuite. Toutefois, l'antagonisme de ces principes est moins net qu'il n'y paraît en pratique[349]. Chaque principe ayant ses assouplissements, « *les pays appliquant le principe de la légalité des poursuites ont pris l'habitude de le contourner, de sorte qu'interprété pragmatiquement, ce principe équivaut à l'opportunité des poursuite*s »[350]. Les deux systèmes convergent naturellement. Cependant, il y a un risque de confusion entre la légalité des poursuites et l'automaticité des poursuites. L'automaticité des poursuites a pour effet de réduire la part d'interprétation subjective du magistrat qui est pourtant nécessaire à son impartialité[351] : sans interprétation,

---

348 MILBURN (P.), KOSTULSKO (K.), SALAS (D.), *Les procureurs, Entre vocation judiciaire et fonctions politiques*, éd PUF, 2010 p. 129.

349 En ce sens voir la thèse comparant le modèle français et allemand MATHIAS (E.), *Les procureurs du droit : De l'impartialité du ministère public en France et en Allemagne*, CNRS, Ed, Paris 1999.

350 LEBLOIS-HAPPE (J.), Plaidoyer pour la légalité des poursuites, *La Semaine Juridique Édition Générale* n°7, 15 février 2010, 168.

351 La stricte application automatique de la loi impliquerait une fois de plus un concept de parquet-adversaire tel qu'instauré par le Code d'instruction criminelle.

pas de réflexion et donc aucune remise en cause personnelle possible.

Le défi majeur est donc de comprendre comment la notion d'impartialité peut survivre dans une systématisation (ou automaticité) des poursuites en matière de délinquance de masse. Nous verrons que cette automaticité, dans son mode d'application au cas par cas, peut être compatible avec l'impartialité, lorsqu'elle est mise en œuvre de manière « scientifique » (§1). Cette compatibilité est cependant limitée, ce qui suppose de réintroduire une part de subjectivité, non pas au cas par cas, mais dans le traitement global lors de l'établissement des schémas d'orientation (§2).

§1. La réduction de la part de subjectivité du parquetier dans la « barémisation » de l'action publique

La rationalisation de l'action publique, c'est-à-dire, ici, la mise en mouvement de l'action publique sous un mode rationnel, objectif, en un mot scientifique, peut être envisagée comme une garantie d'impartialité. Cependant, cette réduction de la part de subjectivité présente un défaut consubstantiel à la notion de systématisation des poursuites, à savoir le fait de poursuivre en prenant en considération des éléments étrangers au dossier (logique de productivité, budgétaire etc...).

A. La rationalisation de la prise de décision comme garantie limitée d'impartialité

L'inflation législative sur les choix des poursuites est venue offrir une palette très large de possibilités au procureur. Le temps d'un simple choix binaire entre la poursuite et le classement sans suite est révolu. Aujourd'hui, cette multiplication des canaux procéduraux est venue à la fois rendre désuètes certaines procédures jugées coûteuses et chronophages pour laisser place à d'autres voies plus rapides et plus efficaces. L'ouverture d'une information judiciaire demeure très rare. Pareillement, la « *citation directe apparaît (…) comme un vestige d'un « ordre décisionnel » passé, dont on peut se demander s'il n'est pas en voie d'extinction* »[352]. A l'inverse, le traitement en temps réel et la pression qu'elle impose ont permis de développer d'autres modes de saisine. Notamment, la convocation par officier de police judiciaire (COPJ)[353] présente l'avantage d'une plus grande célérité (elle se traite essentiellement par téléphone) et d'être signifiée à personne. Cette signification à personne implique donc un jugement contradictoire, ce qui permet une exécution plus rapide. De même, la convocation par procès-verbal (CPV)[354], moins utilisée car plus coûteuse, présente un caractère pédagogique plus fort. La comparution immédiate est également la voie privilégiée du dispositif du traitement en temps réel puisqu'elle assure une réponse prompte et sévère (elle sous-entend souvent une peine de prison, d'où l'idée de pré-jugement). Enfin, et sans revenir sur l'ordonnance pénale délictuelle ou la CRPC (article 495-8 du CPP), il existe toute une palette de procédures dite « alternatives » prévue à l'article 41-1 et 41-2 du CPP (rappel à la loi, orientation vers différentes structures, régularisation, demande de réparation, médiation, éloignement du domicile conjugal, composition pénale...)

Cette énumération, évidemment très sommaire, doit faire prendre conscience du très large éventail d'orientations entre les mains du parquetier-décideur. Ce dernier devant prendre

---

352 BASTARD (B.), MOUHANNA (Ch.), *Une justice dans l'urgence, le traitement en temps réel des affaires pénales*, Coll. Droit et Justice, PUF, 2007, p. 110.

353 Article 390-1 du C. pr. pén: « *Vaut citation à personne la convocation en justice notifiée au prévenu, sur instruction du procureur de la République (…), soit par un greffier ou un officier ou agent de police judiciaire (…).* ».

354 Article 394 du C. pr pén: « *Le procureur de la République peut inviter la personne déférée à comparaître devant le tribunal (…). Il lui notifie les faits retenus à son encontre ainsi que le lieu, la date et l'heure de l'audience. (…)Cette notification, mentionnée au procès-verbal dont copie est remise sur-le-champ au prévenu, vaut citation à personne* ».

en compte un ensemble complexe de paramètres[355]. Chaque procédure présente des avantages et des inconvénients en termes de célérité, de coût, de mobilisation de ressource humaine, de pédagogie, de réinsertion, ou de sévérité (v. *supra* sur la graduation de l'orientation). C'est cette complexification du processus d'orientations qui exige une rationalisation. Or, il convient d'éclaircir cette notion de « rationalisation » qui peut paraître au premier abord comme contraire à l'idéal de justice.

L'idée d'une rationalisation du choix de l'orientation qui prédéfinit l'issue d'une affaire par un guideline déjà établi par une politique pénale est naturellement (mais faussement) perçue comme contraire à une décision impartiale. Cette image d'un cas déjà moulé dans une procédure pénale semble contraire au principe d'individualisation et donc injuste car occultant tout particularisme de l'affaire. Ce raisonnement est cependant trop hâtif et il convient de bien saisir le rapport entre le concept d'impartialité et le principe d'individualisation et d'égalité. Il s'avère en effet que la rationalisation du choix d'orientation a pour conséquence directe une « homogénéisation » de la réponse pénale. En ce sens elle permet un traitement égal entre tous les justiciables ce qui est l'objectif d'une décision impartiale. De plus, le principe d'égalité est à distinguer du traitement égalitaire, d'où la nécessité d'une individualisation. Or, nous verrons que cette individualisation subsiste.

La méthodologie scientifique mobilisée en droit, et la rigueur exigée du juriste font partie de ces garanties d'impartialité. L'application du droit, le raisonnement juridique et son syllogisme judiciaire quasi cartésien participent à l'objectivation de la prise de décision. Cette idée est particulièrement présente en droit pénal où le principe de légalité

355 En ce sens, voir BASTARD (B.), MOUHANNA (Ch.), *Une justice dans l'urgence, le traitement en temps réel des affaires pénales*, Coll. Droit et Justice, PUF, 2007, p. 120.

impose une interprétation stricte de la loi. C'est notamment par cette rationalité scientifique que la décision peut être perçue comme impartiale et partant, comme juste. Dès lors, « *l'idéal de justice tend, à ce niveau, à se modeler sur les opérations les plus élémentaires de l'arithmétique et de la physique : on voudrait que les décisions justes soient conformes à une pesée, à une mesure ou à un calcul* »[356]. La raison s'oppose ainsi aux passions, à la décision conditionnée par l'humeur ou les sentiments. C'est d'ailleurs une des fonctions de ces instructions permanentes que pourtant certains contestent. Les barèmes guident le parquetier-décideur vers une décision plus objective, ou, à tout le moins, assure au parquetier une ligne claire qui met plus facilement en exergue ses écarts d'appréhensions subjectives. Un parquetier déclarait à propos de ces instructions permanentes qu'elles permettent : d'« *essayer d'approcher au plus près de la vérité de chaque dossier pour apporter des réponses qui ne résultent pas, dirais-je, euh, de l'humeur du magistrat du jour ou de l'appréciation de la gravité qu'il se fait lui-même, on essaie d'objectiver un certain nombre d'éléments* »[357].

Les instructions permanentes permettent d'assurer une égalité de traitement entre tous les justiciables du ressort de la politique pénale du procureur. Or, justement « *les notions d'impartialité et d'égalité des citoyens devant la loi et la justice sont unies l'une à l'autre. L'égalité des citoyens exige l'impartialité du magistrat. L'impartialité est une condition de l'égalité* »[358]. Ce souci d'égalité a favorisé le développement de directives extrêmement précises pour anticiper au mieux les affaires « simples » à venir. De manière très illustrative, un procureur affirmait : « *Nous avons un barème pour les CEA, quelque chose de précis : de 0,4 à 0,6 gramme : composition pénale ; de 0,6 à 0,8 gramme : ordonnance pénale ; au-delà :*

---

356 PERELMAN (C.), *Justice et Raison*, 2ème éd., 1972, Éditions de l'Université de Bruxelles, p. 156. Cité par ROETS (D.), *op. cit.* p. 396.
357 BRIZAIS (R.), DANET (J.), chapitre 8, *La remise en jeu des places et des identités ou l'office du juge redéployé*, in DANET (J.) (coord), *La réponse pénale, dix ans de traitement des délits,* Presse universitaire de Rennes, 2013 p. 315.
358 JOSSERAND (S.), *op. cit.* p. 592.

COPJ »[359]. La cohérence dans l'application de la loi est aujourd'hui un enjeu majeur de la décision impartiale. Celle-ci révèle son impartialité car elle se trouve en cohérence avec une politique pénale globale. Elle n'en dévie pas. C'est là une des évolutions les plus notables. Cependant, on peut se demander si l'importance accordée à l'égalité ne vient pas modifier le concept d'impartialité. En effet, l'impartialité d'une décision est certes une condition de l'égalité mais n'emporte pas un traitement égalitaire.

Le choix d'orientation se décompose ainsi en deux facettes distinctes mais imbriquées. Elle est d'une part, une décision par rapport à un individu, mais, d'autre part, une décision en fonction du cadre plus général de la politique pénale (répressive ou resocialisante). Ainsi, le choix d'orientation renferme deux caractéristiques, une réponse individuelle et une réponse globale. La question est donc de savoir si les deux sont compatibles, si l'une des facettes prend le pas sur l'autre ou si un équilibre peut être trouvé entre les deux. Cette double décision du choix d'orientation est soulignée par Messieurs. R. Brizais et J. Danet. En effet, lorsqu'une politique pénale contre l'alcoolisation au volant est menée de manière répressive, « *le chauffeur-buveur est donc en double peine : il subit l'application de la loi qui régule sa consommation et sa conduite automobile, mais il subit aussi la norme locale correspondant à sa déviance comme facteur renforçateur ou allégeant dans les conséquences et les modalités d'application de cette même loi* »[360]. Le condamné paye ainsi sa faute, et le contexte dans lequel elle s'inscrit. Or, rappelons-le, « *l'élaboration d'une décision impartiale est le fait d'un magistrat qui ne se laisse pas distraire par les objets extérieurs. Il n'introduit pas, délibérément ou sous la contrainte, dans les fondements de sa décision des considérations*

---

359 BASTARD (B.), MOUHANNA (Ch.), *Une justice dans l'urgence, le traitement en temps réel des affaires pénales*, Coll. Droit et Justice, PUF, 2007, p. 123.
360 BRIZAIS (R.), DANET (J.), chapitre 8, *La remise en jeu des places et des identités ou l'office du juge redéployé,* in DANET (J.) (coord), *La réponse pénale, dix ans de traitement des délits,* Presse universitaire de Rennes, 2013 Presse universitaire de Rennes, 2013, p. 314.

étrangères au dossier»[361]. Ce dilemme repose la question de la possibilité, pour le parquetier-décideur, d'individualiser son choix d'orientation et donc de ne pas tomber dans l'égalitarisme du traitement pénal.

La question de la conciliation entre l'individualisation et l'impartialité est reposée. Les deux notions peuvent en effet paraître antinomique puisque l'individualisation suppose d'avoir égard aux personnes alors que l'impartialité exige une prise de position sur des éléments objectifs. C'est d'ailleurs par ce raisonnement que les révolutionnaires avaient instauré un système de peine fixe, estimant l'individualisation comme un pouvoir arbitraire du juge. Le procureur cumulerait ainsi, en plus de l'arbitraire de l'opportunité, l'arbitraire de l'individualisation... Cependant, comme pour le juge, cet obstacle peut être surmonté : « *Les particularités propres à chaque cas et à chaque individu (…) doivent être considérées attentivement par le juge s'il veut, comme il en a le devoir, prononcer une décision juste. (…) Mais il n'en reste pas moins vrai que même les éléments personnels et particuliers doivent être considérés sub specie universali, c'est-à-dire en se référant à une maxime à appliquer de manière uniforme, et pas par faveur ou par défaveur individuelle* »[362]. A travers, cette « maxime uniforme », une forme d'individualisation rationnelle est envisageable. Bien que la pratique semble loin de la théorie en la matière. Il semble justement que la barémisation peut être perçue comme une individualisation rationnelle.

En effet, dire que l'automaticité des poursuites et la construction de barème permettent une meilleure impartialité peut paraître contradictoire. Mais, rappelons-le, l'un des apports de ce système de coopération est de permettre une meilleure adaptation de la réponse pénale. Cette barémisation a pour avantage de permettre au procureur de se rendre compte - lorsqu'il examine une affaire- que celle-ci ne rentre pas dans

---

361 JOSSERAND (S.), *op. cit.* p. 590.

362 DEL VECCHIO (G.), *La justice – La vérité- Essai de philosophie juridique et morale*, Paris, Dalloz, 1955, p. 129, cité par, ROETS (D.), *op. cit.* p. 420.

« le moule » du barème, ce qui lui permet ainsi d'actualiser les critères déjà prévus dans le barème, et d'introduire de nouveaux critères, jusqu'alors inconnus. Ainsi, de manière négative, à chaque fois qu'une affaire interpelle le substitut du procureur par son particularisme, le fait d'avoir un barème déjà présent qui ne permet pas d'orienter (juger?) l'affaire donne déjà des indications sur les nouveaux critères à prendre en compte. Le fait de savoir qu'une affaire ne rentre pas dans le barème, permet logiquement de savoir que les critères de décision constituant ces instructions permanentes ne sont pas assez exhaustifs et donc appellent une réflexion du magistrat parquetier. L'application du barème n'exclut donc pas le contrôle subjectif. Au contraire, la précision des barèmes permet d'affiner l'analyse du parquetier puisque lorsque celui-ci estimera que l'affaire ne peut pas être traitée par l'application des instructions permanentes, il devra pointer les circonstances particulières faisant sortir l'affaire du champ industriel du traitement de masse vers un modèle plus artisanal de mise en mouvement de l'action publique. On peut citer pour exemple, ce procureur qui « peaufine » son regard objectif en matière de CEA où un fait vient le faire « *tilter* » par rapport à l'application des barèmes : « *Les instructions permanentes justement prévoient des exceptions, hein, prévoient des exceptions (...). Pour moi chauffeur-livreur, j'veux dire, une bonne partie des gens qui circulent, ils circulent par besoin professionnel. Vous m'auriez mis un chauffeur de car scolaire, j'aurais tilté !* »[363].

La rationalisation de l'action publique présente donc une garantie d'impartialité. Elle permet d'instaurer une démarche psychologique du substitut faisant partir le processus décisionnel du principe d'égalité (barème) vers une individualisation lorsque celle-ci est opportune (effet « tilte »)

363 BRIZAIS (R.), DANET (J.), chapitre 8, *La remise en jeu des places et des identités ou l'office du juge redéployé*, in DANET (J.) (coord), *La réponse pénale, dix ans de traitement des délits*, Presse universitaire de Rennes, 2013, p. 315.

et non pas de personnaliser la décision immédiatement (contraire à une individualisation rationnelle). La normalisation du choix est donc un outil d'aide à la décision qui favorise un cadre de référence et, partant, de cohérence. Elle participe à l'impartialité de la décision et rassure d'ailleurs les jeunes magistrats substituts dans leur prise de décision. En définitive, « *la justice pénale devant être égale pour tous, on est contraint d'appliquer des sanctions différentes à des individus dissemblables au point de vue de leur responsabilité et de leur personnalité* »[364].

Cependant, le risque d'un glissement vers une production de la décision uniquement fondée sur des modèles prédéfinis en écartant toute subjectivité reste malgré tout important. Le risque est grand en effet, d'avoir un cadrage institutionnel, et un poids de l'organisation qui vient subordonner la prise de décision subjective du magistrat[365]. L'erreur de croire en la prévisibilité de l'homme à l'instar de celle de la matière physique se retrouve d'ailleurs lorsque l'on confie des instructions permanentes et précises aux policiers, leur permettant de ne pas saisir le service de traitement direct. Il n'est pas garanti que le « tilte » révélateur d'une appréciation subjective soit davantage susceptible d'intervenir par ce non-magistrat que par le parquetier…

La part de subjectivité est donc encore trop restreinte. C'est pourquoi, il n'est pas possible de se contenter d'un choix d'orientation, dont la facette « individuelle » maintient une impartialité limitée. Le danger est trop grand de voir un avocat prétendre que la prise de décision est partiale au sens où elle s'inscrit dans une application stricte de politique pénale, c'est-à-dire, principalement au titre de la facette « globale » du choix d'orientation. C'est pourquoi, il semble nécessaire que dans le cadre d'un système coopératif, les garanties d'impartialité

---

364 PRADEL (J.), L'individualisation de la sanction: essai d'un bilan à la veille d'un nouveau code pénal, *Rev. sc. crim.* 1977, p. 724.

365 En ce sens, voir, Colloque, *Une évaluation de l'administration de la Justice, les nouveaux traitements des délits*, Nantes, 7 février 2013, p. 85-86.

soient remontées au niveau de l'élaboration de la politique pénale. Ainsi, si la part de subjectivité est insuffisante lors de la prise de décision, elle n'est cependant pas anéantie car on la retrouve lors de l'élaboration de la politique pénale (voir *infra*, §2).

Toutefois, au-delà de la question de l'individualisation et de l'égalité de traitement, l'automaticité pose le problème, qui n'est pas propre au parquet mais à l'ensemble de la Justice, de la contrainte des moyens et du temps sur la décision du magistrat. L'impartialité, idéal de justice, est un luxe qui suppose en effet, qu'il ne soit pas influencé par des éléments étrangers au dossier.

B. L'économie de la rationalisation de l'action publique : les risques d'une décision fondée sur des éléments étrangers au dossier

La question de l'influence de l'économie budgétaire étant un problème non spécifique au parquet, le débat sera resserré au maximum sur ses conséquences en matière d'action publique et sur le métier de procureur.

La rationalisation pour des motifs budgétaires est un des problèmes les plus facilement perceptibles. Il est à l'origine du choix contradictoire d'une politique pénale nationale visant à réprimer systématiquement l'ensemble des infractions (déviances ?) et cela de façon toujours plus rapide. Si les principes fondamentaux de la procédure pénale subissent toujours des aménagements, le principe de réalité lui subsiste toujours dans son entier et ne peut faire l'objet d'un déni. Or, il y a aujourd'hui un déni de la capacité d'absorption de la Justice des affaires pénales qui malmène notamment le principe d'impartialité. Du fait de l'extrême complexité d'estimation du coût de chaque réforme (la chaîne pénale prenant en compte énormément d'acteurs judiciaires et parajudiciaires…), les lois pénales sont votées sans connaître les difficultés d'application auxquelles elles exposent l'institution. La loi du 15 avril 2009 a certes rendu obligatoires les études d'impact pour tous les projets de loi, mais celles-ci restent insuffisantes et imprécises[366]. La mise en œuvre de politique pénale nationale ne prend donc pas toujours en compte les moyens humains et budgétaires, au détriment d'une bonne administration de la justice.

Cette contrainte a des effets importants sur la perception des parquetiers de leur métier et participe à leur « crise identitaire ». Le choix d'orientation se retrouve conditionné par des éléments totalement extérieurs au dossier pénal et s'inscrit dans une culture économique étrangère au principe de bonne justice. « *Les chefs de parquet craignent de la sorte de devoir agir en contradiction avec la logique qui anime la profession : celle d'une bonne justice* »[367]. Plus inquiétant, et dans la droite ligne de notre étude sur l'influence de l'automaticité des poursuites (qui n'est jamais applicable dans son entier), cette dernière a toujours pour conséquence une dénaturation de l'action publique.

En effet, l'automaticité, outre les effets déjà observés qu'elles impliquent (voir Partie 1), modifie le sens pratique de la réponse pénale qui s'intègre essentiellement dans des considérations statistiques. Le rappel à la loi est ainsi employé très largement dans un but de « bricolage statistique ». Elle fait office de variable d'ajustement pour atteindre la moyenne nationale d'un taux de 90 % de réponse pénale pour des affaires poursuivables[368]. La réponse pénale donnée par le procureur est donc conditionnée par un souci budgétaire et d'évaluation statistique sans égard à l'affaire qui aurait pu faire

---

366 En ce sens, voir, HASTINGS-MARCHADIER (A.), VIGOUR (C.), *La chaîne pénale et son économie budgétaire,* in Colloque, *Une évaluation de l'administration de la Justice, les nouveaux traitements des délits*, Nantes, 7 février 2013, p. 45.

367 MILBURN (P.), KOSTULSKO (K.), SALAS (D.), *Les procureurs, Entre vocation judiciaire et fonctions politiques*, éd PUF, 2010 p. 67.

368 Sur ce point, il est d'ailleurs intéressant d'observer que les statistiques de certaines juridictions viennent influer sur les juridictions limitrophes ce qui aboutit à une moyennisation du taux de la réponse pénale.

l'objet d'un traitement différent et plus opportun. Un procureur énonce : *« Depuis des années, on a multiplié les réponses pénales… diversifié les réponses pénales et ce que j'ai peur c'est qu'à terme, ça soit selon le coût de ces mêmes mesures qu'on les choisisse. Par exemple, si vous vous dites, bon une médiation, ça va nous coûter 30 euros mais un rappel à la loi ça coûte que 7 euros, eh bien on va faire un rappel à la loi, on a donné une réponse, tout le monde est content, c'est pas forcément une bonne répression et puis la victime est oubliée »*[369]. Le magistrat énonce ici clairement cette contrainte qui vient dénaturer l'action du procureur (non pas de l'action publique en tant que telle car elle n'est pas juridiquement mise en mouvement).

L'effet principal des contraintes budgétaires sur le choix d'orientation a pour effet de reléguer la personnalité du magistrat en second rang. Cette relégation est d'ailleurs perceptible lorsque l'on constate que le remplacement d'un procureur de la République par un autre ne suffit pas à modifier l'impulsion d'une politique pénale. Le poids budgétaire reste donc une constante qui ne disparaît pas, ou peu (dépend de la qualité du management), en fonction de la personne même du chef du parquet. « *Cette impulsion de la politique pénale du parquet est donc surtout soumise aux moyens dont dispose la juridiction* »[370]. En un mot, le procureur ne se retrouve pas dans la position : « *Je classe ou je poursuis.* ». Mais, « *J'engage des frais de justice ou je ne les engage pas*»[371]. Cette manière de raisonner amène à une seconde dénaturation : les motifs d'opportunité et de classement sans suite.

---

369 *Ibid*, p.68.

370 GRUNVALD (S.), *Les choix et schéma d'orientation*, in Colloque, *Une évaluation de l'administration de la Justice, les nouveaux traitements des délits*, Nantes, 7 février 2013, p.64.

371 HASTINGS-MARCHADIER (A.), VIGOUR (C.), *La chaîne pénale et son économie budgétaire*, in Colloque, *Une évaluation de l'administration de la Justice, les nouveaux traitements des délits* , Nantes, 7 février 2013, p. 46.

Le classement sans suite peut avoir lieu pour divers motifs : des motifs légaux, par exemple lorsque les faits commis ne sont pas constitutifs d'une infraction ou en cas de prescription de l'action publique, des motifs factuels lorsque les faits ne sont pas élucidés et qu'il n'est pas possible de retrouver l'auteur des faits, pour finir des motifs d'opportunité proprement dite, en cas de reclassement assuré, de faible préjudice, de faible gravité ou encore en fonction de la personnalité de l'auteur.

Cependant le rappel à la loi remplace- par une cosmétique assez grossière- largement le classement sans suite d'antan. Or le rappel à la loi répond à une logique statistique et de gestion de flux. Donc l'opportunité, pour cette part du rappel à la loi, revêt une fonction de désengorgement, qui tranche avec sa philosophie première. De plus, le coût financier devient un nouveau motif de classement en opportunité en le confondant d'ailleurs avec le motif factuel. Une discussion lors des débats au Sénat en octobre 2012 est sur ce point révélatrice : Un des représentants du ministère de l'Intérieur – « S'*agissant de la liberté de prescription [...], il faut avoir pleinement conscience que certaines investigations ne sont pas effectuées du seul fait de leur coût jugé trop élevé.* » Réponse du sénateur président de séance : « *Il s'agit tout simplement de la déclinaison du principe de l'opportunité des poursuites* »[372]. Par cette interprétation, le motif factuel d'absence d'élucidation découle directement du « *coût jugé trop élevé* », et est confondu avec le motif d'opportunité.

De cette manière, l'opportunité revêt une dimension partiale car conditionnée par des intérêts financiers externes. Le procureur risque d'être possédé par les flux, l'opportunité perd son sens originel de flexibilité dans l'application de la loi « *dès lors que les circonstances particulières liées à la commission des faits le justifient* »[373]. L'opportunité demeurait en effet circonscrite à

[372] *Ibid.*
[373] Article 40-1 du C. pr. pén. *in fine.*

des considérations présentes dans le dossier. Ces nouveaux motifs d'opportunité extérieurs au dossier, donc empreints de partialité, viennent naturellement s'ajouter à la méfiance des justiciables vis-à-vis du ministère public. D'autant que ces motifs sont liés à l'organisation même de la juridiction, qui ne sont pas connus des justiciables et donc insusceptibles de discussion contradictoire. Il est donc nécessaire de développer le contradictoire et la pédagogie sur ces questions pour que l'impartialité objective des décisions soit mieux garanties. Il s'agit du sujet des schémas d'orientation et de leur publicité.

§2. Une démarche impartiale à rehausser lors de l'élaboration des schémas d'orientation

Pour rappel, la décision d'orientation est une réponse individuelle qui s'inscrit dans une logique d'organisation plus globale. De cette manière, la question de l'impartialité ne peut pas être restreinte à ce premier aspect, mais doit être rehaussée au niveau de l'élaboration des schémas d'orientation. Il s'agit d'intégrer dans cette élaboration le principe du contradictoire (A). Cependant, la lisibilité de ces schémas d'orientation demeure insuffisante, de sorte qu'elle constitue un élément occulte pour le justiciable et donc susceptible de constituer un risque de partialité (B).

A. Une négociation contradictoire siège et parquet comme garantie d'une politique pénale impartiale

Le développement corrélatif d'un système de coopération et d'une systématisation des poursuites a nécessairement conduit à une coproduction de la politique pénale intra-juridictionnelle, c'est-à-dire entre le ministère public et les magistrats du siège, par la construction d'un schéma d'orientation. La multiplicité des procédures et les conséquences qu'elles ont sur le maillon pénal postérieur exigent d'avoir une connaissance précise des capacités d'absorption de la juridiction mais aussi de ménager le principe d'indépendance du magistrat du siège. En effet, dans le cadre de procédures telles que la comparution sur reconnaissance préalable de culpabilité ou la composition pénale, « *le juge ne décide plus, il homologue ou il valide* »[374]. La capacité de trancher le litige chez le juge du siège se retrouve donc dans cette discussion contradictoire avec le parquet sur les litiges susceptibles de passer par cette voie procédurale et qui n'imposent pas une instruction d'audience poussée. « *En s'accordant sur les schémas d'orientation menant vers les différents circuits procéduraux accélérés ou simplifiés, les orientations vers le tribunal correctionnel se dessinent nécessairement pour confier les affaires les plus graves, les plus complexes à l'intervention du juge lors de l'audience* »[375]. Cette négociation entre le parquet et le siège est absolument indispensable pour que la pratique du choix d'orientation ne se transforme pas en rapport de force qui aboutirait à un blocage du fonctionnement de la juridiction (ex : refus d'homologation ou de validation). La négociation des barèmes, des peines proposées, de la procédure suivant les contentieux se fait donc avec le siège.

Ce principe du contradictoire, caractéristique d'un système de coopération, présente de nombreux avantages en terme d'impartialité. Elle permet au procureur d'avoir une connaissance plus approfondie des problèmes soulevés et vécus lors de la phase d'audience de jugement par le siège. Le choix d'orientation n'est donc pas une décision en opportunité synonyme d'arbitraire, mais est décidé de manière pragmatique pour optimiser les moyens limités de la juridiction vers une bonne administration de la justice tout en prenant en compte l'expertise du siège. Il semble que cette coopération présente une nouveauté, plus théorique, intéressante. En effet, ironie de l'histoire, le procureur avait été perçu

---

374 GRUNVALD (S.), *Les choix et schéma d'orientation,* in DANET (J.) (coord), *La réponse pénale, dix ans de traitement des délits,* Presse universitaire de Rennes, 2013 p. 100.

375 *Ibid,* p.101.

comme un acteur partial, découlant de la séparation des fonctions de poursuite, d'instruction et de jugement, dans un souci d'une justice impartiale. La partialité du procureur servait l'impartialité de la justice puisqu'elle permettait au siège de se concentrer de façon indépendante sur une seule et unique fonction : le jugement. Aujourd'hui, les exigences d'impartialité du ministère public, dans la mise en œuvre coopérative du schéma d'orientation, va dans le sens d'une impartialité de la Justice dans son entier. Effectivement, la multiplication de procédures a eu pour conséquence un « effet de spécialisation » des magistrats du siège. « *Dans beaucoup de juridictions, des magistrats du siège expérimentés concèdent bien volontiers qu'ils n'ont qu'une vue très parcellaire du contentieux délictuel car ils ne pratiquent qu'une ou, au mieux, deux types de procédure. Or, des dossiers tout à fait équivalents peuvent, à partir d'un ou deux paramètres, et parfois uniquement à partir de paramètres de gestion des flux, se trouver dirigés dans deux circuits processuels distincts* »[376]. Or, la pratique des schémas d'orientation et donc l'implication des juges du siège dans la construction de la politique pénale, va dans le sens d'une vision panoptique du fonctionnement de la juridiction, et donc une connaissance plus forte du dossier dans lequel il s'inscrit. L'opacité du traitement pénal fait ainsi place à plus de transparence et de lisibilité, pour une décision (jugement classique, validation ou homologation) plus impartiale. Le procureur, qui servait historiquement l'impartialité de la Justice par sa partialité en rendant le juge indépendant, sert aujourd'hui l'impartialité de la Justice par son impartialité en rendant au juge des yeux pour mieux juger.

La garantie que représente le contradictoire assure donc un choix d'orientation plus impartial. Le schéma d'orientation doit être une coproduction prenant en compte l'avis de tous

---

376 DANET (J.), *L'office du juge pénal en matière délictuelle*, in GARAPON (A.), PERDRIOLLE (S.), BERNABE (B.) *La prudence et l'autorité, l'office du juge au XXIème siècle*, Rapport IHEJ, mai 2013, p. 196.

les acteurs participant à la chaîne pénale. C'est pourquoi, notamment dans les procédures de CRPC et de composition pénale, où l'économie de pouvoir est tournée vers la capacité du justiciable à entreprendre sa propre réhabilitation, il est indispensable de faire participer son conseil à la construction de ce schéma d'orientation par l'intermédiaire du barreau.

Par ailleurs, la loi du 25 juillet 2013 a introduit dans l'article 39-1 du Code de procédure pénale une précision peu commentée. Le procureur « *informe, au moins une fois par an, l'assemblée des magistrats du siège et du parquet des conditions de mise en œuvre, dans le ressort, de la politique pénale et des instructions générales adressées à cette fin par le ministre de la justice* ». Cette réunion ne doit pas être comprise comme une prise de parole unilatérale et simplement informative du procureur sur l'application de la politique pénale. Au contraire, « *ce doit être le cadre d'un débat autour de ces schémas d'orientation des procédures qui impliquent les magistrats dans leur travail quotidien et constituent de véritables décisions d'organisation* »[377]. Reste toutefois le problème de l'annualité de ce type de réunion. Ceci est, sans doute, insuffisant. La discussion doit être continue, permanente puisqu'elle concerne directement des individus qui la mettent en œuvre. Il s'agit là encore d'un trait caractéristique du système de coopération : l'importance des liens interpersonnels. Comme le résumait un procureur : « *Il suffit d'un juge nouveau qui arrive, qui a une vision différente, pour que cela vienne tout chambouler* »[378].

En un mot, « *de tels schémas exhaussent le principe du contradictoire à un niveau collectif* »[379]. Il est donc temps de concevoir l'ensemble des garanties d'impartialité, non pas uniquement dans le cadre de la décision individuelle, mais également dans

---

377 GARAPON (A.), PERDRIOLLE (S.), BERNABE (B.) *L'office du procureur au XXIème siècle*, La Prudence et l'Autorité, IHEJ, chapitre additionnel, p.20.

378 GRUNVALD (S.), *Les choix et schéma d'orientation,* in DANET (J.) (coord), *La réponse pénale, dix ans de traitement des délits,* Presse universitaire de Rennes, 2013 p. 102.

379 GARAPON (A.), PERDRIOLLE (S.), BERNABE (B.), *L'office du procureur au XXIème siècle*, La Prudence et l'Autorité, IHEJ, chapitre additionnel, p.20.

le cadre global dans lequel elle s'inscrit. Ce faisant, force est de constater que le principe du contradictoire -bien qu'indispensable- ne suffit pas à conclure en faveur d'une politique pénale impartiale. La lisibilité de ces schémas reste, en effet, insatisfaisante.

B. Une pratique des schémas d'orientation encore trop insatisfaisante

Pour reprendre cette idée de double visage de la décision d'orientation, il vient d'être vu que la logique « d'organisation » (facette globale) doit faire l'objet d'une discussion contradictoire pour pouvoir être impartiale. Cependant, pour que la décision soit bien reçue par les parties privées, il est nécessaire de faire tomber cette frontière étanche entre ces deux visages. En effet, l'opacité de la construction des schémas d'orientation, même si elle fait l'objet d'une élaboration impartiale, demeure un élément occulte pour le prévenu. Il s'agit donc de prendre conscience de cette dualité de la décision en acceptant de la livrer à la controverse des parties[380]. Le principe du contradictoire suppose donc que l'avocat ait connaissance de ces schémas d'orientation, pour pouvoir en discuter, éventuellement apporter un éclairage sur la pertinence de son application. Au-delà du principe de contradictoire, c'est aussi l'exigence de motivation du procureur dans l'opportunité d'appliquer le schéma d'orientation et la publicité de celle-ci qui viennent garantir l'impartialité de la décision d'orientation et cela dans son double aspect. La communication des schémas d'orientation permettrait ainsi une meilleure lisibilité de l'action publique et une meilleure réception par le prévenu et son conseil des choix d'orientation car ils pourront faire l'objet d'une explication, ce qui lèverait le soupçon de partialité envers les procureurs.

---

380 Sur l'importance du principe du contradictoire comme garantie d'impartialité, voir Chapitre 2, "*L'ignorance des éléments occultes*", in JOSSERAND (S.), *op. cit.* p. 339.

L'implication du barreau dans la construction des schémas d'orientation est donc indispensable de même que les chefs de service d'enquête dont les informations peuvent être utiles au-delà du procureur, aux magistrats du siège et à la défense. Ainsi, « *il serait sans doute plus sain que les informations que la police entend partager avec la justice soient contradictoires, ce qui veut dire accessibles aussi à ceux qui ont en charge la défense des intérêts des mis en cause et des plaignants. Les décisions des réquisitions et des décisions de justice y gagneraient en intelligibilité* »[381].

Cette insuffisance de publicité des schémas d'orientation est d'ailleurs soulignée par la commission Nadal dans sa proposition n° 24 : « *Communiquer le schéma d'orientation des procédures pénales au sein et en dehors de la juridiction* ». La commission estime en effet, que « *les avantages tenant à une communication plus large de ces schémas d'orientation excédaient les inconvénients qu'elle a pu identifier. Il lui semble ainsi souhaitable de les porter à la connaissance, non seulement des chefs des services de police et unités de gendarmerie du ressort, mais aussi des magistrats du siège de la juridiction et du barreau* »[382].

Il nous semble toutefois que la question ne se pose pas tant en terme de balance avantage/inconvénient, puisque les inconvénients relevés par la commission Nadal seraient de permettre aux avocats de « *tirer argument de ce schéma d'orientation pour contester la décision prise par un magistrat du parquet* »[383] en élaborant une défense[384]. Or, est-ce véritablement un inconvénient ? Il nous semble plus concevable d'imaginer que le poids de cette défense fondée sur les schémas d'orientation serait bien plus fort et convaincant si ces schémas n'étaient

---

381 DANET (J.), *Un autre management pour une justice de meilleure qualité ?*, in DANET (J.) (coord), *La réponse pénale, dix ans de traitement des délits,* Presse universitaire de Rennes, 2013, p. 491.

382 Rapport Nadal, *op. cit.* p.40.

383 *Ibid.*

384 Par exemple, contester la pertinence d'une comparution immédiate puisque les éléments de preuve sont discutables ou que la personnalité du mis en cause exclut une réponse trop « répressive »...

pas communiqués et s'ils constituaient (comme aujourd'hui) un élément occulte fondant la décision du procureur. Donc, la communication des schémas d'orientation écarterait l'efficacité d'une telle contestation puisque d'une part, la défense prendrait part à leur élaboration et d'autre part, ils pourraient les utiliser comme moyen de discussion appliqué au cas d'espèce car il ne s'agit que d'un outil d'aide à la décision non contraignant. La communication ne présente donc pas d'« *inconvénien*t » majeur à notre sens. Au surplus, on peut certes entendre l'argument selon lequel, si les schémas d'orientation ne sont pas communiqués, ils ne feront logiquement pas l'objet de contestation puisqu'ils ne seront pas connus et donc il y aurait un avantage à ne pas les communiquer. On répondra cependant, qu'il s'agit essentiellement du contenu de ces schémas qui sont inconnus et non pas leur existence même. Un avocat pourrait donc les contester en pariant sur un contenu défavorable pour son client. De plus, la communication de ces schémas d'orientation anticiperait le mouvement de l'open data, qui permettra, on peut le supposer, de démontrer les lignes directrices de ces schémas par des reconstitutions statistiques des réquisitions des parquetiers au sein d'une juridiction.

* * *

Ce système de coopération entre les acteurs participant au fonctionnement judiciaire est donc clairement établi et doit être encouragé. Il ne constitue pas un phénomène propre aux juridictions, mais bien un mouvement beaucoup plus profond de notre société. Il y a une tendance plus générale à la coopération, à l'hybridation public-privé des régulations de la lutte contre la délinquance, en bref, une forme de système participatif où chaque acteur (bailleurs sociaux, élus, préfet, police, parquet etc.) vient contribuer à une coproduction de la politique criminelle dans son ensemble.

Cette tendance à un système global de coopération est caractéristique d'une perte de vitesse du « *jacobinisme d'excellence* » et d'une délégitimation du pouvoir administratif[385] vers une nouvelle manière de penser la démocratie de façon plus participative et plus horizontale. L'importance de replacer le parquet dans ces phénomènes politiques en mouvement est fondamentale, ce point a été vu précédemment. Or, ce serait une erreur de ne pas prendre en compte cette évolution de l'appréhension de la démocratie par les citoyens dans l'étude du ministère public et de son impartialité. Le développement de cette démocratie participative est à mettre en lien avec l'implication du parquet dans diverses politiques publiques mais aussi avec une forme de territorialisation de l'action publique et de la politique pénale. Cette territorialisation va dans le sens d'une politique pénale plus appropriable et plus proche du justiciable.

L'ouverture du ministère public aux autres partenaires locaux est aujourd'hui indispensable pour lui permettre de prendre connaissance des enjeux locaux mais aussi de l'effectivité de son intervention (assurance des capacités des associations parajudiciaires etc.). Cette connaissance s'insère intégralement dans une politique pénale impartiale.

C'est également par cette connaissance et par les négociations que les instances partenariales autorisent, que la décision du procureur - notamment en matière de 3ème voie où le sujet de droit détient un rôle dans sa propre réhabilitation- trouvera le réceptacle associatif et social adéquat pour permettre une prise en charge efficace. De la sorte, le procureur remplira au mieux cette nouvelle prérogative qui lui incombe, l'obligeant « *à se penser non plus de manière verticale mais dans le cadre d'une relation directe avec les citoyens, c'est-à-dire de manière plus horizontale* ». Le procureur exerce ainsi un rôle inédit, relié au contrat social, réagissant aux manquements des justiciables à leurs devoirs de

---

[385] Qui ne représente plus véritablement l'intérêt général.

citoyenneté[386]. Ces nouvelles fonctions, nous le verrons, sont à mettre en lien avec l'impartialité. Plus encore, nous démontrerons que l'enjeu de la question de la mise en œuvre d'une politique pénale impartiale dépasse le strict cadre de la simple qualité « vertueuse » du magistrat dans ce nouveau contexte démocratique. En effet, il apparaît que la possibilité d'une mise en œuvre d'une politique pénale impartiale induit, théoriquement et logiquement, une légitimité accrue du ministère public favorable à une redécouverte du principe de l'opportunité.

---

386 En ce sens, Voir GARAPON (A.), PERDRIOLLE (S.), BERNABE (B.), *L'office du procureur au XXIème siècle*, La Prudence et l'Autorité, IHEJ, chapitre additionnel, p. 14.

Chapitre 2. Une politique pénale impartiale : vecteur d'indépendance ?

Toujours dans cette idée de système de coopération, il s'agit ici de prendre encore plus de recul, au-delà de la sphère proprement juridictionnelle. Le parquet est aujourd'hui obligé de composer, de négocier voire de contractualiser (lors des contrats locaux de sécurité) dans le traitement de la prévention de la délinquance, avec d'autres acteurs tels que le préfet, la police, le maire, le chef d'établissement scolaire, les associations… Or, comment le procureur peut-il concilier le principe d'impartialité avec cette implication toujours plus forte dans les politiques publiques dont la logique diffère de celle du judiciaire ?

A l'instar de ce qui a été dit dans le premier chapitre, le système de coopération que traduit l'ensemble des instances partenariales recèle une fois de plus l'ensemble de ces garanties d'impartialité (collégialité, motivation, pédagogie, publicité…). Ce qui est caractéristique des nouveaux temps forts de coproduction indispensable à l'impartialité du procureur (Section 1).

Toutefois, l'intérêt de cette étude sur l'impartialité du ministère public déborde la simple conclusion binaire partiale ou impartiale. Le postulat initial était de souligner la « quadrature des cercles » dans lequel le débat sur le ministère public s'était inscrit. Il a été démontré que les garanties organisationnelles, le statut et la séparation des fonctions judiciaires ont été perçus instinctivement comme la seule manière de répondre au dilemme posé par cette institution complexe et ambiguë qu'est le ministère public. Or, l'étude historique et contemporaine nous a montré que la question du statut ne pouvait être qu'une réponse secondaire et non pas principale. L'échec des tentatives de réformes successives est révélateur de cette erreur.

Il apparaît cependant que l'émergence de cette démocratie participative et la question d'une légitimité démocratique différente de celle d'une légitimité de représentation-délégation[387] viennent réformer les données du débat. Il apparaît que le ministère public peut tirer une légitimité autrement que de son office délégué, c'est-à-dire, autrement que par son lien de subordination avec le pouvoir exécutif.

Ce point est fondamental et sera l'aboutissement de nos développements. Il est en effet capital puisque cette légitimité démocratique tirée de son impartialité (légitimité d'impartialité) vient parachever un phénomène qui a été observable tout au long de ces pages : celui d'une pratique des parquetiers anticipant les interventions législatives et les évolutions statutaires. L'apparition du parquet n'est pas le fait d'un texte mais de la pratique, de même que l'opportunité des poursuites, le traitement en temps réel ou la « troisième voie » (les exemples peuvent être multipliés). Il semble donc que l'indépendance par l'établissement statutaire ne soit pas, là encore la solution, *a fortiori* dans ce nouveau régime démocratique participatif où la légitimité s'acquière par les résultats. « *Les démocraties strictement électorales-représentatives étaient dotées d'institutions ayant des statuts forts et des qualités souvent faibles. C'est désormais l'inverse : la force est de plus en plus dans les qualités (…) et moins dans les statuts* »[388].

Finalement, cette légitimité d'impartialité pourrait bien découler encore de la pratique renforçant ainsi son

---

387 C'est-à-dire une légitimité provenant de l'élection.

388 ROSANVALLON (P.), *La légitimité démocratique. Impartialité, réflexivité, proximité*, Paris, édition du Seuil, 2008, p. 155.

indépendance vis-à-vis du pouvoir exécutif et par là même réinstaurer un climat de confiance favorable au renouveau de l'opportunité des poursuites (Section 2).

Section 1. Vers un système global de coopération favorisant une meilleure connaissance des enjeux locaux

L'implication des magistrats parquetier doit faire l'objet d'un subtil équilibre entre la prise de connaissance des informations extérieures et le risque d'être influencé par des objectifs contraires à leur culture judiciaire (§1). Néanmoins, l'intérêt de leur implication dans les instances partenariales dépasse le simple recueil d'informations. Il leur permet en effet de débloquer des moyens supplémentaires pour leur permettre de mener à bien et de manière moins contrainte, leur politique pénale (§2).

§ 1. L'équilibre entre implication et retrait du ministère public dans les partenariats locaux

A l'image du déferement, des nouvelles audiences ou des points presses, l'instance partenariale forme aujourd'hui un de ces espaces propices à une meilleure pédagogie de la politique pénale (a). Nous verrons cependant que le culte de la séparation des pouvoirs est encore très présent et vient freiner, parfois de manière justifiée, le partenariat (b).

A. L'instance partenariale comme nouveau temps fort propice aux garanties d'impartialités renouvelées

Les institutions locales de coproduction de prévention de la délinquance se sont multipliées de façon exponentielle depuis les années 1980[389]. Cette évolution est venue modifier la fonction même du parquet qui doit aujourd'hui sortir de sa juridiction pour effectuer un vrai travail de négociation, de suivi et de communication qui ne relève pas de ses compétences de juriste. Un procureur s'exprimait sur cette évolution du métier : « *Il y a le travail ancien que faisaient mes procureurs quand j'étais au début de mes fonctions et puis il y a la transformation. Maintenant, je passe une bonne partie de mon temps en dehors de ce bureau, en dehors même de la juridiction. Il y a 35 ans, mon procureur de la République passait son temps dans son bureau, il n'en sortait pas* »[390].

Ces instances sont très nombreuses et se superposent parfois inutilement. Les Conseil locaux de sécurité et de prévention de la délinquance (CLSPD)[391], forme le « *cadre de l'expression concertée des priorités autour desquelles doivent se mobiliser les différents acteurs* » ainsi que « *l'échange d'informations concernant les attentes de la population* »[392]. Les dispositifs de coproduction existent également au niveau intercommunal avec les Conseil intercommunaux de prévention de la délinquance, au niveau départemental avec les Conseils départementaux de prévention (CDP). Ces institutions peuvent prendre la forme d'organe plus opérationnel par le biais de l'œuvre prétorienne

---

389 Décret n°83-459 du 8 juin 1983 : création de Conseils départementaux et communaux de prévention de la délinquance.

390 MILBURN (P.), KOSTULSKO (K.), SALAS (D.), *Les procureurs, Entre vocation judiciaire et fonctions politiques*, éd PUF, 2010, p. 132.

391 Remplaçant les Conseil communaux de prévention de la délinquance par le décret du 17 juillet 2002 (décret n°2002-999).

392 Circulaire du 17 juillet 2002 NOR: INTX0205744C.

aujourd'hui institutionnalisé des Groupes locaux de traitement de la délinquance (GLTD) ou encore les États-majors de sécurité (EMDS).

Ces différentes instances regroupent un nombre extrêmement varié d'acteurs les associant par là même à la politique pénale du procureur de la République. Il semble que cette émergence d'une « coproduction de la politique pénale » (l'expression doit être mesurée car en réalité, cette prérogative est jalousement gardée par le procureur de la république) renferme une philosophie d'une action publique découlant directement de cette réappropriation de la société civile de la politique pénale sous une forme coopérative en adéquation avec les garanties d'impartialité étudiées précédemment. Une décision impartiale se caractérisant par une connaissance exhaustive du dossier en écartant tout élément occulte (« *tout le dossier, rien que le dossier* » pourrait-on dire), il semble aujourd'hui indispensable pour le procureur d'avoir connaissance des expertises précieuses de l'ensemble des acteurs ayant un rôle direct ou indirect dans le processus pénal. Le mode de traitement des délits, l'évolution des formes de pénalité (CRPC, composition pénale etc.) implique de voir dans la mise en œuvre de la politique pénale une forme de champ d'étude dont aucun ne peut être spécialiste, ce qui exige le dialogue interprofessionnel. Cette connaissance qui naît du dialogue contradictoire, dans une concertation collégiale favorisera une politique pénale éclairée en accord avec les enjeux locaux perceptibles du point de vue de tous les acteurs. Il s'agit encore une fois d'opérer une césure complète avec l'idée d'une impartialité par un isolement hermétique de toute forme d'influence. Pour Kant en effet, l'impartialité d'une décision c'est « *adopter tous les points de vue concevables* »[393]. On retrouve donc cette nécessité d'une plus forte proximité

---

[393] Citée par ARENDT (H.), in *Juger. Conférences sur la philosophie politique de Kant*, Paris, Seuil, "Point", 1991, p. 71.

entre les acteurs, une forme de décentralisation de l'action publique. En un mot, et pour reprendre l'expression déjà employée, une « *immersion réfléchissante* ».

Il y a donc sur cette question de la prise en compte des expertises extérieures une réelle source de savoir qui doit être investie par le procureur de la République. Cependant, il semble que cet investissement soit encore très faible. Si certains parquetiers prennent la mesure de l'utilité de ces informations sans y voir une forme d' « ingérence », de nombreux magistrats estiment la discussion sinon inutile, du moins sans pertinence pour l'élaboration de leur politique pénale. Un procureur répondait ainsi à la question de savoir s'il tirait une plus-value des informations fournies lors de ces instances : « *Non franchement, je trouve que c'est plutôt une source d'informations pour les autres, mais pas pour moi. (…) Alors, évidemment, cela intéresse les gens des mairies, des associations, les représentants des habitants ou des choses comme cela… même le siège. Le procureur, non. Je n'apprends rien du CLSPD. En revanche, les autres apprennent* »[394].

Cette approche doit tendre à disparaître car elle ne correspond pas à l'idée d'une politique pénale impartiale. Il a déjà été dit que la politique pénale et ses multiples déclinaisons (Ministre de la Justice- procureur général- procureur de la République) servaient l'objectif d'égalité devant la loi. Or, l'égalité, distincte de l'égalitarisme, nécessite de s'intéresser aux particularismes de chacun dans une relation de proximité. C'est cet esprit qui sous-tend l'expression de l'article 39-1 du CPP : « *en tenant compte du contexte propre à son ressort* ». D'une certaine manière, l'idée d'individualisation est aussi à rehausser au niveau de la politique pénale, on parlerait donc de prise en compte des particularismes. Une politique pénale devient impartiale, et partant, équitable, lorsque chaque situation a été

---

394 GAUTRON (V.), RETIERE (J-N.), Chapitre 10, *L'implication des juridictions dans les dispositifs locaux de coproduction de la sécurité*, in DANET (J.) (coord), *La réponse pénale, dix ans de traitement des délits*, Presse universitaire de Rennes, 2013 p. 377-378.

prise en considération, c'est-à-dire en l'espèce, l'avis des représentants de la société civile etc... Il s'agit d'une dérivation, à un niveau supérieur, de ce qui a été observé pour les procédures pénales prenant en compte l'avis du mis en cause. En bref, une dérivation de ce que T.R Tyler théorisait comme une « Justice procédurale »[395]. « *Les personnes interrogées (…) estiment d'abord qu'une procédure est équitable si elles ont pu être partie prenante de la décision, soit parce que leur point de vue a bien été pris en compte, soit parce qu'elles ont été écoutées attentivement, soit encore parce qu'elles ont pu développer de façon approfondie leurs arguments* »[396]. En résumé, l'impartialité suppose donc l'égalité, qui exige la prise en compte des particularismes et donc l'ouverture aux autres.

Si la portée de l'apport du contradictoire est limitée, les instances de coproduction sont cependant les moments privilégiés d'une explication des motivations dans les choix du procureur en matière de politique pénale. « *Tous partagent a minima, la volonté d'expliquer leur politique pénale, de faire connaître la juridiction, ses contraintes, légales mais aussi matérielles. Ils escomptent ainsi être mieux compris, restaurer l'image de l'institution et sa légitimité* »[397]. Il a déjà été étudié l'importance de la motivation s'agissant du principe d'impartialité. Un procureur relevait sur l'intérêt de la motivation dans ces instances partenariales : « *Il faut lutter contre une tendance qui existe, à dire que la justice n'a pas à se commettre, pas à se justifier (…). Nous n'avons pas la science infuse, on finit par rendre une justice de confort intellectuel si on n'accepte pas de vérifier notre façon de travailler* »[398]. Toutefois, la justification et la pédagogie dans les choix de politique pénale est également importante en ce qu'elle la rend appropriable, plus lisible ce

---

395 TYLER (T.R.), *Justice, Self-Interest, and the Legitimacy of Legal and Politicial Authority*, in Jane J. MANSBRIDGE (ed), "Beyond Self-Interest", Chicago, The University of Chicago Press, 1990, p. 176-178.

396 ROSANVALLON (P.), *op. cit.* p. 271.

397 GAUTRON (V.), RETIERE (J-N.), *op. cit.* In DANET (J.)(coord), *La réponse pénale, dix ans de traitement des délits,* Presse universitaire de Rennes, 2013, p. 380.

398 WYVEKENS (A.), *L'insertion locale de la justice pénale: aux origines de la justice de proximité*, L'Harmattan, 1997, p. 283.

qui permet de créer un lien de confiance entre les acteurs de coproduction et la Justice (que le procureur représente malgré lui). En ce sens, Ch. Matray expliquait que « *le concept d'impartialité est lié à la confiance du public dans la manière dont le ministère public choisit d'exercer des poursuites ou de classer un dossier* »[399].

Si les garanties d'impartialité sont bien présentes dans ces nouveaux temps forts de la politique pénale, leurs applications concrètes restent difficiles. Le manque de moyen statistique rend la communication d'informations difficile et s'effectue donc plus souvent par le biais de la police. Plus encore, cette réticence dans la communication des parquetiers résulte plus directement, non pas d'une crise de moyen, mais d'une défiance envers les autres acteurs qui risque d'amender injustement « leur » politique pénale. En bref, l'efficacité des dispositifs partenariaux est freinée par le sacro-saint principe de séparation des pouvoirs transformant ces instances en « *grande messe* » chronophage.

B. Une implication partenariale des magistrats parquetiers limitée

Cette réticence des parquetiers à avoir une attitude active, voire motrice dans le fonctionnement des instances de coproduction est largement fondée sur la crainte de manquer au principe de séparation des pouvoirs (1). Toutefois, leur attitude demeure dans certains cas justifiée. C'est là toute l'ambiguïté dont on ne peut grossir les traits. L'équilibre dans cette « *distance relationnelle* » est un des défis que doit relever le procureur. Ce point de gravité se déplace nécessairement en fonction de la qualité communicationnelle du procureur, les relations interpersonnelles qui se sont nouées mais aussi le type d'instance (certaines instances font l'objet d'une publicité restreinte : GLTD, EMDS). Si la coopération est nécessaire,

---

399 MATRAY (Ch.), *La responsabilité déontologique des magistrats- pour une déontologie positive*", "*La responsabilité professionnelle des magistrats*, Bruxelles, Bruylant, coll. «Les cahiers de l'Institut d'étude sur la justice », 2007, p. 85 et s.

celle-ci ne doit pas confondre les diverses fonctions propres au procureur, au préfet et au maire. Il s'agira d'expliquer les risques particuliers qu'induisent certaines instances de coproductions opérationnelles et de les comprendre de façon plus rationnalisées (2). Ceci signifie que l'on doit pouvoir cerner, au sein d'une instance, les contributions propres aux fonctions de chacun pour servir une finalité commune : celle de l'instance partenariale en question (Par exemple, la prévention lors d'une manifestation ou bien encore le suivi des personnes condamnées sortant de détention en milieu ouvert).

1. La forte rémanence du dogme de la séparation des pouvoirs

Cette retenue des parquetiers est qualifiée par V. Gautron et J-N Retière de « *stratégie d'évitement* ». En effet, leurs entretiens avec les différents acteurs participant à ces instances révèlent bien une posture défensive, voire passive de la part des magistrats. Un directeur du service de tranquillité publique regrettait leur faible investissement : « *On a le sentiment de ne pas avoir de prise réelle sur la partie justice, très clairement. Autant avec la partie police ou préfecture, il y a moyen de faire ou s'il faut, on demande au maire. -(Il peut y avoir des rapports de négociation avec la police et les préfets mais pas coté justice?)-. Complètement. La justice, dans ce cas-là, prend la carte de l'indépendance (…)* »[400]. Cette posture explique également leur faible intérêt pour l'expertise extra-judiciaire. La politique pénale est considérée comme la chasse gardée du procureur, un sujet sensible auquel chacun des participants ne doit la mentionner que de manière détournée et avec beaucoup de précaution. Un chargé de mission prévention affirmait ainsi : « *C'est un principe de séparation des pouvoirs : on n'a même pas à penser à pouvoir influer (la politique pénale)* »[401]. Il y a ici

---

[400] GAUTRON (V.), RETIERE (J-N), *op. cit.* In DANET. J (coord), *La réponse pénale, dix ans de traitement des délits,* Presse universitaire de Rennes, 2013, p. 390.
[401] *Ibid*, p. 394.

quelque chose d'assez révélateur sur l'idée que le ministère public se fait de sa fonction. Cette *« stratégie d'évitement »* manifeste à la fois leur volonté d'impartialité avec cette peur d'entretenir des liens avec de potentiel futur « client » pénal. Leur attitude prouve donc leur attachement à cette culture judiciaire à l'instar des magistrats du siège. Cependant, elle manifeste également une confusion fréquente entre la neutralité et l'impartialité. Il y a, dans ce retrait, cette idée qu'en ne prenant pas partie, il ne risque pas son impartialité. Si cette manière de penser est évidemment correcte, l'inverse l'est également. Prendre parti et intervenir n'hypothèque pas forcément son impartialité. En ce sens, l'impartialité est toujours tournée vers l'action. « *Il n'y a que le néant qui soit neutre* »[402]. L'impartialité « *se distingue donc de la simple neutralité qui désigne souvent de façon plus restrictive une situation de détachement, de retrait, voire plus fortement un refus d'intervenir. La personne impartiale est à l'inverse un tiers actif. Elle intervient dans les affaires de la cité, elle y joue un rôle constructif sur un mode qui lui est propre* »[403]. L'activisme de certains parquetiers favorables au développement des partenariats doit donc se comprendre de cette manière et non pas comme une atteinte à leur impartialité et à leur indépendance. Il ne s'agirait d'ailleurs pas d'une atteinte à leur indépendance mais seulement de leur autonomie. Or qui peut prétendre être totalement autonome ?

Néanmoins, ce retrait de la part des parquetiers est parfois opportun et justifié. Il ne s'agit donc pas de tomber dans un angélisme du principe de coopération car il doit, comme tout principe, être nuancé. Le respect du principe de séparation des

---

402 JAURES (J.), Neutralité ou impartialité, *Revue de l'enseignement primaire et primaire supérieur*, n°1, 1908, dix-neuvième année, 4 octobre, cité par BRIZAIS (R.), DANET (J.), *op. cit.* In DANET (J.) (coord), *La réponse pénale, dix ans de traitement des délits,* Presse universitaire de Rennes, 2013 p. 298.

403 ROSANVALLON (P.), *op. cit.* p. 152.

pouvoirs trouve une application dans plusieurs cas que l'on peut citer.

Tout d'abord, l'échange d'informations et le partage de secret font l'objet de fortes réserves. Le secret de l'enquête est souvent opposé pour ne pas divulguer des informations concernant un mis en cause. Au-delà du secret de l'enquête (qui peut être considéré comme une garantie d'impartialité, nous l'avons vu), la préoccupation principale relève bien d'un souci d'impartialité objective et du lien de confiance entre le procureur et les mis en cause. L'analogie avec les professionnels du milieu médico-social est ici parlante. A l'image d'un jeune voyant dans la relation entre la police et le travailleur social une sorte de collusion ruinant les efforts d'approche et de proximité qui s'était construits, ou sur l'éventuelle alerte d'un travailleur social sur le passage à l'acte d'un mineur. On peut imaginer que la divulgation d'informations par le procureur ayant des conséquences par exemple, sur la possibilité d'obtenir un logement auprès des bailleurs sociaux ou sur sa localisation (en matière d'infraction sexuelle notamment), peut affecter ce lien de confiance.

Cet enjeu d'impartialité objective se ressent d'autant plus lorsqu'il est question de la coopération du parquet avec le préfet et la police dans certaines instances plus opérationnelles telles que les GLTD ou les EMDS. Le problème est double, il peut apparaître de l'extérieur comme une attraction du parquet vers la sphère administrative. Il peut apparaître également comme une influence sur la politique pénale du procureur, et donc une partialité. « *Le cadre fonctionnel des échanges avec l'autorité préfectorale est perçu comme complexe dans la mesure où chacun obéit à des objectifs et des logiques d'action différents (administrativo-politique pour l'un et judiciaire pour l'autre)* »[404]. Cette

---

[404] MILBURN (P.), KOSTULSKO (K.), SALAS (D.), *Les procureurs, Entre vocation judiciaire et fonctions politiques*, éd PUF, 2010, p. 133-134.

divergence de culture et de logique est expliquée par un procureur adjoint : « *Nous, on n'a pas les mêmes objectifs que le préfet et le préfet n'a pas les mêmes objectifs que nous. C'est clair, nous on a un objectif c'est d'évacuer nos affaires et puis de hiérarchiser parce que si on écoute les politiques et puis le préfet, ce qui les importe eux, c'est la délinquance visible* »[405]. La différence d'objectif qui justifie leur différence suppose donc un certain retrait ou, à tout le moins, une démarcation avec les élus et le préfet. Sur ce point d'ailleurs, il apparaît nécessaire que le choix du magistrat impliqué dans ces instances soit une personne expérimentée dotée d'une forte culture judiciaire pour éviter que l'action administrative supplante l'action judiciaire.

Plus fondamentalement, le reproche fait au parquetier d'être inscrit dans certaines instances tel l'Etat-major de sécurité repose sur le fait que leur fonction diffère du cadre proprement répressif pour être tournée vers la prévention[406] et la sécurité. Il s'agit sûrement d'un des problèmes majeurs de l'ouverture des procureurs aux politiques publiques car elle ne correspond plus à ses fonctions essentielles. Introduit par la loi n° 2007-297 du 5 mars 2007, « *le procureur veille à la prévention des infractions à la loi pénale* ». La démarche est ici proactive ce qui le rapproche inévitablement de la sphère administrative. « *La prévention est une idée relativement neuve pour eux dont le lien avec la politique d'action publique ne leur paraît pas évident* »[407]. Nous rejoignons ainsi l'inquiétude énoncée par la Commission J. Beaume sur ce point qui observait « *également une certaine confusion entre une mission très générale de prévention de la délinquance, en amont de la commission de toute infraction pénale, et les dispositifs plus*

---

405 GAUTRON (V.), RETIERE (J-N.), *op. cit.* In DANET (J.)(coord), *La réponse pénale, dix ans de traitement des délits,* Presse universitaire de Rennes, 2013, p. 399.

406Pour une définition de la prévention: "*La prévention s'entend de l'ensemble des mesures de politique criminelle, à l'exception des mesures d'intervention pénale, qui ont pour finalité exclusive, ou au moins partielle, de limiter la possibilité de survenance d'un ensemble d'actions criminelles en les rendant impossibles, plus difficiles ou moins probables*" in GASSIN (R.), *Criminologie*, 3ème édition. Précis Dalloz, p. 589.

407 GARAPON (A.), PERDRIOLLE (S.), BERNABE (B.), *L'office du procureur au XXIème siècle*, La Prudence et l'Autorité, IHEJ, chapitre additionnel, p. 17.

opérationnels de sécurité, qui ont directement vocation à constituer le support de l'exercice de l'action publique »[408]. Il semble, en effet, que cette expansion des fonctions du procureur risque d'aboutir vers une dilution de la politique pénale dans celle, plus large, de la politique criminelle proprement dite. En imposant au procureur une participation active dans le domaine de la prévention et de la sécurité, l'action du procureur n'est plus tournée vers la politique pénale mais vers d'autres politiques publiques communes. Un substitut déclarait : « *Pour moi le rôle essentiel de la justice est répressif ; il est préventif à travers la dissuasion. A mon avis, la prévention ce n'est pas notre domaine. Ça ne veut pas dire qu'il faille complètement l'écarter, mais ne pas s'y engouffrer. (…)* »[409]. Or, nous le verrons, ce qui caractérise la politique pénale c'est que celle-ci est particulière, différente des autres politiques publiques et c'est en cela qu'elle peut être mise en œuvre de manière impartiale (voir section 2). Sortir le procureur de ce cadre implique nécessairement un risque de partialité.

2. Les risques de l'opérationnalisation des instances de coproduction: le cas de l'Etat-major de sécurité

La tripartition des pouvoirs exige donc une coopération respectueuse des fonctions propres à chaque intervenant. Comment résoudre ce dilemme de la nécessité de l'implication des procureurs dans ces partenariats tout en prenant en acte de la suspicion que cette relation vient nourrir ?

Ce problème n'est pas purement théorique, l'actualité en atteste. En effet, suite aux attentats de Nice du 14 juillet 2016, une enquête préliminaire a été ouverte contre la Ville de Nice et contre l'État pour mise en danger d'autrui au motif que tout n'avait pas été fait lors de l'organisation du dispositif

---

408 Rapport J. Beaume, *op. cit.* p. 58.
409 WYVEKENS (A.), *op. cit.* p. 274.

de sécurité (notamment la prévention d'un camion bélier). Cette enquête préliminaire a finalement été classée sans suite par le procureur du Nice estimant qu'*«aucune faute n'exposant autrui à un risque d'une particulière gravité»* ne pouvait être caractérisée. Toutefois, le procureur de Nice ayant justement participé au dispositif de sécurité, l'association de victimes y voit un risque de partialité. En effet, « *Sa participation aux réunions préparatoires sur les risques d'attentat avant le 14 juillet, pourrait compromettre l'objectivité de l'enquête* »[410]. Plusieurs possibilités dans ce cas sont possibles, soit un dépaysement de l'affaire vers un autre procureur objectivement plus impartial soit la saisine d'un juge d'instruction. C'est finalement la seconde option qui fut choisie.

Cette affaire est topique des soupçons de partialité qui pèsent aujourd'hui sur le ministère public et vont dans le sens de ce qui a été vu précédemment. L'emploi de la plainte avec constitution de partie civile ne sert pas ici à obtenir une plus ample information sur les circonstances du dysfonctionnement du dispositif de sécurité. Elle est utilisée pour corriger les risques de partialité du procureur. Or, cette affaire cumule justement deux points mis en exergue jusqu'ici : d'une part, l'attraction du procureur vers la sphère administrative[411] et d'autre part, l'intervention des associations de victime venant faire office de procureur privé pour compenser la carence du parquet (idée de procureur partie-suppléant). Les deux écueils qui ont été développés lors de la Partie 1, chapitre 2, (rapprochement avec la police et développement des associations) se trouvent donc vérifiés empiriquement par cette affaire.

---

410 Journal Libération, « *Attentat de Nice : ouverture d'une information judiciaire sur d'éventuelles failles dans le dispositif de sécurité* », 3 avril 2017.

411 Qui correspond à la fois au risque d'une trop forte implication dans la sphère policière (voir *supra* Partie 1) mais aussi au risque d'une participation aux politiques publiques autre que pénale.

Cependant, doit-on conclure que le procureur n'a pas sa place dans ces instances de prévention et de sécurité, notamment les EMDS ? La participation du procureur dans la construction du dispositif de sécurité implique-t-elle nécessairement sa partialité s'il est amené à connaître de son dysfonctionnement ? Il est possible de suggérer certaines pistes de réflexion nous permettant de répondre par la négative. A contre-pied du raisonnement holiste qui doit gouverner notre sujet, une approche réductionniste de l'instance en cause est ici intéressante pour comprendre distinctement les rôles de chacun. Cette approche nous permettra de conclure à la possibilité, pour le procureur de la République, de se saisir de ce genre d'enquête typique de l'affaire de Nice.

Il s'agit ici de garantir l'impartialité objective du procureur lors de la tenue d'un EMDS. La participation des procureurs est absolument indispensable et il ne sera pas défendu la thèse simpliste d'un retrait des magistrats parquetiers de ce type d'instance. En effet, la loi du 15 août 2014 est venue renforcer le pouvoir des EMDS dans le champ de l'exécution des peines, ce qui suppose la présence du procureur[412]. Ainsi, l'article L132-10-1 du Code de la sécurité intérieure dans son 3° dispose : les EMDS « *3° Organisent les modalités du suivi et du contrôle en milieu ouvert, par les services et personnes publiques ou privées mentionnés au premier alinéa du présent I, des personnes condamnées sortant de détention, désignées par l'autorité judiciaire compte tenu de leur personnalité, de leur situation matérielle, familiale et sociale ainsi que des circonstances de la commission des faits* ». De ce fait, outre l'application concrète des questions de sécurité établies par le Comité départemental de sécurité (l'EMDS étant son organe opérationnel), l'Etat-major de sécurité détient désormais certaines

412 Article 32. al. 3 du C. pr. pén: "*Il* (le procureur) *assure l'exécution des décisions de justice*".

prérogatives intéressant directement le ministère public. Son implication est donc indispensable et justifiée.

De plus, il semble que les garanties d'impartialité, telles que le contradictoire, la collégialité ou la motivation sont insuffisantes pour évincer tout risque de partialité objective. C'est d'ailleurs ces principes qui posent problème et suggèrent une partialité (*cf.* effet réversible). En outre, la question de la publicité comme marque de contrôle et de transparence ne permettrait pas de résoudre la difficulté puisque l'une des particularités de cette instance est la possibilité d'échange d'informations confidentielles. Le même article L132-10-1 du CSI dispose en effet dans son II : *« Les informations confidentielles échangées en application du I du présent article ne peuvent être communiquées à des tiers. Toute personne destinataire d'une telle information est tenue au secret professionnel, dans les conditions et sous les peines prévues aux articles 226-13 et 226-14 du code pénal »*. La préservation de l'impartialité objective du magistrat parquetier se pose donc avec force et au-delà même du procureur, il semble bien que le moindre contact avec ce type d'instance jette le trouble sur la partialité du magistrat. Un récent arrêt du Conseil d'État du 24 mai 2017 est ainsi venu clarifier la situation du juge de l'application des peines en la matière[413]. En effet, le syndicat de la magistrature et le syndicat des avocats de France ont demandé, dans un recours pour excès de pouvoir, au Conseil d'État, d'annuler le décret n° 2015-1272 du 13 octobre 2015 pris pour l'application de l'article L132-10-1 du CSI au moyen que l'avis rendu par le JAP sur la désignation par le procureur du condamné sortant de détention supposerait une atteinte à son impartialité «*structurelle*». Selon les demandeurs, dans le cas où ce même JAP était amené à réexaminer la situation de ce condamné dans le cadre de ses prérogatives en matière de modalité d'application des peines, ce juge serait partial car il aurait pris part à la désignation du condamné dans une phase antérieure (par l'avis rendu). Bien heureusement, le Conseil d'État

---

[413] CE, 6ème et 1ère ch. Réunies, 24 mai 2017, n° 395321.

écarte le moyen : «*Que, contrairement à ce qui est soutenu, l'avis rendu par le juge de l'application des peines sur la désignation de ces personnes ne saurait, par lui-même, porter atteinte à l'impartialité de ce juge lorsqu'il aura de nouveau à connaître des modalités de l'application des peines des intéressés*». De plus, elle rejette le moyen portant sur l'atteinte à la séparation des pouvoirs s'estimant incompétente car relevant de la procédure de la question prioritaire de constitutionnalité (la disposition du décret étant la réplique exacte de la disposition législative, le contrôle lui était impossible en raison de la théorie de la loi-écran). Par ailleurs, l'examen de l'atteinte à la séparation des pouvoirs sur cette disposition semble compromis car le Conseil Constitutionnel, dans une décision du 23 septembre 2016 a accordé un brevet de constitutionnalité pour la portion de l'article L132-10-1 du CSI en cause[414]. Des circonstances nouvelles devront donc être justifiées...

A l'évidence, le Conseil d'État opère une analyse pragmatique de la situation pour conclure, comme pour la Cour européenne des droits de l'homme s'agissant du juge d'instruction, à l'absence d'atteinte à son impartialité fonctionnelle puisque le magistrat ne s'est impliqué que de manière très indirecte par l'intermédiaire du procureur qui le sollicite. C'est donc la faiblesse d'implication du JAP qui justifie l'absence d'atteinte à son impartialité.

Cet exemple jurisprudentiel doit-il nous inspirer pour être transposé au cas du parquetier ? Il semble que non. En effet, déclarer que le procureur doit s'investir faiblement dans l'EMDS afin de préserver son impartialité est un moyen d'éluder le problème. On retomberait dans cette «*stratégie d'évitement*» développée plus haut. Or, si cette posture de retrait est acceptable pour certaines instances, elle ne l'est pas

---

414 Conseil Constitutionnel, 23 septembre 2016, n° 2016-569, QPC, *Syndicat de la magistrature et autre [Transaction pénale par officier de police judiciaire - Participation des conseils départementaux de prévention de la délinquance et des zones de sécurité prioritaires à l'exécution des peines]*.

pour l'EMDS qui est un organe plus opérationnel. Comme l'exprime Mr. C. Schott, «*l'effectivité et l'efficacité du partenariat entre le préfet et le procureur, par-delà les directives reçues, dépendent en réalité beaucoup de leur personnalité et leur capacité à nouer des liens de personne à personne*»[415]. Les ambitions d'un tel organe seraient largement réduites si l'on devait envisager le procureur comme un simple consultant passif.

Par conséquent, si l'on veut garantir l'impartialité du ministère public au sein de ces instances, c'est donc avant tout l'objet et le champ de compétence de ce type de partenariat qu'il faut interroger. Il devient nécessaire de bien circonscrire et de définir la finalité de chaque réunion et l'apport de chaque intervenant suivant ses compétences. Or, justement, le champ d'action de l'EMDS n'a pas été délimité clairement, ce qui a provoqué d'ailleurs une censure du Conseil constitutionnel pour atteinte à la vie privée : «*Toutefois, le législateur a prévu que puisse être transmise à l'état-major de sécurité (...) « toute information » que les juridictions de l'application des peines (...) « jugent utile » au bon déroulement du suivi et du contrôle des personnes condamnées, sans définir la nature des informations concernées, ni limiter leur champ. Ce faisant, même s'il s'agissait d'améliorer le suivi et le contrôle des personnes condamnées, de favoriser l'exécution des peines et de prévenir la récidive, le législateur a porté une atteinte disproportionnée au droit au respect de la vie privée*»[416]. Par un raisonnement analogique, ne pas limiter le champ d'intervention et l'objet des EMDS pourrait porter une atteinte disproportionnée à la séparation des pouvoirs et à la spécificité des fonctions du procureur et du préfet. Ainsi, les liens qui se nouent entre le préfet et le procureur «*excluent la subordination de l'un à l'autre, mais reposent sur le sens de la mission,*

---

415 SCHOTT (C.), Pouvoir exécutif et pouvoir judiciaire· les relations entre le préfet et le procureur de la République, *Cahier de la sécurité et de la Justice* n° 31, 2015, p.37.

416 Conseil Constitutionnel, 23 septembre 2016, n° 2016-569, QPC, *Syndicat de la magistrature et autre [Transaction pénale par officier de police judiciaire - Participation des conseils départementaux de prévention de la délinquance et des zones de sécurité prioritaires à l'exécution des peines]*.

ainsi que le respect de la fonction propre de chacun au sein de l'appareil d'État»[417]. Ceci signifie que chacun doit intervenir dans les limites de sa fonction avec pour même finalité l'objet de l'instance partenariale. Si une synergie est construite entre le préfet et le procureur, il ne s'agit pas pour autant d'une confusion. Deux choses doivent donc être maintenant précisées :

Tout d'abord, le grief de partialité découle de l'assimilation du procureur (qui doit avoir une fonction judiciaire) à une instance ayant une connotation largement administrative (prévention des troubles à l'ordre public). Pour pallier cet amalgame, il convient donc de bien distinguer l'instance d'ensemble (l'EMDS) et une des parties qui la compose (le procureur). En effet, il s'agit ici de comprendre, par une approche réductionniste, que le caractère administratif de l'EMDS n'implique pas une définition administrative des fonctions du procureur lorsqu'il intervient en son sein. Cette idée nous amène à la seconde précision.

Si l'apparence administrative de l'EMDS ne préjuge pas de la fonction du procureur, il faut donc bien comprendre quel est l'apport de ce dernier au sein de l'EMDS. Ceci nous amène une fois de plus à discuter des fonctions du procureur en matière de prévention de la délinquance. Cette fonction doit être bien comprise. Si l'article 39-2 al. 2 du CPP dispose depuis la loi du 5 mars 2007 que le procureur «*anime et coordonne (…) la politique de prévention de la délinquance*», le texte précise *in fine* que cette prévention dans la délinquance se fait «*dans sa composante judiciaire*». Ainsi, l'intervention du procureur au sein des EMDS reste strictement limitée à sa fonction judiciaire telle que définie par la loi, à savoir les fonctions d'«*alternative aux poursuites, de mise en mouvement et d'exercice de l'action publique, de direction de la police judiciaire, de contrôle d'identité et d'exécution des peines*» (article 39-2 al.1 du CPP). L'objet de la réunion, pour le procureur, doit nécessiter l'application d'une ou plusieurs

---

[417] *Ibid.*

de ces six prérogatives de prévention de la délinquance. Dans le cas contraire, l'action du procureur s'écarterait de sa composante judiciaire.

En d'autres termes, l'intervention du magistrat-parquetier au sein de l'EMDS n'implique pas sa dilution dans la sphère administrative, car celui-ci reste clairement cantonné dans ses fonctions judiciaires en apportant son concours à une mission plus globale. Si le préfet, la police et le procureur agissent en synergie et en cohérence, leurs fonctions ne sont pas pour autant confondues. Ainsi, pour prendre un exemple très concret, la question de savoir, pour le cas de l'attentat du 14 juillet 2016 à Nice, s'il était opportun ou non de mettre en place des blocs de béton anti-intrusion relève purement d'un enjeu de police administrative générale destiné au maintien de l'ordre public. Un magistrat parquetier ne doit donc pas se prononcer sur ce type de mesure lors d'un EMDS. De cette manière, le système de coopération ne suppose pas une confusion de compétence ni un mélange des genres. Le magistrat parquetier pourra mettre à profit la composante préventive de son pouvoir judiciaire répressif (par exemple, des contrôles d'identité ou une politique pénale adaptée à l'évènement) au sein d'une instance axée sur *« les différents champs de la sécurité intérieure »*[418]. Ainsi, on peut comprendre que malgré le caractère administratif de la structure de l'EMDS, l'action du parquet demeure judiciaire quant à l'objet dans lequel il intervient et peut alors s'intégrer en elle sans perdre sa spécificité. De cette manière, le parquet peut connaître des fautes pénales de l'administration puisqu'il n'intervient pas dans ce domaine. Il n'est donc pas « juge » et « partie ».

En un mot, le grief de partialité soulevé contre le Procureur de Nice proviendrait en l'espèce essentiellement d'une

---

418 SCHOTT (C.), Pouvoir exécutif et pouvoir judiciaire· les relations entre le préfet et le procureur de la République, *Cahier de la sécurité et de la Justice* n° 31, 2015, p.35.

équivoque sur la délimitation de l'objet de l'EMDS et de ce que recouvre la notion de "*prévention*", qui peut être à la fois administrative et judiciaire. Il reste que ce dilemme se complexifie aujourd'hui lorsque la frontière entre la police administrative et la police judiciaire devient de plus en plus ténue (développement des infractions-obstacles, incrimination des actes préparatoires…).

En tout état de cause, l'ouverture des parquetiers aux politiques de la ville, et partant, à une connaissance plus fine de la science administrative et des rouages de la machine étatique est aujourd'hui nécessaire en ce qu'elle permet au procureur de mobiliser des ressources indispensables à la poursuite de ses objectifs en matière de politique pénale.

§ 2. L'utilité des négociations partenariales : une mobilisation des ressources nécessaire à une politique pénale impartiale

L'insertion locale de la justice pénale et les rapports avec les autres instances privées ou publiques sont également perçus comme des moyens de compenser les difficultés économiques de la Justice. Plus encore, les négociations et la recherche de prestataire (associatif ou communal) permettent au procureur de mieux diversifier ses réponses pénales en favorisant par exemple les voies réhabilitatrices plutôt que strictement répressives (B). Les négociations partenariales sont donc un des facteurs garantissant l'impartialité du procureur de la République en ce qu'elles lui permettent d'être moins tributaire des contraintes proprement humaines ou budgétaires qu'il n'est nul besoin ici d'étayer. Elles sont aussi utiles puisqu'elles lui permettent de discuter des instructions préfectorales en amont, ce qui permet au procureur de réaffecter un certain nombre d'effectifs dans l'orientation de sa politique pénale (A).

A. Une influence sur l'alimentation de la chaîne pénale : la relation Procureur-Préfet

La dyarchie qui caractérise la police suppose pour le procureur de devoir composer avec les stratégies et les orientations du préfet dont la logique, on l'a dit, diffère largement du premier. Le procureur mettra en œuvre une politique pénale dans une logique judiciaire, tâchant de prendre en compte la délinquance dans toutes ses disparités et sa complexité. Le second répondra à une logique administrative éventuellement orientée sur une délinquance visible et quantitative.

Cette divergence de politique fait résulter une tension contradictoire s'agissant des directives adressées à la police, première pourvoyeuse d'affaires devant la justice pénale. Ainsi, les objectifs donnés aux policiers ont des conséquences directes sur le profil de dossier à traiter par la juridiction pénale, son fonctionnement, sa capacité d'absorption, et partant sur la liberté du procureur à mettre en œuvre sa politique pénale.

Il y a donc une négociation qui se crée entre les deux hiérarchies et si le risque d'une influence administrative sur le judiciaire est possible, la réciproque est également envisageable. Cette possibilité est rendue possible notamment par les États-majors de sécurité. Ces instances leur donnent « *l'occasion d'influer sur les priorités policières et préfectorales, et partant sur l'alimentation de la chaîne pénale, notamment concernant le traitement de la délinquance routière, qui engorge de nombreuses juridictions* »[419]. L'exemple des conduites en état alcoolique (CEA) est caractéristique. Un procureur s'exprimait sur le sujet: « *(...) Bien, si on met toutes nos forces sur ce que l'on appelle nous plus communément les CEA, je veux dire on peut remplir des audiences pendant des années sans difficulté. Le seul problème c'est que ça assèche complètement nos*

---

419 GAUTRON (V.), RETIERE (J-N), *op. cit.* in DANET (J.)(coord), *La réponse pénale, dix ans de traitement des délits,* Presse universitaire de Rennes, 2013, p. 379.

autres possibilités de poursuites et on a d'autres faits qui méritent des poursuites. Donc on est obligé de dire à certains moments, les CEA c'est bien mais faut peut-être vous calmer parce que nous on doit poursuivre d'autres actes, par exemple, les violences sur les femmes, les stups, etc. (...) »[420].

La négociation et le consensus sont donc des moyens de débloquer une marge d'autonomie sans quoi le procureur serait dépendant des actions en amont de ses interventions. C'est pourquoi, l'argument selon laquelle l'insertion locale serait synonyme de dépendance et de contrainte peut être renversé, ou plutôt retourné.

L'utilité de ces instances de coproduction réside également dans le fait qu'elle instaure une mise en réseau des différents partenaires facilitant, pour le procureur, une prospection des ressources lui permettant de diversifier au maximum ses réponses pénales.

B. Une prospection des ressources pour une politique pénale désentravée

La diversité des réponses pénales implique aujourd'hui une multiplication des acteurs de prise en charge (médecin, travailleurs sociaux, délégué du procureur pour l'application d'alternative aux poursuites, association, construire et suivre des partenariats avec les municipalités pour qu'ils accueillent des TIG...). L'efficacité des mesures prises par le procureur (et donc leur opportunité) dépend de ces nouvelles variables qu'il faut financer. Comme l'expliquait A. Wyvekens, pour certains procureurs « *seul l'échelon local est susceptible de fournir à la justice les ressources (hébergement, travail, formation) que nécessite la prise en charge d'une population dont la délinquance s'inscrit sur un fond de crise économique, de problèmes urbains, engendrant une marginalisation et une paupérisation croissantes et face à laquelle les politiques*

---

[420] *Ibid.* p. 379.

répressives se révèle d'une efficacité relative ». Il y a bien une corrélation entre les nouvelles pénalités « re-socialisante », coûteuses en argent et en expertise et cette philosophie de la coopération et du réseau. Cette manière de penser le partenariat, comme moyen de rechercher des prestataires, n'est donc pas en soi critiquable. Sur ce point les termes « *de stratégie utilitariste* » ou « *d'instrumentalisation* [421]» sont peut-être un peu forts car ces principes de coopération et de réseau découlent de ce mouvement tendant à considérer la justice comme restaurative et participative. Cette justice prônant la réinsertion sociale accompagne ce système de coopération globale et sollicite donc le procureur dans cette attitude.

Du moins, cette « stratégie utilitariste » se retrouve cependant dans l'intérêt que porte le ministère public lors de l'affectation des crédits du Fonds interministériel de prévention de la délinquance (FIPD) qui forme une « *manne financière non négligeable* »[422]. Ce FIPD est en effet perçu comme un financement d'appoint pour mettre en œuvre leur politique pénale alors que l'objectif initial de ce fond est tourné normalement vers la prévention de la délinquance. De la sorte, le système de coopération permet de faire plonger l'institution du ministère public dans le bain de la science administrative, ce qui n'est pas ici péjoratif. Il s'agit simplement de leur permettre de mieux comprendre et donc de mieux saisir les opportunités de financement public qu'offre la machine étatique encore largement centralisée et verrouillée.

Sans aucun doute, cette faculté d'obtenir des crédits supplémentaires en dehors de ceux relevant des crédits de droit commun ou encore le suivi et la construction des partenariats ne relèvent pas de leur qualité de juriste et pourrait constituer très facilement une nouvelle fonction. Comme l'expliquait Marc Robert, alors procureur général près la cour d'appel de

---

421 *Ibid.* p. 396.
422 *Ibid.* p. 397.

Riom, « *la politique pénale est un véritable métier, qui n'a pas, à ce jour, d'autre école que celle de l'expérience, si possible partagée* »[423].

En définitive, ce système de coproduction présente l'avantage d'offrir au procureur de la république, certes une meilleure connaissance des enjeux locaux, mais également une meilleure appréhension des capacités locales, des offres réhabilitatrices que le territoire (commune, département, EPCI…) peut donner. On peut estimer que cette connaissance doit lui permettre de redéfinir sa politique pénale en fonction de leurs capacités réelles pour que chaque mesure soit assurée dans son plein effet. La redéfinition de la politique pénale et la nouvelle hiérarchisation des priorités en fonction de l'estimation de leur efficience impliqueraient ainsi plusieurs conséquences. La politique pénale coïnciderait enfin avec le principe de réalité territoriale. Comme l'expliquait A. Garapon, S. Perdriolle et B. Bernabe, « *cela renforcerait la crédibilité de l'action publique et, partant, sa légitimité. Sans compter que cela redonnerait une seconde jeunesse au principe d'opportunité des poursuites* »[424]. Cette idée, que nous partageons, est fondamentale si l'on veut redonner une force à l'opportunité des poursuites. Le lien qui est fait entre la crédibilité de l'action publique, c'est-à-dire son efficacité avec la légitimité de son action correspond en effet à ce que l'on appelle communément une légitimité d'exercice. Caractéristique d'une légitimité « précaire » dont dispose le procureur, celle-ci croît et décroît suivant l'efficience de son action. Il n'est donc pas difficile de comprendre que la pratique du rappel à la loi comme « réponse pénale » n'est plus ici pertinente...

Il convient donc maintenant de tirer toutes les conséquences de l'impartialité du ministère public ce qui fait

---

423 ROBERT (M.), *le rôle du procureur général en matière de politique pénale au début du XXIè siècle*, in « *Quel avenir pour le ministère public ?* » : *[actes de la conférence tenue le 12 octobre 2007 au Sénat*] éd Paris Dalloz, 2008, p.147.

424 GARAPON (A.), PERDRIOLLE (S.), BERNABE (B.), *L'office du procureur au XXIème siècle*, La Prudence et l'Autorité, IHEJ, chapitre additionnel, p.19.

intervenir, dès lors, la question des sources de légitimité du procureur de la République.

Section 2. L'impartialité comme nouvelle source de légitimité dans l'application de la politique pénale

« *Si vous aimez vous insérer dans la vie de la cité, alors soyez magistrat du parquet* »[425]. Tout est résumé dès 1996 par ce substitut du procureur. Le ministère public occupe désormais une place fondamentale dans le fonctionnement de la société. L'étude sur l'impartialité du ministère public nourrit donc la réflexion non pas strictement sur le plan judiciaire mais bien plus globalement sur le plan politique. Les deux interférant l'un et l'autre, *a fortiori* concernant le ministère public, dont on a vu l'ambiguïté institutionnelle. « *La catégorie d'impartialité n'est donc désormais plus seulement référée à l'ordre judiciaire. Elle s'est imposée dans l'ordre politique comme le vecteur d'une aspiration à la formation d'un espace public plus argumenté et plus transparent* »[426].

L'objectif ici sera simple et découle directement de tout ce qui a été dit antérieurement. Nous avons vu que dans ce débat resserré sur l'impartialité du ministère public (v. Partie 1. Chap 1), son objectivité était remise en cause par sa dépendance nécessaire avec le pouvoir hiérarchique au nom d'une légitimité démocratique (article 20 de la Constitution). Or, il a été observé à maintes reprises que la question de l'indépendance n'était plus fondamentale dans ce système de coopération (v. Partie 2. chap 1).

L'hypothèse est donc maintenant de démontrer d'une part, qu'il faut comprendre les choses de façon inverse, en ce sens qu'il semblerait que c'est l'impartialité, source de légitimité démocratique, qui entraînerait une meilleure

---

425 A. WYVEKENS, *op. cit.* p. 210.
426 ROSANVALLON (P.), *op. cit.* p. 171.

indépendance (§1). D'autre part, nous tirerons de cette nouvelle indépendance les conséquences que celle-ci implique en termes de modalités des poursuites, notamment sur le principe d'opportunité (§2).

§ 1. De l'impartialité à l'indépendance : le rapport hiérarchique comme source secondaire de légitimité

Le ministère public s'inscrit dans un subtil équilibre entre différentes sphères, à la fois judiciaire, administrative, policière, politique, médiatique et gestionnaire. *« Si on ignore quand ce rééquilibrage des pouvoirs verra le jour, on sait qu'il suppose de nous séparer de notre vieille propension à couler nos institutions dans le moule de l'État unitaire (…). S'il doit être reconnu plus indépendant, le parquet français devra mobiliser les ressources d'une légitimité encore en sommeil »*[427]. C'est très justement l'objectif de cette section conclusive : développer ce qui serait une légitimité démocratique d'impartialité où l'action publique (dans son double aspect, individuel et collectif) constituerait une forme nouvelle d'énonciation de l'intérêt général au sens politique du terme, et non pas uniquement une action d'application de la loi dans un litige judiciaire donné.

Pour ce faire, deux éléments devront être développés puis regroupés pour démontrer qu'une politique pénale impartiale confère au parquet une légitimité démocratique et donc une indépendance plus forte vis-à-vis du pouvoir exécutif. D'une part, il conviendra d'expliquer en quoi l'impartialité peut être comprise comme une forme de légitimité démocratique (A). D'autre part, il s'agira de savoir si la politique pénale est une politique publique particulière qui peut s'appliquer de manière impartiale (B).

427 MILBURN (P.), KOSTULSKO (K.), SALAS (D.), *Les procureurs, Entre vocation judiciaire et fonctions politiques*, éd PUF, 2010 p. 220.

A. L'impartialité comme fondement d'une nouvelle légitimité : un rapprochement théorique avec les autorités administratives indépendantes

Rappelons ce qu'il a été dit en introduction, « *l'impartialité du juge n'est pas la réalisation de son indépendance* ». Mais, s'agissant du parquet, l'indépendance ne pourrait-elle pas être la réalisation de son impartialité ?

La légitimité d'impartialité présente cette particularité de former une représentativité différente de celle traditionnelle issue de l'élection. Elle se détache d'une représentativité de délégation issue du scrutin. La légitimité d'impartialité ne doit pas être comprise comme concurrente ou comme ayant vocation à se substituer à l'ancienne légitimité classique. Au contraire, elle est un enrichissement de la représentation démocratique et vient faire système avec elle. La fiction démocratique selon laquelle la volonté majoritaire découlant du vote équivaut à la volonté générale se retrouve par-là atténuée et plus acceptable. C'est d'ailleurs en ce sens qu'il faut comprendre la proximité entre l'organe représentatif (en l'occurrence le procureur) et la généralité. Être proche ne doit pas être entendu comme un risque d'être influencé, mais comme un moyen de s'immerger et de négliger aucune donnée, de là découle une perception de la généralité. P. Rosanvallon parle ainsi de « *généralité d'attention à la particularité* [428]» qui n'est pas contradictoire avec l'impartialité.

L'intérêt pour le ministère public de découvrir une légitimité qui sommeille encore est double. Certes, cela aurait pour effet de rendre le lien avec la chancellerie plus lâche, mais il en va également de sa crédibilité. La légitimité qui rejaillit sur le procureur par son lien avec le pouvoir exécutif et par l'application de la loi ne se suffit plus. On constate en effet un

---

[428] ROSANVALLON (P.), *op. cit.* p. 18.

certain délitement de la légitimité issue du rapport hiérarchique et de l'application de la loi qui résulte directement de la perte de représentativité de l'administration et de la force du pouvoir législatif. « *La légitimation par les urnes a d'abord reculé, du fait de la relativisation et de la désacralisation de la fonction de l'élection* », de même que « *le pouvoir administratif a (…) été dépossédé des éléments moraux et professionnels qui lui avaient autrefois permis de s'imposer. L'affaiblissement de sa légitimité s'est ainsi ajouté à celui de la sphère électorale-représentative* »[429]. La nature a horreur du vide et le ministère public a démontré sa capacité à le combler, il est donc assez logique qu'il ait su saisir cette opportunité d'une légitimation par l'impartialité. La perte de vitesse des anciennes représentations démocratiques (électorale et administrative) n'est évidemment pas ignorée des gouvernants, de même que la nouvelle demande sociale d'impartialité. Il n'est donc pas étonnant d'observer une extension du principe d'impartialité dans le champ du droit administratif. Le Conseil d'État, dans un arrêt de 1999 (Arrêt Didier[430]) consacre l'impartialité comme un principe général applicable à l'ensemble de l'activité administrative[431]. Dans le même sens, il n'est pas anodin de constater cette tendance des nouveaux acteurs politiques à concevoir des « *lois de moralisation la vie publique* » pour éviter tout conflit d'intérêts, c'est-à-dire « être impartial ».

La difficulté présente dans l'institution du ministère public relève de cette ambiguïté de rattachement à l'institution judiciaire (autorité judiciaire) et du garde des sceaux (pouvoir exécutif). Le parquet forme ainsi ce que l'on peut appeler des « points de contact » entre les différents pouvoirs, ce qui a justifié pendant très longtemps un grief de partialité et un risque

---

429 *Ibid.* p. 14-15.
430 CE, Sect., 3 décembre 1999, *Didier,* AJDA, 2000, p. 172, concl. A. Seban.
431 Voir, DUBITON (S.), *La protection des libertés publiques par les autorités administratives indépendantes, une solution démocratique?*, LGDJ, 2016, p. 139.

d'atteinte à la séparation des pouvoirs. Or, cette situation n'est pas unique dans le paysage institutionnel français.

Il existe également ce même reproche d'atteinte à la séparation des pouvoirs envers ce que certains ont qualifié « *d'oxymore juridique* » et constitutionnel que sont les autorités administratives indépendantes (AAI). « *Ces organisations (AAI) ont en commun de présenter un caractère hybride : elles possèdent une dimension exécutive tout en exerçant des fonctions d'ordre normatif et judiciaire* »[432]. Il y a donc une analogie à faire et qui peut être intéressante entre ces deux institutions. Rosanvallon l'écrit explicitement d'ailleurs, les AAI « *présentent une certaine parenté avec les institutions judiciaires* »[433]. Cette parenté est également compréhensible lorsque la création de certaines AAI a résulté d'un « *échec du judiciaire* ». L'exemple de la Haute Autorité de lutte contre les discriminations et pour l'égalité (HALDE) est sur ce point parlant. Sur cette création de la HALDE, il a pu être dit « *qu'il aurait fallu aiguillonner le Parquet plutôt que de passer la main. Il aurait été préférable de cerner les juridictions en difficulté, et de les renforcer pour qu'elles puissent jouer pleinement leur rôle dans le domaine de la lutte contre les discriminations* »[434]. Il existe donc une similarité dans la matière à traiter. Symbole de cette parenté dans le rôle démocratique que jouent les AAI et le parquet, il n'est pas étonnant que depuis le 19 décembre 2013 la présidence de la Haute autorité pour la transparence de la vie publique (HATVP) soit confiée à l'ancien procureur général près la Cour de cassation, Mr Jean-Louis Nadal.

Le lien entre ces deux institutions est donc facilement perceptible. Les mêmes causes entraînant les mêmes effets, on peut remarquer que les mêmes sources théoriques de la

---

432 ROSANVALLON (P.), *op. cit.* p. 121.

433 *Ibid.* p. 156.

434 GELARD (P.), *Les autorités administratives indépendantes: évaluation d'un objet juridique non identifié*, Rapport de l'Office parlementaire d'évaluation de la législation, Paris, 15 juin 2006, 2 vol, cité par ROSANVALLON (P.), *op. cit.* p. 135.

science politique ont été mobilisées pour justifier leur légitimité démocratique et leur représentativité. En effet, la théorie de l'organe, développé par Carré de Malberg décrit une institution (un organe) pouvant parler au nom de la nation en tant qu'entité à part entière sans se confondre avec les électeurs. S'agissant, de la conception révolutionnaire de 1789, cette idée impliquait que les parlementaires « *ne représentaient pas une collectivité particulière mais la nation en tant que corps social un et indivisible* »[435]. Ainsi, comme l'expliquait F. Hamon et M. Troper, « *il y a un être, le souverain ou l'État, qui, comme un homme, veut et agit par ses organes. De même que les paroles qui sortent de la bouche d'un homme sont imputées à cet homme, de même que les actes émanant du gouvernement ou du Parlement sont imputés à l'État. Pas plus qu'on ne prétend qu'une bouche représente un homme, on ne doit dire que le Parlement représente le souverain. Il est son organe* »[436]. Le recours à la théorie de Carré de Malberg, d'un Hamilton ou d'un Madison a permis de justifier dans son principe le caractère démocratique des AAI. Or, force est de constater que cette théorie de l'organe est également employée pour justifier l'intervention de la magistrature. Bien que non élu, les magistrats agissent de fait pour la Nation. Ils statuent « *au nom du peuple français* » et leur impartialité constitue leur acte de volition.

L'existence d'une légitimité démocratique d'impartialité est donc possible en ce qu'elle démontre une nouvelle forme de généralité (dite négative)[437] et donc représentative. Pour que cette légitimité soit imputable au parquet, encore faut-il qu'il la rende appropriable et qu'il en soit responsable. Or, nous l'avons vu -et c'est pour cela que la question de la légitimité est traitée en dernier dans cette étude-, l'effort des parquetiers est véritablement tourné vers un renforcement de la lisibilité et une compréhension de son action. Le souci de

---

435 ROSANVALLON (P.), *op. cit.* p. 143.
436 HAMON (F.), TROPER (M.), *Droit constitutionnel*, 35è éd., Paris, LGDJ-Lextenso, coll. "*Manuel*", 2014 p. 185, cité par S. DUBITON, *op. cit.* p. 136.
437 ROSANVALLON (P.), *op. cit.* p. 156.

publicité par les nouveaux temps forts procéduraux ou de transparence notamment par l'exigence de motivation de sa politique pénale correspond à cette évolution profonde de notre démocratie où la société civile s'approprie et participe à la mise en œuvre des politiques. Il n'est donc pas étonnant que ce phénomène ait des répercussions dans l'administration de la peine (on renvoie ici à la philosophie des droits subjectifs de l'individu dans la procédure de CRPC...)[438].

B. La politique pénale comme politique publique particulière : une réponse à l'obstacle de l'article 20 de la Constitution

La prolifération des autorités administratives indépendantes répond à l'objectif de pallier le déficit démocratique dans certaines matières très sensibles en termes de liberté publique et individuelle. Elle a eu pour effet immédiat d'amputer certains pans du pouvoir administratif au profit de ces nouvelles institutions. A l'instar de ces autorités administratives indépendantes, la question d'une indépendance du procureur dans la mise en œuvre d'une politique pénale pose le problème de sa conformité avec l'article 20 de la Constitution : « *Le gouvernement détermine et conduit la politique de la nation* ». Mireille Delmas-Marty a pu le rappeler, on voit mal comment « *la politique pénale, publique par définition lorsqu'elle concerne l'action publique, pourrait ne pas faire partie des politiques de la nation, au sens de l'article 20 de la Constitution* »[439]. Si l'affirmation est exacte, on peut cependant se demander si la politique pénale est susceptible d'aménagement, en accord d'une part avec le principe de séparation des pouvoirs, et d'autre part avec le principe d'impartialité.

---

438 V. CANTELLI (F.) et GENARD (J-L.) (coord.) *Action publique et subjectivité*, Paris, LGDJ, 2007.

439 DELMAS-MARTY (M.), *op. cit.*

Tout d'abord, le principe de séparation des pouvoirs dans son application pratique doit être fortement nuancé. Toutefois, les débats et la confrontation entre les autorités administratives indépendantes et le dogme de la tripartition des pouvoirs comme moule institutionnel ont entraîné une révision féconde de la théorie de Montesquieu. « *Peut-on vraiment considérer que cette trilogie des pouvoirs- pour être certainement un moment essentiel de la pensée politique conservant une valeur de référence évidente implique le rattachement en bloc de chaque institution publique à l'un de ces pouvoirs ?* »[440]. De nombreux auteurs répondent par la négative, notamment Carré de Malberg, et le professeur de Toulouse Maurice Hauriou qui estimaient que l'interprétation traditionnelle proposée par C.Eisenmann reposait sur une méprise : le fait d'avoir confondu les pouvoirs avec les fonctions étatiques. Il écrivait ainsi : « *Malheureusement, faute d'avoir analysé exactement la nature des pouvoirs publics, on a pris pour base de la séparation des pouvoirs les fonctions correspondantes. On a dit : le pouvoir législatif se caractérise par la fonction législative, le pouvoir exécutif par la fonction exécutive etc.* ». M. Hauriou résume ensuite son idée en expliquant qu' « *il faut que les pouvoirs de gouvernement ne soient pas séparés au point de ne plus pouvoir collaborer, il faut que chacun d'eux intervienne dans plusieurs fonctions, de façon qu'ils puissent se rencontrer et s'arrêter les uns des autres ou marcher de concert* ». Le pouvoir serait la faculté de mettre en œuvre une puissance, tandis que la fonction est fondée sur l'acte lui-même. La fonction (la fin) est donc distinguée du pouvoir (le moyen)[441]. C'est de cette manière qu'un cumul des fonctions est envisageable et qu'il ne faut pas comprendre la séparation des pouvoirs comme un dogme insurmontable.

Par ailleurs, pour que le ministère public dispose de cette légitimité démocratique d'impartialité, encore faut-il que la mise en œuvre de cette politique pénale (qui ne contredit

---

440 GAUDEMET (Y.), toujours à propos du médiateur..., *AJDA*, 20 septembre 1987 p. 520 cité par. DUBITON (S.), *op. cit.* p. 119.

441 En ce sens, voir DUBITON (S.), *op. cit.* p. 122-123.

pas le principe de séparation des pouvoirs) puisse être appliquée de façon impartiale. En effet, toutes les politiques publiques ne s'accommodent pas du principe d'impartialité en ce sens qu'elles sont par nature partisanes. En bref, la politique pénale est-elle une politique particulière ?

La démocratie implique nécessairement la contradiction, le pluralisme, l'exigence de prendre parti dans un débat. Elle est donc une société de conflits. Cependant, ces débats n'en restent pas moins fondés sur un préambule commun, des principes supérieurs reconnus par tous, sans quoi le débat tournerait à l'affrontement. Deux politiques doivent donc être distinguées, celle partisane (conflictuelle au sens du débat démocratique) et consensuelle (impartiale, fondée sur des valeurs intangibles de la république). En ce sens, P. Rosanvallon explique qu' « *il n'y a plus de démocratie sans formation d'un monde commun, reconnaissance de valeurs partagées qui permettent aux conflits de ne pas monter aux extrêmes de la guerre civile* »[442]. Deux types de politiques publiques donc : les politiques publiques partisanes (naturelles et légitimes dans une société démocratique) et les politiques impartiales, qui défendent ces valeurs communes et ce socle nécessaire à la bonne marche des débats démocratiques.

Si l'on reprend la fonction de la politique pénale, celle-ci vise à appliquer la loi pénale -c'est à dire les règles de droit visant à protéger nos valeurs sociales les plus fortes- dans le respect du principe de l'égalité par son adaptation aux circonstances locales. Les procureurs, dans leur office substitué, représentent « *les principes de l'État de droit, le respect des droits de chacun, la protection contre les empiétements du pouvoir sur les droits de chacun (…). Il (le ministère public) se réfère à la raison d'État dans le premier sens du terme, c'est-à-dire non seulement au pouvoir mais aussi à la référence du pouvoir, en somme à la Constitution, aux principes*

442 ROSANVALLON (P.), *op. cit.* p. 27.

fondamentaux et aux droits de l'homme »[443]. Cette description d'A. Garapon coïncide exactement avec les deux dimensions décrites par P. Rosanvallon pour caractériser une politique d'impartialité, à savoir premièrement, les politiques relevant du contrat social, garantissant la « *prééminence des règles de droit, la préservation des principes républicains, la garantie de la cohésion nationale* ». Deuxièmement, les politiques consistant à veiller « *au traitement équitable des individus* »[444]. La politique pénale répond à cette exigence de consensus venant stabiliser et garantir la tenue de notre société démocratique par nature conflictuelle. C'est en ce sens qu'elle peut être mise en œuvre de manière impartiale car elle ne répond pas au même registre de la vie démocratique (d'où l'importance de ne pas dénaturer la politique pénale vers une politique publique sécuritaire et préventive).

Voici ce qui caractérise la particularité de la politique pénale largement énoncée par de nombreux auteurs de manière déclarative sans pour autant être explicitée[445]. Le ministère public dispose donc, à notre sens, d'une légitimité démocratique d'impartialité qu'il doit exercer de façon responsable, lui garantissant ainsi une meilleure indépendance. La déclaration, en juin 1997, de l'ancien 1er ministre, Lionel Jospin allait d'ailleurs dans le sens d'une responsabilisation du ministère public: « *J'annonce solennellement que, dès aujourd'hui, plus aucune instruction concernant des affaires individuelles, de nature à dévier le cours de la Justice, ne sera donnée par le garde des Sceaux(…).*

---

443 GARAPON (A.), PERDRIOLLE (S.), BERNABE (B.), *L'office du procureur au XXIème siècle*, La Prudence et l'Autorité, IHEJ, chapitre additionnel, p. 10.

444 ROSANVALLON (P.), *op. cit.* p. 191.

445 Sur des exemples déclarant la politique pénale comme "particulière": Voir, RENOUX (T-S.), l'*apport constitutionnel à la réflexion sur l'évolution du ministère public*, in « *Quel avenir pour le ministère public ?* » : *[actes de la conférence tenue le 12 octobre 2007 au Sénat]* éd Paris Dalloz, 2008, p. 38 ; Ou encore, la description de la politique pénale comme une « *politique singulière* », *in* Rapport J-L Nadal, *op. cit.* p. 29.

La responsabilité d'un exercice équitable et non partisan de l'action publique se trouve ainsi remise aux procureurs généraux et aux procureurs de la République qui en seront comptables devant les citoyens »[446]. L'indépendance n'étant pas une fin en soi, il convient maintenant de tirer les dernières conséquences que celle-ci peut impliquer, notamment en termes d'opportunité des poursuites.

§ 2. De l'indépendance au lien de confiance : une redécouverte de l'opportunité des poursuites envisageable

« *Que le citoyen perde confiance en son juge et c'est la légitimité même de ce dernier qui est alors mis en cause* »[447]. Le lien de confiance ou cette « institution invisible » pour reprendre les mots de P. Rosanvallon, était l'objectif principal de la loi du 25 juillet 2013. Cette question clôturera notre étude sur l'impartialité du ministère public. Il semble, en effet, que de l'impartialité à l'indépendance, de l'indépendance au lien de confiance, la conséquence dernière de ce raisonnement est bien une redécouverte de l'opportunité des poursuites. Toutefois, cette opportunité des poursuites n'aurait pas pour simple fondement la contrainte que tout ne puisse pas être poursuivi. Elle découlerait plutôt d'une confiance dans l'appréciation de l'opportunité d'une poursuite dans un contexte sociétal où les valeurs sociales seraient affermies par le développement d'une démocratie participative.

La légitimité d'impartialité dans l'application de la politique pénale permet de réaffirmer notre socle fondamental de l'État de droit. C'est en cela que la politique pénale est singulière. Or, cette réaffirmation de nos principes généraux par le procureur doit avoir, à terme, pour conséquence de revenir au principe d'opportunité des poursuites, cela pour deux raisons.

---

446 Journal Libération, vendredi 20 juin 1997, p. 5.
447 FRANCILLON (J.), (préface de), JOSSERAND (S.), *op. cit.* p. 1.

La première raison tient d'abord au fait que le choix entre l'opportunité des poursuites et la légalité des poursuites dépend largement de la diffusion des valeurs sociales au sein d'une société. Comme le résumait Maurice Rolland, « *les principes d'opportunité et de légalité des poursuites correspondent à des périodes historiques successives, à des états d'esprit et des mœurs… lorsqu'un État s'organise, lorsqu'une nouvelle civilisation se construit, elle a besoin de règles rigides, de principes fermes dont elle doit exiger l'application étroite et stricte pour s'imposer aux esprits : c'est la légalité et l'égalité des peines, le refus des circonstances atténuantes, la légalité des poursuites. Et puis, l'État a établi sa domination sur les esprits, la civilisation s'est construite, le péril de désordre auquel il fallait parer s'est dissipé, les liens se relâchent, la liberté d'appréciation apparaît et on examine l'opportunité de poursuivre* »[448]. L'opportunité des poursuites se développe ainsi que dans le cadre d'une société dont les bases sont solidement fixées et partagées et où la loi pénale fait l' « *objet d'un profond consensus social* »[449]. Sans parler d'un retour à un ordre moral, le concept de l'État de droit, finalité d'une politique pénale impartiale, pourrait réaffirmer une légitimité que la loi ne garantit plus. En effet, la loi a largement perdu sa qualité d'affirmation des principes fondamentaux, essentiellement d'ailleurs du fait des politiques sécuritaires qui ont impulsé l'automaticité des poursuites[450].

---

448 ROLLAND (M.), Le ministère public en droit français. Le rôle du ministère public. *JCP*, 1956. I. 1281.

449 GARAPON (A.), PERDRIOLLE (S.), BERNABE (B.), *L'office du procureur au XXIème siècle*, La Prudence et l'Autorité, IHEJ, chapitre additionnel, p. 20.

450 Pour un autre exemple d'une perte de rigueur de la loi : l'automaticité a pour effet de « *risquer un genre de désensibilisation quant au sens et à la force de la sanction, par sa répétition, et son caractère trop systématique* ». V. Colloque, *Une évaluation de l'administration de la Justice, les nouveaux traitements des délits*, Nantes, 7 février 2013, p.81.

Conclusion

Conclure sur la notion d'impartialité du ministère public, notion tant de fois étudiée par des juristes de renom est obligatoirement chose malaisée. Que dire de définitif? Le débat sur l'impartialité s'est cristallisé sur des notions et des principes qui, pour les premières semblaient comprises, pour les seconds semblaient acquis sans nul besoin de les remettre en cause. Cette étude portant sur l'impartialité du ministère public permet de mieux cerner la complexité de ce concept, en le distinguant de sa traduction juridique (c'est-à-dire de l'ensemble des garanties d'impartialité) et d'atténuer la portée du vieux leitmotiv de l'indépendance en relativisant ce que nous pensions naturel et évident.

De nombreuses choses ont été dites dans ces pages et nous nous bornerons pour conclure à relever quatre traits saillants, distinguables entre eux mais absolument liés : La distinction entre le concept d'impartialité et les garanties d'impartialité ; L'effet réversible des garanties d'impartialité ; La nécessité de considérer l'impartialité comme une disposition d'ordre procédurale et non pas seulement déontologique ; Enfin, l'impartialité impliquera l'indépendance et non pas l'inverse.

L'une des difficultés majeures de la question de l'impartialité est en définitive sa fausse accessibilité. L'impartialité est une notion de bon sens, parfaite, mais qui ne prend uniquement forme que dans un système juridique réel, par nature imparfait. Sa traduction juridique est donc vouée à l'incomplétude. Notre système politique et juridique se transforme constamment à la différence du concept d'impartialité qui est absolu et intangible. Ainsi, l'exigence principale qu'il faut retenir c'est que s'intéresser à l'impartialité du ministère public, c'est en réalité examiner les garanties d'impartialité qui tendent vers ce concept. Chaque Etat doit traduire juridiquement le concept d'impartialité dans son système juridique, ce qui suppose de comprendre l'impartialité d'une institution dans un cadre global. La dépendance ne peut suffire à elle seule à retirer tout crédit à l'impartialité. Un tel raisonnement signifierait en effet que la garantie d'indépendance définirait elle-même l'impartialité : chose impossible.

C'est donc une démarche intellectuelle dynamique, c'est-à-dire en perpétuel mouvement qu'il faut opérer. Une étude sur l'impartialité du ministère public imposera toujours de relever quelles sont les différentes garanties d'impartialité applicables, quels sont le poids et l'importance qu'il faut leur accorder dans le système dans lequel elles s'intègrent. Par exemple, au début de la période révolutionnaire, la question de la protection des libertés individuelles était très liée à la question de la séparation des pouvoirs. Ce paradigme explique les motivations des législateurs du Code d'instruction criminelle qui caractérisaient l'impartialité de la Justice par un démembrement des fonctions (séparation des fonctions judiciaires, séparation d'une profession par différentes strates hiérarchiques, logique de subordination). Aujourd'hui, le système de coopération laisse place à une logique très différente, de décentralisation de l'action publique, d'une appropriation et d'une pédagogie du justiciable. L'acte de juger (en matière délictuelle notamment) n'est plus imposé de façon verticale, mais rendu de façon éclairée en admettant que le justiciable peut apporter sa propre contribution dans le jugement qui l'intéresse. Voici le travail que devrait accomplir, à notre sens, toute personne souhaitant conclure ou non à l'impartialité d'une institution judiciaire : une constante réévaluation des garanties. La distinction entre garantie d'impartialité et le concept d'impartialité signe une forte relativité de nos systèmes juridiques dans la traduction du concept d'impartialité, avec des seuils pouvant varier selon les pays et selon l'institution en cause. La cohérence de cette traduction juridique varie également dans le temps.

C'est en cela que l'effet réversible est finalement éclairant. L'effet réversible des garanties d'impartialité signifie qu'un raisonnement sur l'impartialité d'une institution peut être justement mené à une époque donnée. Cependant cette même démonstration peut s'avérer inadéquate par la suite. Ainsi, les révolutionnaires n'avaient pas une vision erronée du concept d'impartialité, mais ont traduit ce principe par des garanties qu'ils estimaient les plus opportunes à leur époque (l'indépendance). Il est permis aujourd'hui de considérer la garantie d'indépendance comme une disposition procédurale insuffisante. S'arrêter à la garantie d'indépendance lors de l'examen de l'impartialité du ministère public apparaît dès lors comme un travail inachevé. En effet, le jugement pénal n'est plus aujourd'hui une simple réponse à un acte prohibé mais bien un jugement sur une personne dans tous ses aspects psychologiques, sociaux, dans son histoire personnelle. Le jugement porte une appréciation globale sur la « *normalité* » de l'individu ce qui nécessite une expertise dont le seul juge ou procureur ne dispose pas. La technicité de la tâche, extérieure au droit, implique donc une coopération avec différents acteurs compétents dans leur domaine. Voilà ce que signifie l'effet réversible. Une disposition procédurale (ex : proximité, contradictoire) se transforme en argument d'impartialité car notre système juridique et les objectifs qu'il défend ont évolué. Dire que notre système juridique s'est modifié entre le début du XIXème siècle et notre époque contemporaine se comprend notamment par notre manière de répondre à un comportement infractionnel, à notre manière de corriger l'Homme, ce qui implique une très grande diversité d'acteurs justifiant la coopération et le dialogue. L'office de jugement et le droit de punir sont d'une certaine manière morcelés ce qui minore l'importance donnée à la séparation des fonctions judiciaires, sans pour autant la gommer totalement. L'obstacle de la séparation de la fonction judiciaire et la conclusion de partialité qui en découle ne sont donc plus un argument implacable qui se justifie à lui seul. Il n'est plus possible de se retrancher derrière cet argument pour occulter toute analyse *in concreto* de la situation.

Il apparait que la crise du ministère public quant à son « *impossible* » impartialité résulte essentiellement de l'erreur d'avoir considéré la séparation des fonctions judiciaires comme un axiome, un fondement de notre procédure indémontrable et sur la base duquel il serait acceptable de bâtir une démonstration. L'arrêt du 13 septembre 1827, dans les termes employés, sous-entend cette idée d'axiome : « *Attendu que c'est une maxime constante de notre droit public que les fonctions du ministère public sont incompatibles avec celle de juge, que c'est un principe de justice éternelle de ne pas permettre qu'un magistrat puisse être dans la même affaire partie poursuivante et juge* »[451]. On parle donc de « *maxime constante* », de « *justice éternelle* ». Ces termes définissent bien l'absolu de l'impartialité, mais pas les garanties d'impartialité qui, elles, sont relatives. Il faut donc bien distinguer le principe et ses garanties. Cette distinction pourrait expliquer la jurisprudence européenne dans ce domaine et pourrait permettre une évolution, une fois cette distinction intégrée dans sa jurisprudence. La méthode d'analyse de la Cour européenne des droits de l'homme serait d'ailleurs favorable à une mise en perspective des garanties d'impartialité. En effet, démontrer la pluralité et le caractère évolutif des garanties d'impartialité nécessite une appréciation pragmatique. Or, le reproche que nous avons pu faire à la jurisprudence européenne était bien

---

[451] Cass. Crim, 13 septembre 1827. Bull. crim n°237.

cette automaticité lorsque « *la simple possibilité crée la partialité* »[452]. Notre préconisation serait donc de revenir à un raisonnement *in concreto*, à l'instar d'ailleurs du juge d'instruction dont l'absence d'implication personnelle écarte tout grief de partialité[453]. Quelle différence entre le juge d'instruction et le procureur de la république sinon son statut dont l'importance est, somme toute, secondaire ? Comment cette différence de traitement jurisprudentiel pourrait être maintenue lorsque les réformes constitutionnelles sur l'indépendance du parquet aboutiront ?

L'impartialité du ministère public doit donc lui être imposée et cela, non pas au sens déontologique du terme, mais bien comme exigence procédurale sous peine de nullité. La chambre criminelle de la Cour de cassation persiste dans son raisonnement de négation du devoir d'impartialité : « *Le ministère public ne décidant pas du bien-fondé d'une accusation en matière pénale, le moyen pris de la partialité supposée de ce magistrat est inopérant* »[454]. Cette jurisprudence constante est en contradiction avec l'article 31 du Code de procédure pénale. Article découlant directement de l'élargissement de l'office du procureur qui dispose *de facto* d'un réel pouvoir de juger. Estimer que le ministère public ne décide pas du bien-fondé d'une accusation, c'est ne pas comprendre la modernité qui sous-tend l'esprit de certaines procédures (CRPC, composition pénale, alternative aux poursuites…). Le grief de partialité doit être admis comme cause de nullité de procédure. Il n'est plus acceptable de tolérer dans notre système juridique une possibilité pour le procureur de la république de soutenir l'accusation dans une affaire qu'il a préalablement instruite. La question de la séparation des fonctions judiciaires n'est donc évidemment pas un principe à rejeter dans son entier… L'étendue des pouvoirs du procureur suppose d'aller au-delà

---

452 GUINCHARD (S.), BUISSON (J.), *op. cit.* p. 315.
453 Voir arrêt Sainte Marie c/ France du 7 décembre 1992 précité.
454 Cass. Crim, 9 mars 2016, n° 14-86.795, inédit.

des questions professionnelles de déontologie et du « *bon sens du magistrat* »[455]. Si la loi du 18 novembre 2016 de modernisation de la Justice au XXIème siècle « *a complété l'article L.111-7 du code de l'organisation judiciaire dont l'alinéa 2 dispose : « Le magistrat du ministère public qui suppose en sa personne un conflit d'intérêts, au sens de l'article 7-1 de l'ordonnance n°58-1270 du 22 décembre 1958 portant loi organique relative au statut de la magistrature, ou estime en conscience devoir s'abstenir, se fait remplacer* »[456], cette disposition demeure insuffisante. Les enjeux sont trop importants pour laisser au magistrat parquetier les clés d'une introspection personnelle. Prévoir des causes de récusation à l'instar du juge pourrait donc être envisageable.

De plus, dans un arrêt du 14 mai 2008, la Cour de cassation a admis la nullité de procédure en cas de manquement à l'impartialité d'un officier de police judiciaire. La Cour estime que « *si le défaut d'impartialité d'un enquêteur peut constituer une cause de nullité de la procédure, c'est à la condition que ce grief ait pour effet de porter atteinte au caractère équitable de la procédure ou de compromettre l'équilibre des droits des parties* ». Là aussi, l'approche *in concreto* nécessite une nullité avec un grief à prouver. Or, si l'on impose aux OPJ un devoir d'impartialité en sens procédural[457] (ce qui est entériné par la loi du 3 juin 2016 sur l'obligation d'enquête à charge et à décharge), *a fortiori*, ce devoir doit être appliqué avec autant de rigueur au ministère public. En bref, et avec l'appui du professeur J. Pradel[458] ou J-F. Renucci[459],

---

455 GIUDICELLI (A.), Principe d'impartialité : Comment l'appliquer au ministère public ?, *Rev. Sc. Crim*, 2017, p.81.

456 *Ibid.*

457 En ce sens, « *la sanction d'un manquement au devoir d'impartialité peut donc être de nature disciplinaire (…) ; elle peut aussi, nous dit la Chambre criminelle dans son arrêt du 14 mai 2008, être d'ordre procédural et consister dans la nullité de l'acte ou des actes encourant un tel reproche* » In GIUDICELLI (A.), Le défaut d'impartialité d'un enquêteur comme cause possible de nullité de procédure. *Rev. Sc. Crim*, 2008, p. 631.

458 GUINCHARD (S.) et BUISSON (J.), *Procédure pénale*, 4e éd., Litec, n° 419 et 421.

459 RENUCCI (J-F), *Traité de droit européen des droits de l'homme*, LGDJ, 2007, n° 324, p. 410.

Mr Giudicelli déclare justement : « *On ne voit pas pourquoi des considérations personnelles, familiales ou encore amicales ne pourraient jamais être de nature à faire naître un doute objectivement fondé sur l'impartialité d'un magistrat du parquet. On ne voit pas pourquoi le principe et les conditions posées par l'arrêt du 14 mai 2008 ne pourraient pas trouver à s'appliquer à ceux qui, aujourd'hui plus qu'hier, sont au cœur de tout le dispositif pénal* ».

Pour terminer, la légitimité octroyée par l'impartialité des magistrats doit être celle qui justifie une indépendance. Il faut comprendre qu'aujourd'hui, un statut indépendant s'acquière par la preuve d'une compétence dans une fonction spéciale. Si la pratique a précédé la déclaration législative d'impartialité du ministère public (loi 25 juillet 2013), cette impartialité doit précéder l'indépendance. Le devoir d'impartialité impliquerait donc l'indépendance et non pas l'inverse. C'est dans cette perspective que l'auteur E. Mathias estimait que la question du statut ne pouvait être réglée qu'une fois la qualité de partie impartiale établie[460]. C'est donc en établissant les conditions d'acquisition d'un statut qu'une réforme constitutionnelle pourra aboutir pour donner plein effet à l'article 31 du CPP. Ainsi, l'indépendance issue de l'impartialité pourra participer pleinement à l'objectif de rétablissement du lien de confiance du justiciable dans la Justice. Cela en faveur d'un rétablissement du principe d'opportunité qui a longtemps été compris, à tort nous semble-t-il, comme un fondement de l'arbitraire du parquet. La redécouverte de l'opportunité des poursuites dans ce cadre aurait également un sens historiquement fort. Deux cents ans après l'« *importation* » du ministère public de la France vers l'Allemagne, ce serait aujourd'hui la France qui s'inspirerait de son voisin d'outre-Rhin en mettant en œuvre une opportunité des poursuites qui aurait une limite constitutionnelle : l'État de droit. Il est en effet remarquable d'observer que l'Allemagne a su surmonter le problème des

---

460 V. *supra* §2 Des limites théoriques d'une indépendance statutaire : la précocité des ambitions d'émancipation.

classements sans suite par l'emploi du concept de « *la Loi et le Droit* ». Un classement sans suite ne pouvant contrevenir aux principes supérieurs[461].

Il est donc temps de comprendre l'indépendance comme une notion distincte de l'impartialité. La première n'hypothéquant pas la seconde. En tout état de cause, la réforme sur le statut du parquet semble imminente[462]. Une question prioritaire de constitutionnalité, déposée le 23 juin 2017, par l'Union syndicale des magistrats a, sur ce point, été soumise au premier examen du Conseil d'État en vue de contester la constitutionnalité de l'article 5 de la loi organique du 22 décembre 1958. Une chose est sûre, la question ne manquera pas de susciter de nouveaux débats car une telle indépendance statutaire marquera une rupture fondamentale dans l'histoire du parquet. L'avenir nous dira si la légitimité d'impartialité développée ci-dessus sera suffisante pour motiver cette absence de lien avec le pouvoir exécutif. Il faudra être vigilant sur les évolutions à venir puisque le pari est risqué : si l'indépendance a pour but de rétablir le lien de confiance, l'effet inverse pourrait être perçu par le citoyen s'il l'estime illégitime à mettre en œuvre une politique pénale. Plus que jamais, le parquet devra faire montre d'impartialité et de responsabilité pour justifier cette future indépendance.

---

461 Sur ce point, voir *Une limite constitutionnelle : « La Loi et le Droit »*, MATHIAS (E.), *op. cit.* p. 189.

462 « *Le candidat d'En marche ! veut faire adopter la révision constitutionnelle relative au Conseil supérieur de la magistrature (CSM rénové, présidé par un non magistrat ; nominations des membres du parquet alignées sur celles des magistrats du siège par généralisation de l'avis conforme). Il souhaite consolider l'interdiction faite au ministre de la justice de donner des instructions dans les affaires individuelles* ». In FLEURIOT (C.); BABONNEAU (B.), Les programmes justice et sécurité des onze candidats à la présidentielle, *Dalloz Actualité*, 3 avril 2017, p.2.

Index

Bibliographie

Dictionnaire, encyclopédies, répertoires

ALLAND (D.) ; RIALS (S.), *Dictionnaire de culture juridique,* Quadrigen, Presses universitaires de France, 2003

CORNU (G.), ASSOCIATION HENRI CAPITANT, *Vocabulaire juridique,* Paris, Presse universitaire de France, DL, 2007

Jurisclasseur Procédure pénale, LexisNexis

Répertoire de droit pénal et de procédure pénale, Dalloz

Traités et manuels

BECCARIA (C.), *Des délits et des peines, Dei delitti e delle pene,* ENS édition, 2009

DESPORTES (F.) ; LAZERGES-COUSQUER (L.), *Traité de procédure pénale*, Coll. Corpus Droit Privé, Edition Economica, 2009

GASSIN (R.), "*Criminologie*", 3ème édition. Précis Dalloz, 1994

GRIFFON-YARZA (L.), *Guide de l'exécution des peines*, LexisNexis, 2015

GUINCHARD (S.) ; BUISSON (J.), *Procédure pénale*, LexisNexis ; 2014

GUINCHARD (S.) ; CHAINAIS. (C.) ; DELICOSTOPOULOS CONSTANTIN (S.), *Droit Processuel/Droits fondamentaux du procès,* Dalloz, 8 éd. Janv 2015

HELIE (F.), *Traité de l'instruction criminelle, ou théorie du code d'instruction criminelle,* Paris, 2ème édition, Tome 1, 1866
HELIE (F.), *Traité de l'instruction criminelle, ou théorie du code d'instruction criminelle,* Paris, 2ème édition, Tome 2, 1866
HELIE (F.), *Traité de l'instruction criminelle, ou théorie du code d'instruction criminelle,* Paris, 2ème édition, Tome 4, 1866
VOLFF (J.), *Le ministère public, Que sais-je ?* Paris Presses universitaires de France impr. 1998, cop. 1998

Thèses

DUBITON (S.). *La protection des libertés publiques par les autorités administratives indépendantes, une solution démocratique ?*, LGDJ, 2016
GIUDICELLI-DELAGE (G.), *La motivation des décisions de justice*, thèse, Poitiers, 1979,
JOSSERAND (S.), *L'impartialité du magistrat en procédure pénale*, Paris, LGDJ, 1998
LUDWICZAK (F.), *les procédures alternatives aux poursuites : une autre justice pénale*, l'Harmattan, 2015
MATHIAS (E.), *Les procureurs du droit : de l'impartialité du ministère public en France et en Allemagne*, Paris CNRS Éditions 1999
RASSAT (M-L.), *Le ministère public, entre son passé et son avenir*, Paris Libr. générale de droit et de jurisprudence, 1967
ROETS (D.), *Impartialité et justice pénale*, éd. Cujas. Travaux de l'institut de Sciences Criminelles de Poitiers, 1997/18
VIENNOT (C.), *Le procès pénal accéléré, étude des transformations du jugement pénal*, Ed Dalloz, 2012

Ouvrages

BASTARD (B.); MOUHANNA (C.), *Une justice dans l'urgence, le traitement en temps réel des affaires pénales,* Coll. Droit et Justice, Édition PUF, 2007

CARBASSE (J-M.), *Histoire du parquet,* Édition PUF, 2000
CANTELLI (F.) ; GENARD (J-L.) (coord.) *Action publique et subjectivité*, Paris, LGDJ, 2007,
DANET (J.) (coord), *La réponse pénale, dix ans de traitement des délits,* Presse universitaire de Rennes, 2013
GERBER (F.), *Justice indépendante, justice sur commande*, coll. Politique d'aujourd'hui Paris, PUF, 1991
LOCRE (J-G.), *La législation civile, commerciale et criminelle de la France ou commentaire et complément des codes Français,* Paris, Chapelet 1831, Tome XXV
MATRAY (CH.), *La responsabilité déontologique des magistrats- pour une déontologie positive*, "*La responsabilité professionnelle des magistrats*", coll. "Les cahiers de l'Institut d'étude sur la justice", Bruxelles, Burylant, 2007
MILBURN (P.); KOSTULSKO (K.); SALAS (D.), *Les procureurs, Entre vocation judiciaire et fonctions politiques,* Édition PUF, 2010
ROSANVALLON (P.), *La légitimité démocratique impartialité, réflexivité, proximité,* Édition du Seuil, 2008
ROSANVALLON (P.), *Le bon gouvernement,* Édition du Seuil, 2015
ROUSSEAUX (X.), LEVY (R.) (dir.), *Le pénal dans tous ses états. Justice, États et sociétés en Europe (XIIe - XXe Siècle),* Bruxelles, Publications des Facultés universitaires Saint-Louis, 1997
ROUSSELET, *Histoire de la magistrature française des origines à nos jours,* Paris. Tome I 1957
ROUSSELET, *Histoire de la magistrature française des origines à nos jours,* Paris, Tome II, 1957
ROYER (J-P.), *Histoire de la justice, PUF, 2ème ed 1997*
WYVEKENS (A.), *L'insertion locale de la justice pénale. Aux origines de la justice de proximité,* Paris, L'Harmattan, 1997

Articles

BONIS-GARCON (E.); DECIMA (O.), Le parquet et les sirènes de l'indépendance. A propos du projet de loi du 27 mars 2013 et du projet de loi constitutionnelle du 14 mars 2013 : *JCP G* 2013, libre propos p.806

BONIS-GARCON (E.); DECIMA (O.), Grâce et disgrâce des instructions hiérarchiques.- A propos de la loi du 25 juillet 2013 relative aux attributions du garde des Sceaux et des magistrats du ministère public en matière de politique pénale et de mise en œuvre de l'action publique, *Le Semaine Juridique Édition Générale n°38*, 16 Septembre 2013, 955

CAHN (O.), «Réflexions désabusées sur le chapitre I du titre I de la loi n° 2016-731 du 3 juin 2016», *AJ Pénal* 2016 p.408

DELMAS-MARTY (M.), La politique pénale est-elle une politique publique comme les autres ? *Rev. sc. crim* 1994, 150

DE MAILLARD (J.); DOUILLET (A-C.), Le magistrat, le maire et la sécurité publique : action publique partenariale et dynamique professionnelles, *Revue français de sociologie, n°4*, 2008.

DETRAZ (S.), Refonder le ministère public : *JCP G* 2013, 1326

FLEURIOT (C.); BABONNEAU (M.), Les programmes justice et sécurité des onze candidats à la présidentielle, *Dalloz Actualité*, 3 avril 2017

GARREC (M.), La juridiction d'instruction est-elle indispensable?, *JCP 1986*, I. 3266

JEAN (J-P.), Le ministère public entre modèle jacobin, et modèle européen, *Rev. sc. crim* Juillet/septembre 2005. P 667.

GIUDICELLI (A.), Le défaut d'impartialité d'un enquêteur comme cause possible de nullité de procédure. *Rev. Sc. Crim*, 2008, p. 631

GIUDICELLI (A.), Principe d'impartialité : Comment l'appliquer au ministère public *?, Rev. Sc. Crim, 2017*, p.81

KOERING-JOULIN (R.), La notion européenne de tribunal indépendant et impartial au sens de l'article 6§1 *: Rev. Sc. Crim* 1990, 750

LARGUIER (J.) L'action publique menacée (a propos de l'action civile des associations devant les juridictions répressives). *Dalloz*. 1958, chron. p. 29 et s

LEBLOIS-HAPPE (J.), Plaidoyer pour la légalité des poursuites, *Semaine juridique éd Générale n°7*, 15 février 2010

MARIE (C.), La montée en puissance de l'enquête, *Actualité Juridique pénal*, 2004, p. 221

MAYAUD (Y.), Le parquet entre le juge et l'avocat (à propos de l'avant-projet de réforme du CPC : Dalloz. 2010, point de vue p.773.

MILBURN (Ph.), Les procureurs de la République : passeurs de justice ou gestionnaires des « politiques pénales » ? , *Droit et société* 2010/1 (n° 74), p. 73-90.

MOUHANN (A.C.) ; BASTARD (B.), Procureur et substituts: l'évolution du système de production des décisions pénales Édition juridiques associée, « *Droit et Société* », 2010/1 n°74 p. 43.

PERRIER (J-B.), Les garanties de la procédure pénale dans la loi du 3 juin 2016 : entre illusion(s) et désillusion(s). *Recueil Dalloz* 2016 p. 2134

PIN (X.), La privatisation du procès pénal, *Rev, sc. Crim.* 2002, p. 245

PRADEL (J.), L'individualisation de la sanction: essai d'un bilan à la veille d'un nouveau code pénal, *Rev. sc. crim.* 1977, p. 724.

PRADEL (J.), La notion européenne de tribunal indépendant et impartial selon le droit français : *Rev sc.crim.* 1990, 662

PRADEL (J.), Quel(s) magistrat(s) pour contrôler et prolonger la garde à vue ? Vers une convergence entre la Cour de Strasbourg et la chambre criminelle de la Cour de cassation : *Dalloz*. 2011. 338

PRADEL (J.) ; GUERIN (D.), Les relations entre le ministère public et le ministère de la justice dans l'avant-projet de réforme de la procédure pénale : *Dalloz* 2010, p. 660

RENUCCI. (J-F.), L'affaire Medvedyev devant la grande chambre : les « dits » et les « non-dits » d'un arrêt important, *Recueil Dalloz* 2010 p.1386

REVIRON (P.), L'ADN: la preuve parfaite?, *AJ pénal*, 2012, p. 590

ROBERT (J-H.), Les principes en inaction, *DP* n°1, janvier 2014, repère 1

ROBERT (M.), L'avenir du ministère public français. *AJ pénal* 2011. 115

ROLLAND (M.), Le ministère public en droit français. Le rôle du ministère public. *JCP*, 1956. I. 1281

ROUSSEL (G.), Le rattachement du service de police judiciaire au ministère de la Justice, *AJ pénal*, 2013, p. 378

SAINT-PAU (J-C.), Le ministère public concurrence-t-il le juge du siège? *Dr. pénal, n°9*, 2007, spéc. p. 14-15

SALAS (D.), Parquets européens entre pouvoir judiciaire et politiques pénales, *Droit et société* 2010/1 (n° 74), p. 91-103

SCHWENDENER, La direction de l'enquête : distinguer l'opérationnel du procédural, *AJ pénal,* 2008, p. 447

SUDRE (F.), Le glas du parquet *: JCP* 2010, act.1206

THOENIG (J-C.), La gestion systémique de la sécurité publique, *Rev. fr. socio.* vol. XXXV, 1994, p. 369

TULKENS (F.) ; BOSLY (H.D.), la notion européenne de tribunal indépendant et impartial. La situation en Belgique, *Rev. sc. crim.* 1990, p. 682

VERGÈS (E.), (Commentaire de la loi du 25 juillet 2013 n° 2013-669 sur les attributions du parquet) : *Rev sc crim.* 2013, 605

VERGÈS (E.), Politique pénale et action publique: la difficile conciliation du modèle français de ministère public et des standards européens, *Rev. sc. Crim.* 2013, p. 605.

VERGÈS (E.), Le procureur de la République financier : entre projet politique et recherche de l'efficacité, *Rev. Sc. Crim*, 2014, p.143

VOLFF (J.), Action publique - La privatisation rampante de l'action publique, *Lexis nexis*, Document: Procédures n° 1, Janvier 2005, étude 1

Rapports

BEAUME (J.) (dir), Rapport sur la procédure pénale, juillet 2014

DELMAS-MARTY (M.) (dir), Rapport de la Commission Justice pénale et droit de l'homme "*La mise en état des affaires pénale*", , Documentation Française - Paris, 1991

GARAPON (A.) ; PERDRIOLLE (S.) ; BERNABE (B.), "*La prudence et l'autorité, l'office du juge au XXIème siècle*", Rapport IHEJ, mai 2013

GEOFFROY (G.), Rapport AN, n°3505 tendant à renforcer l'équilibre de la procédure pénale, 6 décembre 2006

LE BOUILLONNEC (J-Y.), Rapport AN n°1047 du 21 mai 2013 sur le projet de loi (n° 845), relatif aux attributions du garde des Sceaux et des magistrats du ministère public en matière de politique pénale et d'action publique

MICHEL (J-P.), Rapport Sénat n° 675, relatif aux attributions du Garde des sceaux et des magistrats du ministère public en matière de politique pénale et de mise en œuvre de l'action publique, 19 juin 2013.

NADAL (J-L.) (dir), Rapport de la Commission de modernisation de l'action publique, "*Refonder le ministère public*", 2013

RASSAT (M-L.) (dir), *Propositions de réforme du code de procédure pénale*, Rapport au garde des Sceaux, octobre 1996

SCHOTT (C.), *Pouvoir exécutif et pouvoir judiciaire· les relations entre le préfet et le procureur de la République,* Cahier de la sécurité et de la Justice n° 31, 2015

TRUCHE (P.) (dir), « *Rapport de la commission Réflexion sur la Justice*", La documentation Française, Paris, 1997

URVOAS (J-J.), Lettre du garde des Sceaux à un futur ministre de la justice : partageons une ambition pour la Justice, *Dalloz*, 18 avril 2017, p. 54

Rapport annuel d'activité 2001, Conseil supérieur de la magistrature, 1er janvier 2001.

Colloques

Colloque, *« Une évaluation de l'administration de la Justice, les nouveaux traitements des délits »,* Nantes, 7 février 2013
Colloque organisé par la Cour de cassation, « *Quel avenir pour le ministère public ? » : [actes de la conférence tenue le 12 octobre 2007 au Sénat*] éd Paris Dalloz, 2008
TERRE (F.) (dir), *Le doute et le droit : [actes du colloque, 12 août 1991]*, éd Paris Dalloz, 1994
Colloque organisé par la Cour de Cassation, *"La jurisprudence dans le mouvement de l'open data",* 14 octobre 2016
Colloque organisé par la Cour de Cassation, "*Le statut du magistrat*", 18 décembre 2015

Lois, décrets, circulaires, recommandations:

Lois

Loi organique n°58-1270 du 22 décembre 1958 portant loi organique relative au statut de la magistrature.
Loi n° 2004-204 du 9 mars 2004 portant adaptation de la justice aux évolutions de la criminalité, JORF n°59 du 10 mars 2004 page 4567
Loi n°2007-291 du 5 mars 2007 tendant à renforcer l'équilibre de la procédure pénale, JORF n°55 du 6 mars 2007 page 4206
Loi n°2013-669 du 25 juillet 2013 relative aux attributions du garde des sceaux et des magistrats du ministère public en matière de politique pénale et de mise en œuvre de l'action publique, JORF n°0172 du 26 juillet 2013 page 12441
Loi n° 2014-535 du 27 mai 2014 portant transposition de la directive 2012/13/UE du Parlement européen et du Conseil, du 22 mai 2012, relative au droit à l'information dans le cadre des procédures pénales, JORF n°0123 du 28 mai 2014 page 8864,

Projet de loi constitutionnelle portant réforme du Conseil supérieur de la magistrature n°815 enregistré à la présidence de l'Assemblée nationale le 14 mars 2013

Loi n° 2016-731 du 3 juin 2016 renforçant la lutte contre le crime organisé, le terrorisme et leur financement, et améliorant l'efficacité et les garanties de la procédure pénale, JORF n°0129 du 4 juin 2016

Loi n° 2011-939 du 10 août 2011 sur la participation des citoyens au fonctionnement de la justice pénale et le jugement des mineurs

Loi n° 2011-392 du 14 avril 2011 relative à la garde à vue, JORF n°0089 du 15 avril 2011 page 6610

Décrets

Décret n°83-459 du 8 juin 1983 portant création d'un conseil national et relatif aux conseils départementaux et communaux de prévention de la délinquance, JORF du 9 juin 1983 page 1727

Décret n°2002-999 du 17 juillet 2002 relatif aux dispositifs territoriaux de sécurité et de coopération pour la prévention et la lutte contre la délinquance, NOR: INTX0205743D

Circulaire

Circulaire du 31 juillet 2012, relative à la transparence des propositions de nomination à des postes de procureur général et de magistrats du parquet général à la cour de cassation, d'inspecteur général et d'inspecteurs généraux adjoints des services judiciaires, de procureurs généraux près une cour d'appel et de substitut chargé du secrétariat général d'une juridiction, NOR : JUSB1231686C.

Circulaire 17 juin 2016 de présentation des dispositions générales de procédure pénale immédiatement applicables de la loi n° 2016-731 du 3 juin 2016 renforçant la lutte contre le

crime organisé, le terrorisme et leur financement, et améliorant l'efficacité et les garanties de la procédure pénale, NOR : JUSD1616979C.
Circulaire du 15 février 2008, relative à la notation de l'activité judiciaire des officiers de police judiciaire et portant application du décret n° 2007-1817 du 24 décembre 2007 DACG n° CRIM 08-07/E6.
Circulaire du 17 juillet 2002, relative aux dispositifs territoriaux de sécurité et de coopération pour la prévention et la lutte contre la délinquance, NOR: INTX0205744C.
Circulaire du 2 septembre 2004, NOR : JUS-D-04-30176C.

Recommandation

Recommandation Rec (2000) du Conseil de l'Europe relative au rôle du ministère public dans le système pénale du 6 octobre 2000

Jurisprudences

Cour européenne des droits de l'homme

CEDH, 1er octobre 1982, n° 8692/79, *Piersack c/ Belgique.*
CEDH 26 octobre. 1984, n°9186/80, *Cubber c/ Belgique.*
CEDH 24 mai 2989, n°0486/83, *Hauschildt c/ Danemark.*
CEDH 4 décembre 1979, n° 7710/76, *Schiesser c/ Suisse.*
CEDH 23 octobre 1990, n°12794/87, *Huber c/ Suisse.*
CEDH 10 juillet. 2008, n°3394/03, *Medvedyev et ali c/ France.*
CEDH 23 novembre 2010, n°37104/06, *France Moulin c/ France.*
CEDH 22 mai 1984, n°9626/81*; 9736/82, Duinhof et Duijf c/ Pays-Bas.*
CEDH 22 juin 1989, n°11179/84, *Langborger contre Suède.*
CEDH 5 avril 2001, n°48799/99, *Priebke contre Italie.*
CEDH 7 décembre 1992, n° 12981/87 *Sainte Marie contre France.*
CEDH 24 février 1993, n° 14396/88 *Fey contre Autriche.*

CEDH 26 février 1993, n° 13396/87 *Padovani contre Italie.*
CEDH 17 octobre 2006, n°52067/99, *Okkali contre Turquie,*
CEDH 10 octobre 2000, n°42095/98, *Daktaras contre Lituanie,*
CEDH 19 août 1997, n°22714/93, *Worm contre Autriche,*
CEDH 26 novembre 1991, n°13166/87, *Sunday Times contre Royaume-Uni*

Conseil Constitutionnel

Conseil Constitutionnel, 30 juillet 2010 n°2010-14/22 DC, *M. Daniel W. et autres (Garde à vue)*
Conseil Constitutionnel, 3 septembre 1986 n°86-213 DC, Loi relative à la lutte contre le terrorisme et aux atteintes à la sûreté de l'État
Conseil Constitutionnel, 6 mai 2011, n°2011-125, QPC, *Déferement devant le procureur de la République*
Conseil Constitutionnel, 21 février 1992, n°92-305 DC, Loi organique modifiant l'ordonnance n° 58-1270 du 22 décembre 1958 portant loi organique relative au statut de la magistrature
Conseil Constitutionnel, 11 août 1993, n°93-326 DC, *Loi modifiant la loi n° 93-2 du 4 janvier 1993 portant réforme du code de procédure pénale*
Conseil Constitutionnel, 2 février 1995, n°95-360 DC, *Loi relative à l'organisation des juridictions et à la procédure civile, pénale et administrative*
Conseil Constitutionnel, 2 mars 2004, n°2004-492 DC, *Loi portant adaptation de la justice aux évolutions de la criminalité*
Conseil Constitutionnel, 21 octobre 2011 n° 2011-190 QPC, *Bruno L. et autre [Frais irrépétibles devant les juridictions pénales]*
Conseil Constitutionnel, 23 septembre 2016, *n° 2016-569, QPC, Syndicat de la magistrature et autre [Transaction pénale par officier de police judiciaire - Participation des conseils départementaux de prévention de la délinquance et des zones de sécurité prioritaires à l'exécution des peines].*

Cour de cassation

Cass. Crim. 28 aout 1819, bull. Crim. n°209
Cass. Crim. 3 novembre 1992, n°92-84.052
Cass. Crim. 18 juillet 1889.
Cass. Crim. 19 mars 1998; bull. Crim. n°106
Cass. Crim. 15 décembre 2010, bull. Crim. n° 207
Cass. Crim. 8 décembre 1826, bull. Crim. n°250
Cass. Crim. 8 décembre 1906, bull. n° 443
Cass. Crim. 8 octobre. 1840: bull. Crim. n°300
Cass. Crim. 8 février 1995: bull.crim. 1995, n°56
Cass. Crim. 22 octobre 2002: bull. Crim. 2002, n°189
Cass. Crim. 11 juillet 1994: bull. Crim., 1994, n°269
Cass. Crim. 24 juillet. 1956: bull. Crim. 1956, n°570
Cass. Crim. 3 novembre 1994: bull. Crim., 1994, n° 145
Cass. Crim. 5 février 1959, bull. Crim. n°86
Cass. Crim. 17 décembre 1964, bull. Crim. n°342
Cass. Crim. 20 novembre 1925, bull. Crim. n°313
Cass. Crim. 11 juillet 1928, bull. Crim n°209
Cass. Crim. 28 septembre 1827, bull. Crim. n°237
Cass. Crim 14 mai 2008, n°08-80.483
Cass. Crim 9 mars 2016, n°14-86.795

Conseil d'État

CE, 28 mars 1997, *Société Baxter et autres*, n°179049
CE, 3 décembre 1999, *Didier*, AJDA, 2000, p. 172, concl. A. Seban
CE, 6ème et 1ère ch. Réunies, 24 mai 2017, n° 395321

Autres

Étude d'impact du projet de loi relatif aux attributions du garde des sceaux et des magistrats du ministère public en matière de politique pénale et d'action publique, 22 mars 2013

Avant-projet du futur Code de procédure pénale soumis à concertation, version du 1er mars 2010

Avis CE, section de l'intérieur, 18 mars 1997.

Code de déontologie de la police nationale et de la gendarmerie nationale

Tables des matières

Questions juridiques

aux éditions L'Harmattan

Dernières parutions

QU'EST-CE QUE LE DROIT ?
Théorie syncrétique et échelle de juridicité
Barraud Boris
La définition du droit ici est d'abord lexicographique et scientifique. La théorie syncrétique réunit toutes les définitions du droit en vigueur, loin d'être concurrentes elles s'associent. Ne s'opposant plus, elles se complètent. La seconde partie interroge les dimensions du droit en mesurant le niveau de force juridique par l'application des critères de juridicité. Cette nouvelle forme de rationalité de la pensée juridique permet au juriste de s'ouvrir à tout type de normes sociales tout en sauvegardant l'autonomie conceptuelle du droit.
(Coll. Le Droit aujourd'hui, 25.50 euros, 242 p.)
ISBN : 978-2-343-13423-9, ISBN EBOOK : 978-2-14-005340-5

LA RECHERCHE DE L'ÉQUILIBRE CONTRACTUEL DANS LE CAUTIONNEMENT
Regards croisés entre le droit français et le droit OHADA
Dibangue Guy - Préface de Pascal Rubellin
Le cautionnement est actuellement la sûreté qu'exigent de préférence les banques des emprunteurs. Si le législateur français semble surprotéger la caution par rapport au créancier, c'est l'inverse qui a été retenu par le législateur OHADA. Dans les deux cas, c'est le déséquilibre entre la protection raisonnable de la caution et la préservation des intérêts des créanciers. Suivant les récentes évolutions législatives en France et en droit OHADA, cette thèse vise l'équilibre contractuel du cautionnement dans une démarche de modernisation et de rationalisation de cette sûreté.
(Coll. Droit aujourd'hui, 42.00 euros, 456 p.)
ISBN : 978-2-343-13159-7, ISBN EBOOK : 978-2-14-005369-6

LE DROIT ANIMAL
Morales Frénoy Cathy
Plus qu'un droit protecteur, le droit animal réglemente les différentes utilisations de l'animal par l'Homme. Il est un corpus juridique transversal, issu du droit international, européen et national, qui régit les rapports entre l'homme et l'animal sans toujours offrir une protection juridique souvent souhaitée. Ce guide juridique offre à tout lecteur une étude complète de cette nouvelle discipline.
(Coll. Bibliothèques de droit, 45.00 euros, 470 p.)
ISBN : 978-2-343-12873-3, ISBN EBOOK : 978-2-14-005223-1

QUESTIONS D'ACTUALITÉ EN ÉTHIQUE ANIMALE

Pelé Marie, Sueur Cédric

L'éthique animale qui désigne l'étude de notre responsabilité morale à l'égard des animaux, n'est pas une prise de position mais un questionnement en perpétuelle évolution avec notre culture et notre temps. Cet ouvrage présente plusieurs éléments de réponses aux récentes questions posées par la société sur notre rapport aux animaux. Experts et étudiants abordent onze questions d'actualité en éthique animale. Leurs échanges sont retranscrits.

(Coll. Le Droit aujourd'hui, 24.00 euros, 236 p.)

ISBN : 978-2-343-13489-5, ISBN EBOOK : 978-2-14-005382-5

JE PARLE AUX ANIMAUX

Peter Friedman

Samantha Khury écoute les animaux et leur parle. Grâce à ce dialogue, elle parvient à comprendre leur comportement et à trouver les mots qui les guérissent. Non seulement Samantha Khury comprend le langage de nos fidèles compagnons, mais, en plus, ceux-ci lui confient leurs malheurs. Des propriétaires d'animaux domestiques, des gardiens de zoo et des entraîneurs de chevaux qui l'ont consultée en sont convaincus. Nous la voyons au travail, à l'écoute d'un chat dépressif, d'un perroquet déplumé en manque d'amour ou d'une jument qui a besoin de liberté... « Dans cette Théma Arte sur les rapports entre les hommes et les animaux, *Je parle aux animaux* est le plus intéressant. Sans doute parce qu'il pose la question de la communication avec nos compagnons à quatre pattes. Peter Friedman livre des séquences étonnantes. » (*TéléObs*). « Ce documentaire étonnant parvient à nous convaincre que la frontière entre les espèces est bien mince. Quand on dit que l'homme n'est qu'un animal ! » (*Le Figaro*)

(20 euros)

ISBN : 978-2-336-31591-1

TRAITÉ DE DROIT CONSTITUTIONNEL CONGOLAIS

Esambo Kangashe Jean-Louis

Préface de El hadj Mbodji - Postface de Dodzi Kokoroko

Dans sa conception, son évolution et sa pratique, le droit constitutionnel a toujours eu du mal à s'affranchir de crises politiques. Droit de crises ou de gestion de crise, le droit constitutionnel est avant tout au service des normes, dont le respect par tous contribue au fonctionnement régulier des institutions. Placés dans le contexte congolais, les trois versants du droit constitutionnel, à savoir le droit normatif, celui institutionnel et la branche consacrée aux libertés n'ont pas toujours été en cohérence avec le constitutionnalisme.

(Coll. Études africaines, 39.00 euros, 410 p.)

ISBN : 978-2-343-12352-3, ISBN EBOOK : 978-2-14-005341-2

SUR LE CHEMIN DES SAISIES

L'huissier de justice d'hier à demain

Berthé Ibrahim

Qu'est-ce qu'un huissier de justice ? D'où vient-il ? À quoi sert-il ? Cet ouvrage tente de répondre à ces interrogations et, à travers l'histoire, de peindre les

différentes facettes de ce personnage spécifique du rouage de l'appareil judiciaire dans le temps et dans l'espace, des rives de la Seine en France jusqu'au bord du fleuve Djoliba au Mali.
(25.00 euros, 270 p.)
ISBN : 978-2-343-13501-4, ISBN EBOOK : 978-2-14-005261-3

LES TECHNIQUES D'ENQUÊTE CRIMINELLE
Typologie des crimes et constatations médico-légales
Moutassi Jean-Pierre
L'adoption de la loi de Juillet 2005 portant sur la procédure pénale démontre la volonté du gouvernement camerounais à promouvoir un état de droit. Voici un outil fondamental pour les praticiens du droit criminel : un outil de formation pour les jeunes fonctionnaires, ainsi que pour leurs aînés qui n'auraient pas eu l'occasion de vivre l'expérience des enquêtes judiciaires.
(Harmattan Cameroun, 45.00 euros, 498 p.)
ISBN : 978-2-343-13126-9, ISBN EBOOK : 978-2-14-005224-8

LES CLÉS DES ENJEUX FINANCIERS DU DIVORCE
Rond Patrice - Préface de Laurent Hincker
L'amour s'est consumé, l'argent part en fumée ! À une époque où toujours plus de couples se séparent, la finance du divorce inquiète. Comprendre ses arcanes financières, c'est pouvoir anticiper en cas de conflit au sein du couple. Comment rétablir un budget ou encore évaluer une prestation compensatoire ? À l'aide d'exemples chiffrés, l'auteur indique comment recenser et évaluer les revenus et patrimoines, et présente des méthodologies pratiques pour établir les droits respectifs des époux. L'ouvrage rend compréhensibles les procédures financières qui ont lieu dans le divorce.
(17.00 euros, 156 p.)
ISBN : 978-2-343-11633-4, ISBN EBOOK : 978-2-14-004942-2

LUTTER EFFICACEMENT CONTRE LA FRAUDE
Enjeux stratégiques et opérationnels
Sous la direction de Catherine Véret Jost et Nicolas Dufour
Lutter efficacement contre la fraude pour recycler 50 à 100 milliards d'euros par an dans la croissance économique en France, voici l'enjeu de cet ouvrage qui explicite les leviers d'actions pour y parvenir, avec des retours d'expériences de professionnels et d'académiques. Il s'adresse à tous ceux qui ont la volonté de relever ce défi.
(Coll. Perspectives organisationnelles, 38.50 euros, 392 p.)
ISBN : 978-2-343-13167-2, ISBN EBOOK : 978-2-14-005143-2

L'ENFANT EN PRISON
Sous la direction de Catherine Ménabé et Mathieu Martinelle
Depuis 1946, les femmes détenues ont la possibilité de garder à leurs côtés, en prison, leur enfant jusqu'à ses 18 mois, voire 2 ans. Si la situation est peu étudiée, et souvent méconnue, elle mérite de profondes réflexions. Quelles sont les conditions de vie de ces jeunes enfants au sein du milieu pénitentiaire ? Comment

est assuré leur développement psychomoteur et affectif malgré les contraintes carcérales ? Comment l'univers carcéral s'adapte à la présence d'enfants, non écroués mais, de fait, privés de liberté ?
(Coll. Bibliothèques de droit, 27.00 euros, 274 p.)
ISBN : 978-2-343-13051-4, ISBN EBOOK : 978-2-14-005015-2

LES TRENTE ANS DE LA LOI LITTORAL
Sous la direction de Jean-Luc Pissaloux et Anne Rainaud
La loi Littoral a maintenant plus de trente ans. Loi d'avant-garde, elle vise à concilier la protection du littoral avec le développement économique. Souvent contestée comme trop protectrice, empêchant l'urbanisation, elle est aussi considérée comme un « laisser-construire » dans les zones saturées. Ses concepts sont difficiles à interpréter et appliquer. Les défis climatiques auxquels est confronté le littoral ont impliqué la participation de géographes. La protection des cordons littoraux s'avère aujourd'hui une nécessité.
(Coll. Grale, 39.00 euros, 418 p.)
ISBN : 978-2-343-13140-5, ISBN EBOOK : 978-2-14-004988-0

CICÉRON, PÈRE DE LA CODIFICATION DU DROIT CIVIL
Gilardeau Eric
Confronté à la crise subie par la République, Cicéron cherchait une réponse au chaos des lois et aux contradictions du droit civil. Il en élabora une véritable codification. Du «De oratore» au «De officiis», il critiqua la science du droit et la soumit à la loi naturelle, avant d'instituer une méthode de codification protectrice des droits civils, dont se rapprocheront les codes civils français et autrichien. Il faut attendre les réformes du Code civil allemand de 2001 et du Code civil français de 2016 pour rejoindre Cicéron sur le rôle de la bonne foi et de l'imprévision en matière contractuelle.
(Coll. Logiques Juridiques, 26.00 euros, 248 p.)
ISBN : 978-2-343-13327-0, ISBN EBOOK : 978-2-14-004994-1

DROIT DES SOCIÉTÉS COMMERCIALES OHADA
Akam Akam André, Voudwe Bakreo
Ce livre vise à exposer, expliquer, systématiser et critiquer les règles qui régissent la constitution, le fonctionnement et la disparition des sociétés commerciales. Il montre que le droit des sociétés commerciales OHADA vise la promotion, la protection et la société judiciaire des investissements, autant qu'il tend à protéger les intérêts particuliers. En outre, il met en exergue la richesse, la variété et la modernité du droit des sociétés de l'OHADA, ainsi que l'abondance et la qualité des travaux de recherche des auteurs africains et d'ailleurs qui s'intéressent au droit OHADA.
(Coll. Dynamiques du droit OHADA, 55.00 euros, 752 p.)
ISBN : 978-2-343-12819-1, ISBN EBOOK : 978-2-14-005077-0

Structures éditoriales du groupe L'Harmattan

L'Harmattan Italie
Via degli Artisti, 15
10124 Torino
harmattan.italia@gmail.com

L'Harmattan Hongrie
Kossuth l. u. 14-16.
1053 Budapest
harmattan@harmattan.hu

L'Harmattan Sénégal
10 VDN en face Mermoz
BP 45034 Dakar-Fann
senharmattan@gmail.com

L'Harmattan Cameroun
TSINGA/FECAFOOT
BP 11486 Yaoundé
inkoukam@gmail.com

L'Harmattan Burkina Faso
Achille Somé – tengnule@hotmail.fr

L'Harmattan Guinée
Almamya, rue KA 028 OKB Agency
BP 3470 Conakry
harmattanguinee@yahoo.fr

L'Harmattan RDC
185, avenue Nyangwe
Commune de Lingwala – Kinshasa
matangilamusadila@yahoo.fr

L'Harmattan Congo
67, boulevard Denis-Sassou-N'Guesso
BP 2874 Brazzaville
harmattan.congo@yahoo.fr

L'Harmattan Mali
Sirakoro-Meguetana V31
Bamako
syllaka@yahoo.fr

L'Harmattan Togo
Djidjole – Lomé
Maison Amela
face EPP BATOME
ddamela@aol.com

L'Harmattan Côte d'Ivoire
Résidence Karl – Cité des Arts
Abidjan-Cocody
03 BP 1588 Abidjan
espace_harmattan.ci@hotmail.fr

L'Harmattan Algérie
22, rue Moulay-Mohamed
31000 Oran
info2@harmattan-algerie.com

L'Harmattan Maroc
5, rue Ferrane-Kouicha, Talaâ-Elkbira
Chrableyine, Fès-Médine
30000 Fès
harmattan.maroc@gmail.com

Nos librairies en France

Librairie internationale
16, rue des Écoles – 75005 Paris
librairie.internationale@harmattan.fr
01 40 46 79 11
www.librairieharmattan.com

Lib. sciences humaines & histoire
21, rue des Écoles – 75005 Paris
librairie.sh@harmattan.fr
01 46 34 13 71
www.librairieharmattansh.com

Librairie l'Espace Harmattan
21 bis, rue des Écoles – 75005 Paris
librairie.espace@harmattan.fr
01 43 29 49 42

Lib. Méditerranée & Moyen-Orient
7, rue des Carmes – 75005 Paris
librairie.mediterranee@harmattan.fr
01 43 29 71 15

Librairie Le Lucernaire
53, rue Notre-Dame-des-Champs – 75006 Paris
librairie@lucernaire.fr
01 42 22 67 13

www.ingramcontent.com/pod-product-compliance
Lightning Source LLC
LaVergne TN
LVHW010948061026
849535LV00006B/1621
* 9 7 8 2 3 4 3 1 4 2 4 7 0 *